社会政策丛书
SOCIAL POLICY SERIES

# 生计与
# 家庭福利

## 来自农村留守妇女的证据

LIVELIHOOD STRATEGIES AND FAMILY WELFARE:
EVIDENCES FROM LEFT-BEHIND WOMEN
IN RURAL CHINA

杨雪燕　罗　丞　王洒洒　著

社会科学文献出版社
SOCIAL SCIENCES ACADEMIC PRESS (CHINA)

# 前　言

20 世纪 80 年代以来，伴随着城乡改革开放的不断深化，我国社会经济高速发展，市场化进程不断加快，农村剩余劳动力开始逐渐向城镇转移。在此过程中，逐渐产生了丈夫长期进城务工、经商或从事其他生产经营活动，自己则留居农村，年龄一般在 20 岁以上的已婚妇女群体，即"农村留守妇女"。农村留守妇女超过农村留守人口总数的一半，接近 5000 万人，已成为一个规模庞大的社会群体。

农村留守妇女不仅承担着农业生产、养育子女、照料老人等家庭和经济责任，同时还要参与社会交往、社区公共事务等社会活动，在农村社会和经济发展过程中起着不容忽视的作用。由于农村留守妇女家庭作为特殊"单亲家庭"将在较长时间内持续存在，其"为实现生计目标而对资产利用和经营活动进行选择与配置"的生计策略就成为决定自身经济参与程度和经济收入、家庭经济地位的重要因素，对家庭整体福利、农业生产和农村发展等也具有很大影响。

因此，农村留守妇女的留守成因、生存状态、经济和社会地位、家庭和婚姻状况、自我发展等问题一直是学者关注的热点，其中也涉及脆弱性、生计资本、生计策略以及家庭福利等与生计相关的问题。略显遗憾的是，已有研究对农村留守妇女脆弱性、生计资本、生计策略及生计结果等核心概念缺乏基于现实背景的清晰界定；研究内容相对孤立，缺乏统一逻辑框架下的相互联系和印证，忽视了对主要核心概念之间存在的因果和动态关系的系统分析；此外，广泛收集经验材料作为支撑的定量实证研究较少，因而影响了研究结论的普适性。

为了弥补这样的遗憾，在国家社会科学基金（项目号：12BRK 022）的资助下，课题组在归纳已有关于农村留守妇女生计及家庭福利相关研究内容的基础上，构建了生计策略及家庭福利效应分析框架。同时利用 2012 年安徽省巢湖市农村妇女生计策略及家庭福利效应调查数据，对农村留守妇女的生计现状进行了全面的描述和分析，深入探讨了生计资本和外部环境对农村留守妇女生计策略的影响、生计策略和外部环境对农村留守妇女家庭福利的影响等问题，并提出了相应的政策建议。

本书正是在上述一系列研究活动基础上综合修订而成的，是集体智慧的结晶。总体框架及调查设计由杨雪燕和罗丞负责，调查问卷设计及具体执行由王洒洒和杨婷负责，崔烨、胡继伟、姚俊霞和柴文辉全程参与了问卷调查和数据收集整理，罗丞和王洒洒负责全书初稿的撰写，杨雪燕和王洒洒负责全书的统稿、修改和定稿。杜海峰教授、靳小怡教授和曾卫红副教授对本书的撰写给予积极协助，安徽省巢湖市卫生和计划生育委员会对本书的调查工作给予大力支持和积极配合，责任编辑佟英磊、张真真对本书的修改和完善提出了宝贵意见，作者在此一并致以衷心的谢意。

最后，由于作者水平有限，书中难免有不妥和疏漏之处，恳请广大读者不吝赐教和指正。

作者

2018 年 9 月于西安

# 目　录

# 1 绪论：缘起、思路与方法

## 1.1 研究背景和意义

20 世纪 80 年代以后，农村家庭联产承包责任制的广泛实施不仅提高了农业劳动生产率，还导致大量农村劳动力剩余。而伴随着改革开放的不断深化、社会经济的高速发展及市场化进程的不断推进，这些农村剩余劳动力逐渐向城镇转移。在此过程中，产生了丈夫长期进城务工、经商或从事其他生产经营活动，自己则留居农村，年龄一般在 20 岁以上的已婚妇女群体，即"农村留守妇女"。据民政部统计，目前农村留守妇女约占农村留守人口总数的 54.2%，达 4700 万人，已成为一个规模庞大的社会群体（蔡敏、李云路，2011）。

农村留守妇女在农村社会、经济发展过程中，起着不可忽视的作用。她们不仅承担着农业生产、养育子女、照料老人等家庭和经济责任，还要参与社会交往、社区公共事务等社会活动。由于农村留守妇女家庭作为特殊"单亲家庭"将在较长时间内持续存在，其"为实现生计目标而对资产利用和经营活动进行选择与配置"的生计策略就成为决定自身经济参与程度和经济收入、家庭经济地位的重要因素，对家庭整体福利、农业生产和农村发展等也有很大影响（周福林，2006）。因此，研究这一群体的生计策略及由此产生的家庭福利效应并提出相应政策建议，有助于提高农村留守妇女的经济、社会地位，改善家庭整体福利水平，促进性别平等，最终实现人口、经济、社会的和谐与长期可持续发展，具有较大的现实意义。

目前，直接探讨农村留守妇女生计问题的研究相对较少，但其留守成因、生存状态、经济和社会地位、家庭和婚姻状况、自我发展等问题一直是学者关注的热点（许传新，2009a），其中也涉及脆弱性、生计资本、生计策略以及家庭福利等与生计相关的问题。研究发现：丈夫外出使农村留守妇女脆弱性增加。农村留守妇女在大多数情况下需要独自承担繁重的农业生产和家务劳动，一旦发生健康问题，家庭经济状况和日常生活将受到极大冲击；从"男耕女织"到"男工女耕"的家庭分工模式转变，并没有从根本上改变其家庭和经济地位，反而造成劳动收入在家庭和社会总产值中的比重相对下降，对家庭和丈夫的经济依赖性增加（项丽萍，2006），当发生夫妻关系恶化、离异、丧偶等问题时，其生活可能陷入窘境；丈夫外出使农村留守妇女生计资本发生变化。因劳动强度增加，农村留守妇女进一步提高文化素质的机会受到限制，使她们在人力资本上处于更加弱势的地位；传统的血缘和地缘关系仍然是其最为重要的社会支持网络。丈夫外出导致"婆家网络"断裂，"娘家网络"得到强化（朱海忠，2008）。独自承担生产活动和家务劳动，使她们对各种生计资本的使用权限增加，但在重大决策上仍然受限；农村留守妇女面临两个层次的生计策略选择。首先，作为生计策略的一种，农村妇女选择留守是城乡二元结构制度框架内传统社会性别文化、性别分工弹性和自身因素共同作用下农户理性抉择的结果；其次，农村留守妇女在工资性劳动、农业生产、家务活动和闲暇之间进行权衡，做出有利于家庭利益最大化的决策。例如，由于农业生产相对较低的经济回报率，大部分农村留守妇女在参与工资性劳动的同时，尽管仍然参加农业生产，但一般不花费过多精力（高小贤，1994）；农村留守妇女的生计策略选择产生相应的生计结果（家庭福利效应），主要表现在收入和个人福利方面。首先，农村留守妇女的家庭分工和生计策略选择对自身收入和家庭总收入等具有显著影响。其次，繁重的农业生产和家务劳动，使其身体健康受到影响；丈夫外出造成"高稳定低质量"婚姻，使她们普遍面临家庭压力和情感困惑，心理健康状况较差，主观幸福感不强；面临性压抑，缺乏性关怀，易遭受性骚扰，性和婚姻关系都受到挑战（郑真真、解振明，2004）。

已有研究存在的主要缺陷有以下三点。①研究内容相对孤立。缺乏统一逻辑框架下的相互联系和印证，忽视了对农村留守妇女脆弱性、生计资本、生计策略及生计结果之间存在的因果和动态关系的系统分析，对脆弱性、生计资本如何形成生计策略、生计策略与家庭福利的关系等问题缺少必要关注。②对核心概念缺乏基于现实背景的清晰界定。在与农村留守妇女及现实背景相联系时，各核心概念的操作化维度仍显凌乱且不够清晰。脆弱性方面，多集中在丈夫外出对家庭和妇女自身造成的冲击，忽视了对某些趋势和季节性变化的分析，例如农产品价格波动等对脆弱性的影响；生计资本方面，多集中在人力和社会资本分析，较少关注自然、物质和金融资本；生计策略方面，多关注留守本身，而对留守之后的生计策略选择关注不够；家庭福利方面，多关注其生计策略选择对收入和自身福利的影响，对家庭中其他成员如子女和老人等造成的影响则很少涉及。③缺乏定量实证数据的有力支持。已有关于农村留守妇女生计问题的研究，多数采用定性描述或简单归纳分析方法，广泛收集经验材料为支撑的定量实证研究较少，因而影响了研究结果的普适性。

与此同时，英国国际开发署（the United Kingdom Department for International Development，DFID）提出的可持续生计分析框架，按照"脆弱性→生计资本→生计策略→生计结果"研究链条，将脆弱性、生计资本、生计策略、生计结果四个核心概念纳入统一分析框架，阐明了具有脆弱性的个人和家庭如何通过一系列生计资本来追求不同的生计策略，进而导致不同的生计结果（DFID，1999）。框架已广泛应用于农户（特别是贫困地区和灾区农户）、农民工、失地农民（包括工程移民）等相关弱势群体生计问题的研究与实践（蔡志海，2010）。农村留守妇女具有脆弱性较强、生计资本相对匮乏、相关政策和制度支持不足等弱势群体特点，因此该框架也完全适用于其生计问题的研究与实践，以充分发挥框架本身人口学、社会学、经济学、社会心理学、公共政策学等多学科综合和交叉特征，弥补已有研究存在的缺憾，为研究提供更宽广的理论基础和更丰富的方法选择，为系统、全景地认识农村留守妇女生计问题提供可能。

因此，本书结合中国现实背景及农村留守妇女的已有研究，在对可持续生计分析框架进行适当修正的基础上，对农村留守妇女的生计与家庭福利进行深入研究，寻找降低脆弱性、改善生计资本和提高可持续生计能力的方法、途径和政策措施。研究结果可以较好地弥补农村留守妇女生计研究方面的不足，同时有助于丰富和完善可持续生计分析的相关理论和方法，因而具有重要的学术价值。

## 1.2 研究目标

本书基于可持续生计分析框架和中国的现实背景，利用农村妇女生计策略和家庭福利调查数据，构建农村留守妇女生计与家庭福利分析框架。在展示农村留守妇女生计及家庭福利现状的基础上，全面探讨影响农村留守妇女生计策略和家庭福利的内、外部影响因素，从而为调整农村留守妇女的生计策略，改善其自身及家庭福利状况提供政策建议。具体研究目标如下。

第一，构建农村留守妇女的生计与家庭福利分析框架。本书将基于可持续生计分析框架，结合现实背景，采用文献研究的方法，对农村留守妇女的生计与家庭福利效应研究以及相关影响因素进行归纳梳理，建立分析框架。

第二，农村留守妇女的生计现状描述。通过对比分析农村留守妇女、准留守妇女和非留守妇女面临的外部环境、生计资本存量、生计策略和家庭福利现状，了解丈夫外出务工及务工时间长短对她们生计状况的影响。

第三，探讨外部环境和生计资本对农村留守妇女生计策略的影响，包括对生计策略的影响和对未来外出务工意愿的影响，以发现其中的重要影响因素。

第四，探讨生计策略和外部环境对农村留守妇女家庭福利的影响。包括对自身经济福利和非经济福利、对家庭其他成员（孩子和老人）福利的影响，以发现其中的重要影响因素。

第五，提出改善农村留守妇女生计与家庭福利的措施建议。本书将结合相关制度和政策评价，依据研究发现，提出改进农村留守妇女生计策略以及提高其家庭福利的针对性建议。

## 1.3　研究框架与思路

基于上述研究目标，本书的研究框架如图 1-1 所示。具体来说，研究的主要思路是在回顾并简要评述农村留守妇女的生计与家庭福利效应的研究现状后，基于可持续生计分析框架，构建出农村留守妇女的生计与家庭福利效应分析框架。同时，以分析框架中的概念为主，结合可持续生计分析框架的解释，设计测量问题，形成调查问卷，并利用问卷进行大规模的调查。然后，利用收集到的数据，对农村留守妇女的生计和家庭福利现状进行描述；在此基础上，探讨影响农村留守妇女生计策略和家庭福利的因素。最后，基于研究发现，有针对性地提出促进农村留守妇女生计策略改进和家庭福利提高的措施建议。

## 1.4　数据来源和研究方法

### 1.4.1　数据来源

本书所使用的数据主要来源于以下两个渠道。

（1）2012 年 12 月，由本书的负责人带队，通过西安交通大学公管学院的部分研究生及安徽省居巢区的基层工作人员、大学生村官在居巢区进行的"农村妇女生计策略与家庭福利效应调查"

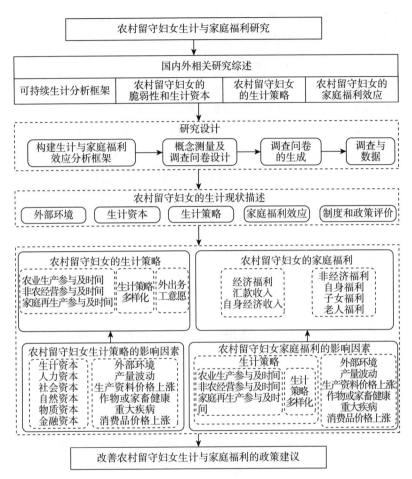

图 1-1　研究框架

所获得的 890 份有效问卷。

（2）通过中国学术期刊网络出版总库、中国博士学位论文全
文数据库、Google 学术等网络数据库及西安交通大学图书馆等途径
获取的期刊资料和学位论文。

## 1.4.2　研究方法

本书采用的研究方法如下：在文献综述和分析框架构建时，
采用文献检索和归纳研究的方法；在数据收集和处理时，采用问

卷调查和统计分析方法，包括分层抽样、EpiData 录入、描述性统计等；在进行影响因素研究时，采用二分类 Logistic、Tobit、Ordinal Regression 等方法；在建议和总结时，归纳与演绎方法相结合。各方法的应用过程和细节详见相应章节。

## 1.5 研究内容

本书共包括九个章节，其中第四章至第八章是本书的核心章节。

第一章，绪论。对本书进行整体设计。首先介绍了本书的背景和意义，明确了研究目标。在此基础上，对研究的思路、方法、数据来源和主要内容做了简单描述。

第二章，国内外相关研究成果回顾和评述。首先对可持续生计分析框架进行说明，解释其是否适用于农村留守妇女的生计分析。然后对农村留守妇女的脆弱性、生计资本、生计策略及影响因素、家庭福利及影响因素的相关研究进行回顾。在此基础上，对相关研究的成果和不足进行简要评述，并提出本书的研究空间。

第三章，研究设计。首先，基于第二章的文献回顾，结合外部环境与家庭福利之间关系的理论研究，提出用于分析农村留守妇女生计与家庭福利的框架。在此基础上，以框架中的变量为核心，同时结合可持续生计分析框架中对核心概念的解释，设计调查问卷，并选择调查地进行实地调查。

第四章，外部环境。利用调查所获得的数据，对农村非留守妇女、准留守妇女、留守妇女所面临的外部环境进行详细的描述性分析。

第五章，生计资本。利用调查所获得的数据，对农村非留守妇女、准留守妇女、留守妇女所拥有的生计资本进行详细的描述性分析。

第六章，生计策略。首先，利用调查所获得的数据，对农村非留守妇女、准留守妇女、留守妇女的生计策略分类进行详细的描述性分析。其次，以农业生产参与及时间、非农经营参与及时间、家庭再生产参与及时间、生计策略多样化为因变量，分别构建回归模型，分析生计资本和外部环境对农村留守妇女生计策略现状的影响。同时还以未来外出务工意愿为因变量，尝试探讨影响未来生计发展的内在禀赋因素。

第七章，家庭福利效应。首先，利用调查所获得的数据，对农村非留守妇女、准留守妇女、留守妇女所拥有的家庭福利进行详细的描述性分析。接着，以自身经济收入、生理健康、主观幸福感、生殖健康、闲暇、家庭地位及子女成绩、亲子关系、与老人关系等为因变量，分别构建回归模型分析生计策略和外部环境对农村留守妇女家庭福利的影响。同时，补充分析生计策略对农村留守妇女婚姻满意度的影响。

第八章，制度和政策。首先，利用调查所获得的数据，对与农村非留守妇女、准留守妇女、留守妇女相关的制度和政策进行评价。在此基础上，结合前述章节的研究发现为改善农村留守妇女的生计状况，提高其家庭福利提供一些有针对性的措施建议。

第九章，结论与展望。对本书的主要工作和研究结论进行全面总结，并且对下一步研究进行展望。

# 2 农村留守妇女的生计与家庭福利研究：可持续生计分析视角

当今世界经济全球化日趋明显，人口流动已成为一种普遍现象。在包括中国、越南、埃及、墨西哥、土耳其等在内的亚洲、非洲、拉丁美洲和欧洲的许多国家，丈夫外出对留守妻子的影响已成为研究人员普遍关注的焦点。由于区域特征和经济动力的不同，丈夫外出方式往往分为国际流动和国内流动两种。其中，中国的流动模式以国内流动为主，已有研究视角主要是从留守妻子自身来分析其留守成因、生存状态、家庭和婚姻关系、农业女性化现象、社会网络与自我发展等；国外的流动模式以国际流动为主，研究视角主要是结合"迁移—发展"的过程来分析留守妻子的健康状况、家庭地位、性别角色、劳动力市场参与率等方面的变化及影响这些变化的因素，如汇款、家庭特征等。二者的共同点是虽在各自研究中对农村留守妇女的生计发展问题均有涉及，但很少进行有针对性和系统性的研究。有鉴于此，本章首先详细介绍了可持续生计分析框架及其应用于农村留守妇女生计研究的可行性，接着按照分类对已有农村留守妇女的生计策略和家庭福利效应研究进行归纳，同时结合可持续生计分析框架中各核心概念间的关系，梳理已有脆弱性和生计资本对生计策略、生计策略对家庭福利影响的研究。最后对已有研究的成果和不足进行了简要总结评述，并提出本书的研究策略。

## 2.1　可持续生计分析框架

自20世纪80年代起，可持续生计已被广泛应用于贫困和农村发展研究中。然而因研究者关注的焦点和研究目标不同，其对可持续生计的概念也有多种诠释，如Chambers和Conway（1992）指出生计是谋生的方式，包含谋生需要的能力、资产（包括物质和社会层面的资源）以及从事的生存活动。只有在面对胁迫和冲击时能够从中恢复，并在当前或未来维持或增强能力和资产，同时又不破坏自然资源基础的生计，才是可持续生计。Scoones（1998）提出，可持续生计作为一种生计状态，是指在多样化情境中，为了追求不同的生计策略组合而对生计资本进行排列组合的过程，其产出结果受正式和非正式组织或机构的影响。在此基础上，近年来国外的一些组织机构和研究者依据阿马蒂亚·森的可行能力理论相继提出了多种可持续生计分析框架，如英国国际发展署（DFID）总结的可持续生计分析框架（DFID，1999），Bebbington（1999）提出的用于分析农户生存、农村生计和贫困的框架，Eills（2000）提出的生计多样化分析框架及美国非政府组织CARE提出的农户生计安全框架等。其中，DFID可持续生计分析框架是应用最广泛的框架之一，它不仅提供了一种系统的思维方法，总结了生计的主要影响因素，还清晰地展现了各因素之间的多重相互作用关系。从而在帮助人们提高对生计理解的同时，还能在大多数情境下使其优先关注关键的核心要素及影响过程。此外，可持续生计分析框架还具有一定程度的灵活性，可以通过调整或修改某些概念使框架更有效。因而，该框架除可用于规划新的生计发展活动外，还可评估已有生计发展活动（DFID，1999）。可持续生计分析框架如图2-1所示。

图2-1中共包括五个与生计有关的核心概念：脆弱性、生计资本、结构和过程转变、生计策略及生计结果。按照可持续生计分析框架的解释：脆弱性包含外部冲击、社会主要发展趋势和各

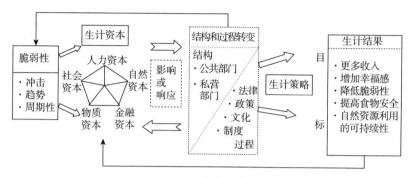

**图 2 - 1 可持续生计分析框架**

种周期性因素。其中，外部冲击突发性较强，一旦发生会直接破坏生计资本。外部冲击包含人身健康、自然环境、经济、冲突、作物或家畜疫病冲击五个方面。与之相比较，虽然社会主要发展趋势比较容易预测，能够对生计策略起到一定的引导作用，但一旦无法掌控，所造成的劣势将是长期的，很难扭转。社会主要发展趋势包含人口变化、资源变化、国内和国际经济、政府管理及技术发展趋势五个方面。周期性因素因具有循环特点，所以相较于前两者而言，其规律更容易被掌握。周期性因素包含价格、生产、健康和就业机会周期性四个方面。生计资本包含人力资本、社会资本、自然资本、物质资本和金融资本。其中，人力资本是利用其他四种资本的前提条件，它取决于劳动力本身的量和质，主要包含健康、教育和技能三个方面。社会资本是指人类为了实现生计目标所利用的社会资源，它可以通过一些正式或非正式的网络和联系来增加存量，从而直接影响其他资本的变化，并对幸福感产生十分重要的影响。社会资本包含参与社区组织状况，获得社会网络支持状况，社会关系状况及相互信任、互惠和交互关系状况四个方面。自然资本是用来维持生计的基础性资源，包含土地、森林、海洋/野生资源、水和空气质量五个方面。物质资本决定着人类生产力的提高，它是通过人类生产过程所创造出来的资本，包含基础设施和生产资料两个方面。金融资本是指可支配和可筹措的资金（杨云彦、赵锋，2009），其作用最为广泛，不仅可以直接转为其他资本，还可以直接用来获得生计结果。结构和过程转变包含公共部门、私营部门、政策、法律、制度、文化和影响力关系。其中，公共部门依据所拥有的权力，在其管辖范围内享有不同程度的自治权。公共部门包含立法机构、执行机构、司法机构和政府部门四个方面。私营部门同样是影响生计的重要部门，它起着补充和替代政府部门的作用。私营部门包含商业组织、社会组织和非政府组织。政策为公共部门执行机构提供了行动的框架。政策包含宏观政策、部门政策、分配政策以及调控政策。法律较之政策，更具约束力。法律包含国际约定和国内法律两个方面。制度是指各部门在日常运作过程中应遵守的非正式约定。制度包含市场、规制资产流动和部门内部的"游戏规则"三个方面。文化经常通过一些客观存在因素来限制人的行为和机会。文化主要包含社会准则和信念。影响力关系通常是被内化于文化中的。影响力关系包含年龄、性别、种姓和阶层四个方面。生计策略包含生产活动、投资策略和再生产选择。其中，生产活动是为满足生活需要而进行的活动，包含农业生产、非农经济以及家务活动三个方面。投资策略主要是针对未来进行的生计活动，因为生计随时间而变化，主要包含资产投资。再生产选择是劳动力更替的基础选择，主要包含子女养育。生计结果包含更多的收入、幸福感的增加、脆弱性的降低、食物安全性的提高以及自然资源利用的可持续性。其中，更多的收入是人类不断追求的目标之一，是生计经济可持续的重要条件。更多的收入包含净收益和金钱数量更多两个方面。幸福感的增加主要是指非物质性感受和状态的增加。幸福感的影响因素包括自尊、控制和包容感、家庭成员的人身安全、健康状态以及服务的获得等多方面。脆弱性的降低能够增加全部生计的社会可持续性，因而有时降低脆弱性远比使生计结果最大化更值得优先考虑。脆弱性的降低包含外部冲击、社会主要发展趋势以及各种周期性因素影响程度的减少三个方面。食物是人类存活的基础，只有以安全的食物为保障，才有考虑可持续生计的可能。食物安全性包含饥饿和食物贫乏两个方面。自然资源可持续利用是人类世代延续的基本条件，包含土地、森林、海洋/野生资源、水以及空气质量可持续利用等（DFID，1999）。

目前，可持续生计分析框架已被广泛应用于失地农民（包括工程移民）、农户（特别是贫困地区和灾区农户）、流动人口等相关弱势群体的生计问题研究中，内容涵盖生计多样化（Simtowe，2010）、农户生计与扶贫（Ellis & Bahiigwa，2003）、土地利用与农户生计（卓仁贵，2010）、生计脆弱性（阎建忠等，2011）、生计安全（Singh & Hiremath，2010）、能源消费与农户生计（Cherni & Hill，2009）等多方面。农村留守妇女作为人口流动的遗留群体，是由家庭贫困、经济发展、政策、制度及文化等多重因素共同作用而形成的。同时，农村留守妇女的"女性"特质，意味着其本身就处于相对弱势的位置。妻子留守既可能为其带来新的冲击和威胁，如劳动强度增加、心理压力增大、安全感低、子女教育困难、对丈夫的经济依赖性增强等（Roy & Nangia，2005；鲜开林、刘晓亮，2012），又可能会降低其脆弱性程度，增强风险抵御的能力，如汇款的接收会加大农村留守妇女的金融资本可用度等（Qin，2009）。由于可持续生计分析框架可以使上述外部环境与内部因素共同置于统一的逻辑框架下，进而相互印证和分析，因而，近年来该框架也被逐渐应用于农村留守妇女问题研究。如罗丞（2014）借鉴该框架对生计策略的解释，将农村留守妇女的生计策略概括为再生产策略、生产策略及社区管理策略三种，并比较分析了农村留守妇女与准留守、非留守妇女在三类策略上的时间配置差异。

需要特别指出的是，在可持续生计分析框架中，脆弱性环境与结构和过程转变是影响生计分析的外部环境，它们通过与生计资本和生计策略的相互作用来影响生计结果的实现，而生计资本、生计策略、生计结果则直接构成了生计分析的主体要素，直接显现了农户利用生计资本和生计策略追求某种生计结果的过程。因而，生计策略作为外部环境、生计资本等因素投入后的转换阶段，在接下来的研究中将着重关注。同样，生计结果作为生计策略的产出和结果，在实现可持续生计的过程中扮演着承上启下的关键角色。它不仅是上一轮生计活动的考核依据，还影响下一轮生计活动的投入量，即生计资本。正如图 2-1 所示，生计资本的拥有状况与生计结果的实现情况是不断循环改变的。所以，生计结果也是本书的重点之一。

## 2.2　农村留守妇女的脆弱性和生计资本

脆弱性环境是影响可持续生计的外在环境因素，它可以通过影响生计资本直接影响生计策略的选择和生计结果的实现。在农业现代化滞后于工业化和城镇化、农产品市场体系不完善的现实背景下，丈夫外出会增加农村留守妇女的脆弱性，改变生计资本存量，而不同的脆弱性对生计资本和生计策略造成的影响也不同。

已有关于农村留守妇女的研究在脆弱性环境方面，主要涉及了外部冲击中的人身健康冲击和经济冲击、社会主要发展趋势中的人口变化发展趋势以及各种周期性因素中的价格周期性和就业机会周期性等内容。具体而言，外部冲击因素研究中，因丈夫外出务工，农村留守妇女除需独自承担家务活动及照料家庭的责任外，还需承担比原来更多的农业生产活动（刘晓，2010），导致其生理和心理都承受着极大的压力，易引发健康问题（钟斌、姚树桥，2012），使家庭的日常活动和经济状况可能面临威胁；同时近年来，物价不断上涨，而农村留守妇女的收入水平依然处于低端固定化的状态，这增加了农村留守妇女正当行使经济权利的难度（鲜开林、刘晓亮，2012），且因农产品市场不完善而引发的市场波动越来越频繁，越来越多的农产品出现过剩，农业收入下降（檀学文、李成贵，2010），农村留守妇女面临贫困程度增加的局面。社会主要发展趋势研究中，农业生产方面呈现女性化趋势（高小贤，1994），丈夫外出务工后，农村留守妇女成为农业生产主力（韩凤丹，2012），并将是一个长期持续的效应，即使丈夫外出务工返家，这种状况也不会有明显变化（Mu & van de Walle，

2011）。各种周期性因素研究中，农业生产成本持续上升，同时农产品价格不断出现大幅波动（檀学文、李成贵，2010），使得农村留守妇女的农业收入更加不稳定；同时丈夫外出务工会促使农村留守妇女利用农闲时间从事一些非农经济活动，增加家庭收入，提高对家庭的经济贡献（李新然、方子节，1999；黄翠翠，2011）。

生计资本的拥有状况与生计结果的实现情况是不断循环改变的，生计资本和生计结果通过生计策略联系起来，同时生计结果又直接反馈影响生计资本。通常情况下，拥有的资本越多，意味着生计策略的可选择范围越大，同时在各种策略之间灵活转换的能力也越强，最终有利于实现力所能求的生计结果；生计结果获得的最直观表现就是生计资本存量的变化，并且从整体看，生计资本的变化会促使下阶段产出不同的生计结果。对于农村留守妇女而言，在当前人力资本弱化、制度性和正式社会支持网络缺失以及金融资本约束的现实背景下，其生计资本更应受到关注。

已有关于中国农村留守妇女生计资本的研究，主要涉及了人力资本中的健康、教育和技能，社会资本中的参与社区组织状况，获得社会网络支持状况，社会关系状况以及相互信任、互惠和交互关系状况，自然资本中的土地和森林，物质资本中的基础设施以及金融资本的可用储蓄等内容。具体而言，人力资本中，农村留守妇女的年龄分布集中在 21~49 岁，总体上偏向于年轻，但大多数患有不同程度的妇科、腰椎和关节等疾病（刘晓，2010）；这一群体受教育程度普遍较低，多为文盲、小学或初中文化，因而她们普遍有继续接受教育的意愿（鲜开林、刘晓亮，2012）；同时在现代农业生产中，农村留守妇女虽可以通过询问商贩、互相交流等途径来获取一定的技术信息，进而利用技术手段来提高劳动生产率，但仍有一部分农村留守妇女面临着缺乏生产技术的困难；且劳动量的增加也使她们进一步提高文化素质的机会受限，致使大多数农村留守妇女没有参加过职业技能培训（胡艳艳，2011）；此外，农村留守妇女与非留守妇女在家庭结构上没有显著差异，均以核心家庭为主，平均常住人数在 3~4 人（许传新，2010）。

社会资本中，越来越多的农村留守妇女开始通过参与"企业＋农户"的模式来获取农产品销售、技术、农业信息以及经验方面的服务（陈雄锋等，2012）；丈夫仍然在农村留守妇女的家庭决策、情感和财务支持过程中占据主导地位，同时亲属对农村留守妇女的情感和财务支持程度也明显高于非亲属，非亲属对农村留守妇女的支持则更加倾向于交往方面（吕芳，2012）；且丈夫外出，导致以丈夫为中心的"婆家网络"被削弱，而"娘家网络"逐渐成为农村留守妇女社会强关系支持网络的另一重心，尽管如此，部分农村留守妇女与婆家的关系在生产帮扶中依然得到了改善与增进（吕芳，2012；吴惠芳、饶静，2010）；邻里关系是家庭社会关系网络中的重要组成部分，丈夫外出务工后，农村留守妇女与邻里之间相互提供更多的生产帮助和交往支持，邻里关系因此不断得到强化（毛桂芸，2010）。此外，朋友网络的明显发展，也为农村留守妇女提供了重要的情感慰藉和社会交往支持（吕芳，2012）。自然资本中，一般情况下，农村户均拥有 2 ~ 4 亩的农地，甚至更多，但大都被分割成小片的土地分布在不同位置，且在退耕还林地区，大部分家庭还会拥有几亩用来种植树木的坡地（Jacka，2012）。物质资本中，留守妇女家庭与非留守妇女家庭在住房类型和住房间数方面并无明显差距，二者的房屋类型均以楼房为主，且住房间数大多在 3 间房以上（许传新，2010）。金融资本中，妇女小额担保贷款财政贴息政策的实施提高了农村留守妇女获得信贷的机会，一般通过在当地农村信用合作社贷款来满足生产和生活性需求（叶敬忠、吴惠芳，2008）。

## 2.3　农村留守妇女的生计策略

生计策略是指人们为满足生存需要，通过对不同层次、不同形式的资产进行选择和组合后开展的相关活动，它通常反映为人们在不同时期用来满足不同需求的综合性动态选择。Lockwood（1997）认为个人或家庭在对经济活动和包括生育在内的非经济活动进行决策时，通常是对不可预测环境的应激反应，而不是对既定策略的追求（Rakodi，1999）。在正处于转型期的当前中国，政治、经济、社会、气候环境等的剧烈变化往往会引发农村家庭生计策略的不断转换。作为实现可持续生计的关键环节，目前已有大量关于农户生计策略的研究。研究对象主要包括农牧民、失地农民、生态移民等，如郝文渊等（2014）分析了生计资本存量变化时，农牧民生计策略的调整过程；周易、付少平（2012）将失地农民的生计策略分为以创业为主和未以创业为主，并进一步分析了影响生计策略选择的生计资本因素；李聪等（2013）分析了移民搬迁对农户参与农林种植、家畜养殖、非农自营、外出务工等生计活动的影响。与之不同，在农村留守妇女的生计策略研究中，直接对生计策略进行系统研究的很少，大多仅是涉及某一生计策略活动。同时，多数研究均侧重比较丈夫外出前后农村留守妇女生计策略的变化，很少用实证数据分析外部环境和内部禀赋对其生计策略的影响。

### 2.3.1 主要的生计策略：农业生产、非农经营和再生产

在农村已婚家庭，丈夫为了保证家庭的生活标准、启动或扩大家庭经营，通常以外出打工或经商为主要生计策略（Binzel & Assaad，2011）。新迁移经济学将迁移视为家庭风险分担行为，认为丈夫外出后提供的汇款作为潜在资源在资本投资中起着重要的作用，尤其是在市场不健全的发展中国家（Lucas & Stark，1985），能够促进家庭成员当前福利的最大化（Binzel & Assaad，2011）。因而在传统的父权制家庭结构和性别角色认知的文化背景下，丈夫外出，农村妇女留守通常被视为理性的抉择，是促进家庭利益最大化的生计策略（段塔丽，2010）。因为丈夫外出务工既能为家庭带来经济利益，同时农村妇女留守也能为老人和孩子提供照料，并参与农业生产和社区活动，使家庭的各项功能正常运转。选择留守之后，农村留守妇女作为家庭主力，其生计策略通常包括农业生产活动、非农生产经营、再生产活动等不同选择。

在农业生产活动方面，尽管经济回报率较低（Jacka，2012），但作为家庭收入和食物来源，农村留守妇女依然会从事农业生产活动，当然在劳动力和时间配置上可能有所不同。一些研究表明，丈夫外出务工后，农村留守妇女为了充分利用土地和牲畜，会选择劳动力替代的方式提高对作物种植、牲畜养殖等的参与度，同时增加在农业生产方面的时间配置（Binzel & Assaad，2011）。另一些研究则认为丈夫外出前，农村家庭中的农业生产活动已经主要由妻子负责承担。丈夫外出后，对于那些明显由男性承担的工作，留守妇女更倾向于雇用工人，因而对于生活在核心家庭的留守妇女，农业工作量并没有显著增加（de Haas & van Rooij，2010）。因而丈夫外出务工后，农村留守妇女在农业生产上的劳动力及时间配置与先前相比没有明显变化（de Haas & van Rooij，2010）。然而，也有研究持不同观点，认为农村留守妇女在农业生产中的劳动力和时间配置变化与否是依据一定条件的，常常受汇款和丈夫回家频率的影响。如果汇款不足，或丈夫在农忙时节缺席，农村留守妇女就必须通过增加自身的工作量来弥补农业生产上的劳动力缺失（Paris et al.，2005）。

在非农生产经营方面，丈夫外出务工对农村留守妇女的劳动力市场参与行为及时间配置的影响在不同研究中结论也不同。一些研究表明，丈夫外出会增加女性对市场的参与及时间配置。如Durand 和 Massey（2004）在对墨西哥的研究中发现，丈夫外出会提高留守妇女的劳动力市场参与度；Gebru（2010）在对埃塞俄比亚的研究中发现，丈夫外出后，超过2/3 的留守妇女即使接到了汇款，依然倾向于寻找非农劳动力工作。张原（2011）对中国的研究也表明，由于农业劳动效率较为低下，经济收益较少，因而农村留守妇女更愿意投入较多的时间参与工资性工作。与此相反，也有研究发现因家庭劳动力的相互替代，丈夫外出后，农村妇女会降低对工资性工作的参与（Binzel & Assaad，2011；Lokshin & Glinskaya，2009）。或者，丈夫外出对留守妇女的劳动力市场参与行为没有影响，留守妇女与非留守妇女在就业方面并无差异（Agadjanian et al.，2007）。同时，还有一些研究则表明，丈夫外出对农村留守妇女劳动力市场参与度的影响受一定条件限制，Lokshin和 Glinskaya（2009）对尼泊尔的研究认为，依据家庭生产功能的属性，丈夫外出可能会提高，也可能会降低留守妇女的生产力，因而对她们的劳动力市场参与率有着模糊不清的影响，该影响主要取决于各种因素之间的相互作用。如汇款的收入效应以及家庭生产中丈夫和妻子在时间投入上的替代性可以解释丈夫外出务工对拥有土地数量较少或无土地的留守妇女的劳动力市场参与率的强烈影响，而在拥有土地数量较多的家庭，丈夫外出务工则对留守妇女劳动力市场参与率的影响很小。此外，丈夫外出的汇款收入也会促使农村留守妇女投资已经存在的或者开始新的家庭经营活动，虽然从事家庭经营所得的收入较少，但依然能够提高她们对家庭经济的直接贡献（段塔丽，2010）。

在再生产活动方面，农村留守妇女从事的家务劳动主要包括洗衣、做饭、打扫房间以及照顾孩子和老人等（毛桂芸，2010），其投入时间多少与丈夫是否外出务工没有显著相关性。但也有研究认为，丈夫外出减少了需要照顾的人数，加上近年来技术的进步（如燃气灶、自来水的使用），生育率的降低，家庭收入的增加以及市场购买能力的增强等原因，家务劳动量相对减少（de Haas & van Rooij，2010）。尽管如此，农村留守妇女参与家务劳动的可能性却会随着丈夫收入的增加而相应提高（张原，2011）。另外，在不同的研究中，丈夫外出对留守妻子生育行为的影响也不尽相同，Agadjanian 等（2011）在对莫桑比克的研究中发现，丈夫外出会暂时降低留守妻子的生育率，但丈夫回家后，生育率又会上升，即不管已经有几个孩子，大部分留守妻子倾向于多生一个。Jacka（2012）和许传新（2010）对中国的研究则认为，因为子女养育能够保障家庭未来老有所依，且在与人发生冲突时子女能够给予有效的支持，因而留守妇女和非留守妇女在生育孩子的数量上没有显著差别，大部分农村妇女都会选择生育 2 个或 3 个孩子，并且与第一个孩子的性别没有关系。同时，受中国传统文化"男主外、女主内"观念的影响，照料孩子和老人已经固化为妻子的义务。通常情况下，年纪较小的农村妇女一般只需要照顾 1 个孩子，而年龄较大的农村妇女则需要照顾 2 个孩子（向诚娜，2012）。大多数留守妇女属于青（中）年，家庭中老人均健在，并且在家族观念日益淡化的背景下，尽管家庭核心化已成为一种趋势（de Haas & van Rooij，2010），但仍有少数留守妇女和父母居住在一起，其中有 20% ~ 30% 的留守妇女需要照顾 1 ~ 2 个老人（向诚娜，2012）。与丈夫外出前相比，留守妇女照顾老人的比例有所上升（叶敬忠、吴惠芳，2008）。此外，丈夫外出还对家庭中女孩的教育有积极影响（Hadi，2001）。当前社会发展进程下，希望女儿接受教育已成为社会的新规范，丈夫外出能够为女儿的教育提供资金支持，尽管该支持仍然受家庭经济状况的影响。通常情况下，丈夫属于国际迁移的，其家庭经济条件一般较好，女儿接受教育的愿望比较容易实现。而相对地，国内迁移及非迁移家庭因经济条件有限，在资金缺乏时，普遍选择让儿子继续读书，女儿回家帮忙（de Haas & van Rooij，2010）。

### 2.3.2 生计策略多样化

已有研究除关注农业生产活动、非农生产经营、再生产活动等不同策略自身外，还涉及了农村留守妇女的生计策略多样化。

大量男性劳动力的外出，也使农村留守妇女成为当地非农就业的主要劳动力。她们通常在参与农作物种植的同时，进入劳动密集型产业打工或做些小生意（高岩，2009）。如 Johnson（1992）对坦桑尼亚的研究认为，劳动力和作物的日益商品化趋势影响了性别分工和家庭生产。男性在工资性工作中占据主导地位，女性为获取维持家庭运转的食物和收入而加大对生存性作物和经济性作物的投入，同时也兼业参与酿造啤酒、食品加工及小商业等非农活动。Menjívar 和 Agadjanian（2007）在对阿美尼亚的调查研究中也发现，尽管农村留守妇女的经济来源主要是农业和汇款，但仍然会通过商业零售、打零工的方式来赚取额外收入。Desai 和

Banerji（2008）、Binzel 和 Assaad（2011）通过对比分析迁移家庭和非迁移家庭的农村妇女的收入来源，发现农村留守妇女参与劳动力市场、非工资性工作及生存性工作的概率均显著高于农村非留守妇女。

叶敬忠、吴惠芳（2008）对中国农村留守妇女的研究发现，外出务工收入、农（林）作物种植收入及牲畜养殖收入是大部分留守妇女的收入来源，也有部分留守妇女还选择参与做买卖、跑运输或其他生计策略活动。其中，对于农作物种植，熊光伦等（2014）对中国西北东乡族、回族留守妇女的调查研究还发现，丈夫外出会导致农村留守妇女的家庭生产经营力下降。为达到降低家庭风险和生产难度的目的，其在农业生产时会选择粗放式经营，表现为多样种植玉米、小麦、马铃薯等作物品种，而对于那些新品种和价格波动较为剧烈的经济作物则不会大量种植。另外，高岩（2009）在调查中发现，至少有一半的留守妇女生活在非核心家庭，老人照料和子女的抚养与教育已成为留守妇女的日常活动。此外，张原（2011）在研究中也发现，丈夫外出使留守妇女从事农业生产和市场性工作的概率显著增加，但时间配置明显减少。另外丈夫外出对留守妇女从事工资性工作和家务劳动的行为虽没有明显的影响，但从事的时间有所变化。其中工资性工作的时间变长，家务劳动的时间随着丈夫收入的增加而有所减少。

### 2.3.3　脆弱性、生计资本对生计策略的影响

可持续生计方法的主要目的在于试图了解影响农户生计策略选择的因素，从而强化积极因素（即增加选择和灵活性的因素），减少限制或负面影响，帮助农户建立可持续的生计策略。因而，外部环境（如脆弱性）及家庭内部差异（如生计资本）成为农村留守妇女生计策略影响因素的研究重点。

脆弱性对生计策略的影响研究方面，在外部冲击对生计策略的影响研究中，近年来，生产资料价格上涨、农产品价格波动等经济因素在一定程度上对留守妇女的农业生产造成了冲击。叶敬

忠、吴惠芳（2008）调查发现因生产资料价格高而粮食销售价格低的原因，多数留守妇女减少了水稻种植面积。同时由于饲料价格的上涨，再加上"O、Q、H型流感"的扩散蔓延，猪肉、禽肉、禽蛋的价格频繁波动，致使许多留守妇女减少或放弃了生猪或其他家禽养殖，增加了对劳动力需求量少且经济效益高的经济性作物或工资性工作的投入。另外，Dolan（2002）对乌干达的研究还发现，受土地日益贫瘠、作物和家畜疾病增加、气候变化的影响，男户主和女户主家庭开始参与几种不同形式的收入创造活动，依靠多种非农收入来源，如家庭经营、工资性工作及汇款等来构建家庭生计组合。社会主要发展趋势对生计策略的影响研究中，Ellis（1998）认为由于农村留守妇女缺乏农业革新和投资动力，因而在城市化进程和社会主义新农村建设的背景下，农业女性化趋势对农业生产效率具有消极作用，她们更愿意通过减少对农业生产的时间投入来增加工资性工作的时间投入（张原，2011）；Mtshali（2002）对南非的研究发现，在一个限制妻子流动的贫穷、父权制社会中，土地资源匮乏促使丈夫外出，从而减少了留守妻子参与非农活动时受到的限制，增加了同时参与多种生计策略的机会；Orr（2001）对马拉维的研究分析表明，在市场自由化的背景下，尽管多数留守妇女家庭中来自微型企业的收入份额基本不变，但也有部分女户主家庭的微型企业收入份额急剧增加，该结论似乎意味着女户主家庭更渴望利用市场自由化提供的机会进行多样化的生计策略投资组合。各种周期性因素对生计策略的影响研究中，近年来，农产品价格的上升和下降在较长时间内呈现出以若干时间为周期的规律（于少东，2012），而农村留守妇女对价格的关注会使她们依据市场的需求重构生计组合（杨照，2011）。比如当粮食涨价时，减小养殖规模，而当粮食降价时，则会选择扩大养殖、参与其他生计活动来弥补损失（叶敬忠、吴惠芳，2008）。同时农业生产的季节性特点也促使留守妇女利用农闲时间从事一些诸如采摘西红柿或棉花、集市上摆摊等非农经济活动（李新然、方子节，1999；Menjívar & Agadjanian，

2007）。

生计资本对生计策略的影响研究方面，人力资本对生计策略的影响研究中，女性的体能限制、受教育程度低下是促使农村留守妇女选择留守的内在原因之一（朱海忠，2008）。留守妇女的受教育程度越高，从事农业劳动的概率越小，时间配置越少，相对地，从事工资性工作的可能性则加大（张原，2011）。李英华（2008）调查发现虽然接受过技术培训的农村留守妇女很少，但大多数留守妇女都认为技术培训可以促使她们参加与培训内容相关的生产活动，增加经济收入。此外，技术培训和非农经历越多，家庭规模越大，生计策略的多样化程度就越高（王洒洒等，2014）。社会资本对生计策略的影响研究中，毛桂芸（2010）认为出于利益的考虑，农村留守妇女更愿意通过参与互助式的合作生产组织来保障农业生产的顺利进行。而且因为流动性相对较低的原因，农村留守妇女的社会支持网络依然保持着传统的亲缘和地缘关系。吴惠芳、饶静（2010）调查发现农忙时期，许多留守妇女会请公婆帮忙，并且即使公婆在农业生产上不能提供直接帮助，也能帮其分担家务，使其有更多的时间和精力从事农业生产，同时也为选择多样化的生计策略提供了可能。自然资本对生计策略的影响研究中，土地决定着农业收入和迁移的机会成本，是影响农村劳动力从乡村转移到城镇的重要因素（Wang，2013）。因而在丈夫外出后，绝大多数留守妇女即使面临农业生产困难，也仍会尽力耕种自家拥有的全部土地。只是在耕作方式上更加偏向粗放经营（毛桂芸，2010），同时也可能偏向于种植劳动力需求量少而经济效益高的经济性作物，如蔬菜、柑橘、甘蔗等（叶敬忠、吴惠芳，2008）。物质资本对生计策略的影响研究中，农村留守妇女家庭中拥有的生产性工具、交通工具、耐用品种类对多样化的生计策略有显著的积极影响，同时房屋价值越低，她们选择参与多样化生计策略的意愿越强（王洒洒等，2014）。金融资本对生计策略的影响研究中，Amuedo-Dorantes 和 Pozo（2006）以及 Mendola 和 Carletto（2009）在分析汇款对留守妇女工作时间分配的影响时发现，汇款会显著减少她们从事非正式部门和无偿性工作的时间。
而 Binzel 和 Assaad（2011）的研究表明汇款对留守妇女从事非工
资性工作的行为具有显著的促进作用，尤其是当汇款收入不能弥
补丈夫外出造成的劳动力缺乏时。另外，家庭储蓄对多样化生计
策略也具有显著的影响，家庭储蓄越多，农村留守妇女同时参与
的生计策略种类越多（王洒洒等，2014）。

## 2.4  农村留守妇女的家庭福利效应

由于可持续生计分析框架罗列出的各种生计结果之间具有不
可比性和矛盾性，因而在考察特定对象的生计结果时，应当根据
实际情况加以取舍和补充（DFID，1999）。丈夫外出后，妻子不仅
要继续承担养育孩子、照料老人、整理日常家务等责任，还要填
补丈夫在农副业生产、社会交往、公共事务参与等活动中的缺席
状态（Lokshin & Glinskaya，2009）。角色扩展虽在一定程度上提高
了农村留守妇女的家庭决策权，但与传统性别角色的错位，容易
导致其与家庭和社会之间发生冲突，从而产生紧张和焦虑的负向
情绪。同时，工作量的增加也使其身体健康面临威胁（Menjívar &
Agadjanian，2007），并且导致休闲娱乐时间大大减少（郑真真、
谢振明，2004）。另外，由于夫妻双方两地分居，留守妇女不仅长
期处于性压抑状态，并且受丈夫影响感染艾滋病的可能性也明显
提高（Qin et al.，2009）。不仅如此，丈夫外出后留守妇女因承担
生产、抚育、情感慰藉等多重任务，还会对家庭中其他成员的福
利诸如亲子关系、子女成绩及与公婆关系产生影响（魏翠妮，
2006；Biao，2007）。总体而言，农村留守妇女的生计结果实际上
主要表现为家庭福利效应，包括经济福利效应和非经济福利效应
两个方面。其中，经济福利效应主要涵盖汇款和自身经济收入；
非经济福利效应主要涵盖身体健康、主观幸福感、闲暇和家庭地
位等妇女自身福利，以及与子女关系、子女成绩和与老人关系等
家庭其他成员福利。

## 2.4.1 家庭福利效应的两个方面：经济福利效应和非经济福利效应

在经济福利效应方面，尽管大多数研究都认为丈夫汇款增加了家庭收入，如 Maharjan 等（2012）对尼泊尔的调查发现，迁移家庭的平均年收入远高于非迁移家庭，并且汇款收入占迁移家庭总收入的30%以上；Jacka（2012）在对中国农村留守妇女的研究中也发现留守妇女的家庭年收入高于非留守妇女家庭。然而，汇款对农村留守妇女的客观福利和主观福利的影响却不尽相同。它既可能帮助留守妇女改善生活状况，增加客观福利，并为其提供安全网络（Maharjan et al.，2012），也可能在提高她们生活质量、增加子女教育及获得卫生服务机会的同时，并没有改善其主观幸福感，与公婆同住的更是如此（Gartaula et al.，2012）。此外，丈夫外出还会降低留守妇女自身的经济收入。与非留守妇女相比，留守妇女的收入来源渠道较少，主要是作物种植和牲畜养殖（叶敬忠、吴惠芳，2008）。

在非经济福利效应方面，个人身心健康研究中，大量研究表明丈夫外出对留守妻子的身体健康有显著的消极影响。Wilkerson 等（2009）对墨西哥农村女性的研究显示丈夫外出造成夫妻分离，会显著降低留守妇女的心理健康水平。Hoermann 等（2010）在对印度和尼泊尔的研究中也认为工作负担的增加会对农村留守妇女的健康造成不利影响。尤其是生活在核心家庭的女性，在丈夫缺席时不能依靠其他男性亲属，其精神紧张程度更高，身体压力更大（Gartaula et al.，2012）。另外，Sevoyan 和 Agadjanian（2010）对亚美尼亚农村已婚女性的调查还发现，过去三年里，报告自己被诊断患有至少一种性病的留守妻子比例是非留守妻子的2.5倍；过去一年里，留守妻子患有的性病症状显著多于非留守妻子。此外，周庆行等（2007）和许传新（2009a）在对中国农村留守妇女的研究中也得出了相似结论。留守妇女中最近一个月经常感到身体有不同程度的疼痛感、胃口不好、胃肠部不舒服、睡眠不好的比例都高于非留守妇女。并且在心理健康状况方面，留守妇女中最近一个月经常毫无理由感到害怕、精神紧张、孤独的比例也分别高于非留守妇女。同时，一半以上的农村女性患有妇科疾病，其中包括留守妇女，她们通常觉得自己的幸福感并不高。个人闲暇研究中，农村妇女对闲暇的定义十分模糊，认为除农业生产活动外，其他活动均为闲暇活动，包括辅导孩子、照料老人、日常家务等（魏翠妮，2006）。事实上，闲暇时间一般指花费在农业生产活动、非农生产活动及家庭再生产活动之外的剩余时间。按正常规律推算，农村妇女平均每年有 2～3 个月的农闲时间（叶敬忠、吴惠芳，2008）。但多数研究都证实丈夫外出后，为了填补丈夫在日常生产和生活中的缺位，农村留守妇女会减少闲暇时间，并且休闲娱乐的活动种类也非常单调匮乏。叶敬忠和吴惠芳（2008）对中国农村留守妇女的调查结果显示，8.5% 的留守妇女表示自己没有闲暇时间，而对比丈夫外出务工前后的闲暇时间，58.3% 的留守妇女表示在丈夫外出务工前她们有闲暇时间。McEvoy 等（2012）的研究也认为，丈夫迁移后，由于汇款太少和劳动力雇佣费用太高，留守妻子为了保证家庭食物安全，必须通过减少每天的休闲时间来参与农业生产活动。另外，通常情况下，闲暇被分为消遣型娱乐活动和提高型学习创造活动（许传新，2010）。而农村留守妇女的闲暇娱乐方式以消遣型为主，包括看电视、聊天串门走亲戚、打麻将、打纸牌、赶集等（叶敬忠、吴惠芳，2008；许传新，2010）；提高型活动较少，主要是读书看报和参加文体活动（邓倩，2010）。个人家庭地位研究中，关于丈夫外出对农村留守妇女家庭地位的影响大致有三种结论。第一种认为丈夫外出对农村留守妇女地位的改善有积极影响。Hadi（2001）的研究显示，丈夫外出后，留守妻子更加积极地参与家庭事务决策，其决策权力显著大于非留守妻子。同时，如果用女孩入学率来反映妇女家庭地位，迁移家庭女孩的入学率也显著高于非迁移家庭。吴惠芳（2011）的研究也显示，外出务工丈夫非常肯定留守妻子对家庭所做的贡献。丈夫外出后，留守妇女在家庭经济、子女教育及农业生产活动决策方面的地位有很大提高。不仅如此，因家庭角色扩展及丈夫缺位，农村留守妇女变得更加独立自主、意志坚强，从而有力地推动了新的社会性别关系的形成。第二种认为丈夫外出对农村留守妇女家庭地位的改善有消极影响。Menjívar 和 Agadjanian（2007）在研究亚美尼亚和危地马拉男性迁移对性别角色和性别关系的影响时发现，丈夫外出务工后，留守妻子尽管承担了更大的责任，但并没有明显改变她们的地位及性别关系。丈夫迁移前后，其在家庭财政方面的主导地位依然没有明显变化，妻子仅能决策一些日常生活问题，而在一些比较重要的事情上，尤其是非日常性费用支出方面必须与丈夫协商。新的劳动力分工模式进一步强化了男性养家糊口和决策者的角色，使留守妻子的从属地位更加固化。第三种认为，丈夫外出后妻子家庭地位的变化是文化和社会因素所致，丈夫迁移在此过程中可能扮演了间接的促进者角色。de Haas 和 van Rooij（2010）的研究认为，与非留守妻子相比，留守妻子尽管在家庭的一些主要事情上仍然寻求丈夫的意见，但其在作物种植和购买东西方面拥有相对独立的自主权，同时对包括女儿在内的子女教育也有更大的影响力。但这种改变主要是临时性改变，因为留守妻子在物质和经济上更依赖丈夫。她们害怕被丈夫否定，将责任和决策权的增加视为一种负担。因而，当大多数男性回归家庭后，传统的父权角色也会随之恢复。尽管如此，从间接和长远的角度来看，丈夫迁移会增加女孩的受教育机会，并通过文化的交流与引进，逐渐改善妇女的地位。

在非经济福利效应中家庭其他成员福利状况方面，与子女关系研究中，Menjívar 和 Agadjanian（2007）的研究表明丈夫迁移后，家庭成员尤其是孩子，可能有更好的物质生活。丈夫对孩子的关注促使留守妇女在抚养孩子上花费大量的时间、精力和汇款收入。并且当丈夫向家里汇款或寄送礼物、定期打电话时，留守妇女还经常向子女灌输父亲养家糊口的形象，从而有效调节了父亲与孩子之间的关系。范兴华（2011）发现母亲留守的子女（尤其是男孩）的整体情绪适应状况不佳，具体表现为其总体幸福感得分和积极情感得分均显著低于父母亲双方都不曾外出的子女，而消极情感得分、抑郁得分和孤独感得分均显著高于父母亲双方都不曾外出的子女，从而间接说明留守妇女家庭中亲子关系存在问题。子女成绩研究中，当学习上碰到困难时，仅有16.5%的留守儿童会先想到向母亲求助，相较之下，有将近一半的留守儿童会先想到向父亲求助。同时，留守儿童中学业成绩评定为差的比例显著高于非留守儿童，其中54.9%的留守儿童认为父亲在家会对他们的学业有很大帮助（陈小萍，2009）。与老人关系研究中，刘晓（2010）调查发现在有公婆的农村留守妇女中，大部分认为自己与公婆相处得很好或较好，仅有小部分认为自己与公婆相处得不好。叶敬忠、吴惠芳（2008）对此进行了更加细致的分析，结果显示丈夫外出期间，已与公婆分家的留守妇女和未与公婆分家的留守妇女在与公婆的关系方面差异明显。已与公婆分家的留守妇女与公婆关系非常融洽和比较融洽的比例均高于未与公婆分家的留守妇女比例。与此相对应，未与公婆同住的留守妇女对与公婆关系的评价低于与公婆同住的留守妇女。

### 2.4.2　生计策略对家庭福利的影响

在生计策略对农村留守妇女家庭经济福利的影响研究方面，丈夫外出和妻子留守的家庭策略有利于提高家庭总收入。丈夫长期外出的家庭，其家庭平均收入普遍高于短期外出和没有外出的家庭，这是因为长期外出的丈夫有更高的工资、更加固定的就业机会和更好的训练（Paris et al.，2005）。张原（2011）的研究也显示，1991年到2006年，留守妇女家庭的年总收入平均增长率高于非留守妇女家庭。其中，留守妇女自身的工资性收入水平尽管低于非留守妇女，但前者的农业收入增长率和工资性收入增长率均高于后者。

在生计策略对农村留守妇女自身福利的影响研究方面，对身心健康的影响研究中，Roy和Nangia（2005）以及刘晓（2010）

认为丈夫外出后，农村留守妇女的身体健康水平明显下降。一般疾病发病率显著高于非留守妇女的主要原因是其选择留守的同时，还必须参与农业生产活动及非农经营活动，造成劳动负担过重，心理压力过大。Wilkerson 等（2009）的研究也表明妻子留守会直接导致其心理健康水平下降。对闲暇的影响研究中，魏翠妮（2006）的调查显示，留守妇女从事的生产活动类型决定着闲暇时间的长短。家庭土地面积较少、没有参与非农经营的家庭主妇型留守妇女的闲暇时间最多；家庭土地数量为 3～10 亩、从事非农生产活动及多种生产经营的留守妇女的闲暇时间次之；家庭土地数量在 10 亩以上、生计策略以农业生产为主的留守妇女的闲暇时间最少。就闲暇质量而言，家庭中是否有子女正在接受教育，会影响留守妇女闲暇活动时辅导孩子功课的参与率。家务劳动繁多使得留守妇女的休闲时间呈碎片化特征，较大地影响了其闲暇生活的质量。对家庭地位的影响研究中，农村留守妇女由于在种植和养殖生产活动中承担了主要的角色，因而在种植和养殖决策过程中拥有充分的自主决策权（叶敬忠、吴惠芳，2008）。并且丈夫外出后，留守妻子参与工资性工作的累积时间对其自主权也有显著影响，累积工作时间越长，其自主权越大。同时生育率高低与自主权的大小没有关系（Yabiku et al. ，2010）。

在生计策略对农村留守妇女家庭其他成员福利的影响研究方面，对与子女的关系及子女学习成绩的影响研究中，杨菊华、段成荣（2008）发现父亲外出、母亲留守会增加子女的受教育机会，其在学率普遍高于与父亲一起留守的儿童、流动儿童及其他儿童。刘晓（2010）调查发现，农村留守妇女在农忙或家务繁忙时，常常会疏于照料孩子，甚至有时不得不要求他们帮忙做一些家务，从而挤占其学习和玩耍时间，对亲子关系和孩子的学习成绩产生不利影响。对与老人关系的影响研究中，丈夫外出后，尽管对与公婆关系的变化评价不一，但与公婆关系在整体上没有显著变化成为多数农村留守妇女的共识（魏翠妮，2006；刘晓，2010）。此外，吴惠芳（2010）还认为部分留守妇女在丈夫外出务工后，与公婆在劳动方面的相互帮扶一定程度地增进了婆媳关系。

## 2.5 小结

通过对前述国内外相关研究成果的回顾发现，目前可持续生计分析框架应用十分广泛，并且适合被应用于农村留守妇女研究。该框架的五个核心概念中，生计策略和生计结果作为生计过程的转换和产出环节，是本书的关注重点。依据农村留守妇女的特征分析，生计结果主要表现为家庭福利效应。因而，本书将以农村留守妇女的生计策略和家庭福利效应为核心进行深入研究。

已有关于农村留守妇女的生计策略研究中，丈夫外出、妻子留守是理性的家庭策略。选择留守后，妻子的生计策略主要包括农业生产、非农经营和家庭再生产活动等。已有研究从参与行为、时间配置等方面对农村留守妇女的生计策略进行了探讨。同时，对生计策略多样化也有关注。此外，已有研究还涉及了影响农村留守妇女生计策略的外部和内部因素，即脆弱性和生计资本。

农村留守妇女的家庭福利效应包括经济福利效应和非经济福利效应。其中，经济福利主要包括汇款和妇女自身的经济收入。非经济福利主要包括妇女自身的福利，如身体健康、主观幸福感、闲暇和家庭地位等；家庭内其他成员的福利，如与子女关系、子女成绩、与老人关系等。已有研究对此均有涉及。家庭福利的影响因素中，已有研究重点关注了丈夫外出、妻子留守的家庭策略对家庭福利的影响。总体而言，已有研究对农村留守妇女的生计策略、家庭福利效应及影响因素已有所涉及，但大多呈零散分布态势，缺乏有针对性和系统性的研究，主要表现为以下两方面。

第一，在概念界定方面，缺乏基于农村留守妇女这一群体特征的界定，对脆弱性、生计资本、生计策略、家庭福利等维度的界定并不完善。具体而言，在脆弱性方面，已有研究多集中在丈夫外出对妇女自身造成的健康和经济冲击上，忽视了对土地资源匮乏、季节性作物或家畜健康冲击的分析，同时对城镇化造成的人口变迁以及农产品价格波动等趋势和周期性变化也缺乏必要的关注。在生计资本方面，多集中分析农村留守妇女的健康、教育、社会支持网络以及社会关系等人力和社会资本状况，较少关注生产资料、定期流入资金等自然、物质和金融资本的禀赋状况。在生计策略方面，多关注农村留守妇女的农业生产活动和非农经营活动的参与行为及时间配置如何变化，较少关注农村留守妇女的家庭再生产活动，尤其是家务劳动、子女教育、老人照料等的时间配置。同时，已有研究对生计策略多样化仅是涉及，缺乏明确的有针对性的研究，并且对生计策略多样化的界定只涵盖收入性生产活动，忽视了家庭再生产活动。在家庭福利方面，已有研究的界定比较模糊，缺乏明确的划分和整体的研究，表现为多关注农村留守妇女的工资性收入、农业生产收入、身体健康、主观幸福感、家庭地位等，较少将亲子关系、子女成绩、与老人关系等家庭其他成员的福利作为农村留守妇女家庭福利的组成部分。

第二，已有关于农村留守妇女生计策略的研究大多分析丈夫外出对农村留守妇女生计策略的影响。尽管脆弱性和生计资本对生计策略的影响在一些研究中也有所涉及，但多是简单的归纳分析，缺少实证数据的支持和验证。同时，已有研究在分析脆弱性或生计资本对生计策略的影响时，缺乏对包括农业生产、非农经营、家庭再生产活动在内的整体生计策略的影响分析，并且对涵盖家庭再生产活动的生计策略多样化的分析也较少。与之相似，已有关于农村留守妇女家庭福利效应的研究也多是比较丈夫外出前后农村留守妇女的经济收入、身体健康、主观幸福感及家庭地位的变化。不仅很少从农村留守妇女的角度，用实证数据分析包括子女、老人在内的家庭成员的福利状况变化，也极少分析农村留守妇女的农业生产、非农经营、家庭再生产活动等生计策略的参与状况对经济福利、自身福利及家庭其他成员福利的影响。

考虑到农村留守妇女的生计策略和家庭福利效应研究方面的成果与不足，在随后的研究中，将着重从以下方面展开。首先，结合农村留守妇女的特点，完善并明确划分生计策略和家庭福利的维度，同时使其具备可操作性。其次，采用实证数据，系统并具体分析外部环境和生计资本对农村留守妇女生计策略的影响，从而在掌握农村留守妇女生计策略状况的同时，甄别出影响生计策略的积极因素和消极因素。最后，除分析丈夫外出对经济福利、农村留守妇女自身福利造成的影响外，还会分析丈夫外出对家庭其他成员福利的影响，并将重点关注农村留守妇女的生产型生计策略对家庭福利的影响，为其生计策略调整和家庭福利改善提供理论依据。

# 3 农村留守妇女生计与家庭 福利分析框架的构建

在对农村留守妇女的生计策略和家庭福利效应进行深入研究前，首先要构建出农村留守妇女的生计策略及家庭福利效应分析框架，并以此为基础生成收集数据的调查问卷，开展调查。本章正是遵循这样的研究路径展开的，共包括四个部分：生计策略及家庭福利效应分析框架的构建、概念的测量、调查问卷的生成以及对调查过程与样本特点的介绍。需要强调的是，正如第二章所展现的，由于可持续生计分析框架已经成为学者进行农村留守妇女生计策略和家庭福利效应研究时较多采用的分析范式，因此，本章在分析框架设计和概念测量的环节充分参考了该框架的解释。

## 3.1 生计策略与家庭福利效应 分析框架的构建

在可持续生计分析框架中，生计策略作为一种转换手段，必须以生计资本为依托。也就是说，生计资本作为一种动态要素，它只有通过生计策略才能发挥效用，而其效用直接以生计结果的形式体现出来。生计结果作为衡量生计策略转换成功与否的唯一标准，与生计资本、生计策略一起构成了农村留守妇女的生计发展主体要素。通常情况下，拥有的生计资本越多，意味着生计策略的可选择范围越大，同时在各种策略之间的灵活转换能力越强，有利于实现力所能求的生计结果（DFID，1999）。

结构和过程转变、脆弱性是影响生计分析的外部环境，它们与生计资本、生计策略和生计结果一起构成了生计分析的整体框架。其中，结构和过程转变对农村留守妇女生计的影响需要经过长时间酝酿才会产生，并且这种影响是间接的，主要通过作用于资本的获取方式、资本的积累率及期望回报产生。相较而言，脆弱性对农村留守妇女的生计影响就比较直接，它多是发生在日常生产和生活中，与农村留守妇女自身有直接的利益关系。因而，为深入分析农村留守妇女的生计过程，本书将重点关注以脆弱性为代表的外部环境。

一般而言，外部环境主要包括生产环境和生活环境。其中，生产环境直接影响经济福利，生活环境则直接影响非经济福利。生产环境当中，第一产业仍是当前农村居民的主要收入来源之一，约占农民纯收入的 34.39%（国家统计局农村社会经济调查司，2013）。然而，近年来受市场自主性和盲目性的影响，农民经常在一轮农产品价格疯涨之后，因利益驱使盲目扩种，导致随后农产品卖不出去或者贱卖的现象时有发生；同时生产资料作为第一产业的主要投入，其价格持续上涨也直接导致农村居民收入下降；此外，各种作物和畜禽疫病的发生，使消费者对相关农产品产生消费心理障碍，严重影响了农民的种植（养殖）收入并且抑制了其相应的种植（养殖）意愿。生活环境中，统计数据显示，全国18 岁及以上人口的慢性病患病率呈上升趋势（卫生计生委，2015）。而家庭成员患重大疾病，不仅会对其他家庭成员的精神及时间安排产生影响，同时医疗费用也会使文、教、娱乐等消费支出大大减少（周大超、朱玉春，2013）。另外，苏桉芳等（2013）利用中国综合社会调查数据进行的实证分析还表明，食品价格上涨会显著降低居民的主观幸福感指数。与此相似，郑杭生和杨敏（2006）的分析也认为中国目前处于社会剧烈变迁的时期，个体生活中发生的非预期事件，如突发疾病以及通信、交通、教育等消费品涨价都容易导致社会成员产生预期性焦虑，从而降低生活质量。

因此，基于第二章的综述内容及上述归纳分析，本书构建了用于分析农村留守妇女生计及家庭福利的框架（见图3-1）。框架中，农村留守妇女拥有生计资本存量的多寡直接影响生计策略的选择和组合，而生计策略又直接决定家庭福利状况能否得到改善。在此过程中，以脆弱性为主的外部环境除了对农村留守妇女生计策略的选择和组合产生影响，对其经济福利和非经济福利也分别有着不同的影响。与此同时，整个生计过程还可能受到相关政策和制度的影响，但因其作用过程的长期及滞后性，其影响过程非本书的分析重点。

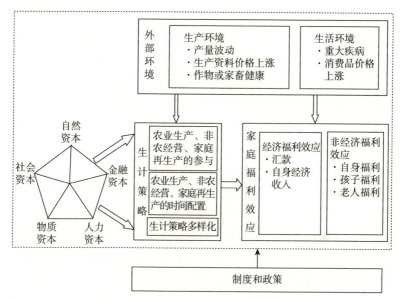

图3-1 农村留守妇女的生计与家庭福利分析框架

## 3.2 概念测量及调查问卷设计

上述分析框架共提及了五个核心概念，分别是外部环境、生计资本、生计策略、家庭福利效应、制度和政策。本书结合可持续生计分析框架中对核心概念的解释，对每个核心概念的具体指标分别设计了有针对性的测量问题。值得特别说明的是，在设计测量问题时，还对核心概念的测量指标进行了扩展，以充分反映农村留守妇女的生计状况。具体如下。

### 3.2.1 外部环境

外部环境作为生计的外生性影响因素，之所以格外重要，是因为生计活动具有循环特征，这也就意味着农村留守妇女在每一个生计阶段都会面临风险（陈传波、丁士军，2003）。可持续生计分析框架中将外部环境分为外部冲击、社会主要发展趋势和周期性三个维度。

本书中，外部冲击分为人身健康冲击、自然冲击、经济冲击、作物或家畜健康冲击、负面生活事件冲击五个方面。通过询问农村妇女在近三年自身或家人意外事故或重大疾病的实际发生情况，以及对此事件发生的担心程度来判断人身健康冲击的影响程度；通过近三年自然灾害的实际发生情况与对其发生的担心程度来衡量自然冲击的影响程度；通过询问物价上涨对生产和生活的影响以及农村妇女对物价上涨的担心程度来评价经济冲击的影响程度；通过近三年作物、家畜虫害或疾病的实际发生情况与对该情况发生的担心程度来分析作物或家畜健康冲击的作用；通过询问农村妇女对发生负面生活事件的担心程度来分析负面生活事件冲击的影响。

社会主要发展趋势被分为人口变化趋势、资源趋势、国内经济趋势以及技术趋势四个方面。其中，人口变化趋势主要是指农业女性化趋势，通过询问女人参与农业生产的情况、女人从事农业生产所带来的影响以及对男性劳动力的依赖来评判；资源趋势主要是通过家庭所处的地理位置来判断；国内经济趋势主要是通过询问农业产品的贩卖方式、收入波动以及对农业收入下降的担心程度来分析；技术趋势主要是通过询问家庭平时农业生产中使用现代化技术的实际情况来分析。

周期性主要询问生产的周期性，是否产量波动较大、波动的原因以及农村妇女对产量减少的担心程度等。具体测量项目和选项见表 3 - 1。

表 3－1  外部环境的测量

| 指标 | | 测量项目 | 选项 |
|---|---|---|---|
| 外部冲击 | 人身健康冲击 | 1. 近三年您自己或家人是否遭遇过意外事故（如意外伤害） | 1. 是  2. 否 |
| | | 2. 近三年您自己或家人是否患过重大疾病 | 1. 是  2. 否 |
| | | 3. 您自身或家人发生意外事故 | 1. 一点也不担心  2. 不担心  3. 说不准  4. 担心  5. 非常担心 |
| | | 4. 您自身或家人突发重大疾病 | |
| | 自然冲击 | 5. 近三年是否有暴雨、洪水、泥石流、地震、干旱等自然灾害给您家造成损失 | 1. 是  2. 否 |
| | | 6. 突发暴雨、洪水、泥石流、地震、干旱等自然灾害 | 1. 一点也不担心  2. 不担心  3. 说不准  4. 担心  5. 非常担心 |
| | 经济冲击 | 7. 下列哪些生产资料的价格上涨对您的生活造成了不利影响 | 1. 农用手工工具  2. 饲料  3. 繁育畜及幼畜  4. 半机械化农具（如播种机）  5. 机械化农具  6. 化肥  7. 种子和薄膜  8. 农药和农药械  9. 燃料油和润滑油  10. 生产服务（如技术指导）  11. 以上都没有 |
| | | 8. 下列哪些消费品的价格上涨会对您的生活造成不利影响 | 1. 食品  2. 服装  3. 水电  4. 家庭设备用品及服务  5. 交通和通信  6. 文化教育、娱乐用品及服务  7. 医疗保健  8. 以上都没有 |
| | | 9. 生活用品越来越贵 | 1. 一点也不担心  2. 不担心  3. 说不准  4. 担心  5. 非常担心 |
| | | 10. 农药、化肥、种子、地膜、大棚等生产资料越来越贵 | |
| | | 11. 拖拉机、机井、收割机、水泵等生产机具越来越贵 | |
| | 作物或家畜健康冲击 | 12. 近三年您自家的农（林、牧、渔）作物（产品）是否发生过虫害或疾病 | 1. 是  2. 否 |
| | | 13. 自家的农作物、林作物等突然发生虫害或疾病 | 1. 一点也不担心  2. 不担心  3. 说不准  4. 担心  5. 非常担心 |
| | | 14. 自家养殖的牛、猪、羊或者鸡等突然发生疾病 | |

| 指标 | | 测量项目 | 选项 |
|---|---|---|---|
| 外部冲击 | 负面生活事件冲击 | 15. 您或家人出去打工的工资收入得不到保障 | 1. 一点也不担心  2. 不担心  3. 说不准  4. 担心  5. 非常担心 |
| | | 16. 老人突发疾病需要照料时，自己忙不过来 | |
| | | 17. 子女得不到好的教育 | |
| | | 18. 丈夫发生外遇 | |
| | | 19. 夫妻感情不好 | |
| 社会主要发展趋势 | 人口变化趋势 | 20. 您家里平时的农（林、牧、渔）业生产主要由谁来完成 | 1. 女性劳动力  2. 男性劳动力 |
| | | 21. 男人外出打工以后，女人在农业生产中发挥的作用越来越大了 | 1. 完全不同意  2. 不同意  3. 说不清  4. 同意  5. 完全同意 |
| | | 22. 女人从事农业生产，所以女人比过去更累了 | |
| | | 23. 女人从事农业生产，所以女人在家里的地位越来越高了 | |
| | | 24. 女人从事农业生产，农产品的产量和质量都比过去降低了 | |
| | | 25. 从事太多农业生产对女人健康不利 | |
| | | 26. 从事太多农业生产，女人更没时间参加培训学习了 | |
| | | 27. 家里的农业生产缺乏男劳力 | |
| | 资源趋势 | 28. 您家的地理位置在什么地方 | 1. 平原地区  2. 山区  3. 丘陵地带  4. 江（海）边  5. 其他 |
| | 国内经济趋势 | 29. 您家生产的农（林、畜、水）产品一般如何出售 | 1. 卖给上门收购的商贩  2. 自己到集市上出售  3. 其他 |
| | | 30. 近三年您自家生产的农（林、畜、水）产品是否有卖不出去或者贱卖的情况 | 1. 是  2. 否 |
| | | 31. 生产的农产品卖不出去或者卖不上好价钱 | 1. 一点也不担心  2. 不担心  3. 说不准  4. 担心  5. 非常担心 |

续表

| 指标 | | 测量项目 | 选项 |
|---|---|---|---|
| 社会主要发展趋势 | 国内经济趋势 | 32. 自家养殖的牛、猪、羊或者鸡等卖不出去或者卖不出好价钱 | 1. 一点也不担心　2. 不担心　3. 说不准　4. 担心　5. 非常担心 |
| | 技术趋势 | 33. 在您家平时的农（林、牧、渔）业生产中是否经常使用机械化（半机械化）工具 | 1. 总是　2. 经常　3. 偶尔　4. 很少　5. 从不 |
| | | 34. 在您家平时的农（林、牧、渔）业生产中是否经常使用现代农业设施（如大棚、温室、滴灌） | 1. 总是　2. 经常　3. 偶尔　4. 很少　5. 从不 |
| 周期性 | 产量波动 | 35. 近三年您自家的农（林、畜、水）产品的产量是否变动较大 | 1. 是　2. 否 |
| | | 36. 近三年您自家的农（林、畜、水）产品产量变动较大的原因 | 1. 农药、化肥等价格变动较大　2. 遭受自然灾害　3. 家人遭受重大疾病或意外伤害　4. 乡（镇）、村统一调整种（养）结构　5. 其他 |
| | | 37. 自家的农产品或林产品歉收 | 1. 一点也不担心　2. 不担心　3. 说不准　4. 担心　5. 非常担心 |
| | | 38. 自家养殖的牛、猪、羊或者鸡等产量减少 | |

## 3.2.2　生计资本

生计资本是生计选择的基础，是农村留守妇女生存能力的反映（许汉石、乐章，2012）。它分为人力资本、社会资本、自然资本、物质资本和金融资本。

本书中，人力资本包括健康状况、教育状况、技能、家庭特征以及留守妇女的非农经历。其中，健康状况主要是询问其年龄和身体健康状况，教育状况主要是询问其受教育程度，技能主要是询问其是否熟练掌握某项手艺或技术的状况以及是否接受过相关培训，家庭特征主要是询问目前一起居住的有哪些人及总人数，留守妇女的非农经历主要是询问其非农经验状况。

社会资本包含社区组织参与状况、社会网络支持状况和社会关系状况等。社区组织参与状况主要是通过询问社区文娱组织、专业合作组织、生产服务组织以及龙头企业带动的农户的参与情况；社会网络支持状况主要是询问其情感支持、资金支持、生产支持、生活支持以及同伴网的情况，具体问题设计参考 van der Poel（1993）社会支持网问卷；社会关系状况主要是询问家人、亲戚朋友中的公职人员数量。

自然资本主要是通过询问家庭拥有的宅基地、耕地、园地、林地、草地以及水面面积来了解其禀赋状况。

物质资本包含基础设施状况和生产资料状况两个方面。其中，基础设施状况主要是通过询问其家庭的房屋类型和房屋价值；生产资料状况主要是通过询问其家庭的生产性工具、交通工具和耐用品的拥有情况。

金融资本包含可用储蓄和定期流入资金两个方面，通过询问其现金支出情况、银行存款情况及从不同渠道的贷款情况来了解可用储蓄；通过询问丈夫给家里的汇款及非劳动收入来了解定期流入资金的情况。具体测量项目及选项见表 3-2。

表 3-2　生计资本的测量

| 指标 | | 测量项目 | 选项 |
|---|---|---|---|
| 人力资本 | 健康状况 | 1. 您的出生年月是什么时候 | _____年_____月 |
| | | 2. 您的身体健康状况如何 | 1. 非常好　2. 好　3. 一般　4. 不好　5. 非常不好 |
| | 教育状况 | 3. 您目前的受教育程度如何 | 1. 没上过学　2. 小学　3. 初中　4. 高中（中专、技校）　5. 大专　6. 本科及以上 |
| | 技能 | 4. 您是否熟练掌握某项手艺活技术（如种养技能、兽医术、编织技能等） | 1. 是　2. 否 |
| | | 5. 您是否接受过培训（包括农业技术培训，家政服务、手工技术培训等） | |

| 指标 | | 测量项目 | 选项 |
|---|---|---|---|
| 人力资本 | 家庭特征 | 6. 您目前与哪些人居住在一起 | 1. 丈夫　2. 儿子、女儿及配偶　3. 公婆　4. 父母　5. 爷爷奶奶　6. 外公外婆　7. 孙子（女）或外孙（女）　8. 兄弟姐妹及配偶　9. 其他人 |
| | | 7. 包括您自己在内，目前跟您住在一起的人总共有多少（平均人数） | 总共_____人 |
| | 非农经历 | 8. 您是否有过外出务工经历 | 1. 是　2. 否 |
| | | 9. 您最近一次在什么地方务工 | 1. 本县　2. 本省（非本县）　3. 外省　4. 其他 |
| | | 10. 您最近一次务工共持续了多久（平均年） | _____年 |
| | | 11. 您曾经有过以下哪种经历 | 1. 工人　2. 技术工人（如技术员、教师、医生）　3. 乡村干部　4. 军人　5. 商业、服务业劳动者（如餐厅服务员）　6. 个体户　7. 私营企业主　8. 以上都没有 |
| 社会资本 | 社区组织参与状况 | 12. 您是否加入社区文娱组织（如秧歌队等） | 1. 是　2. 否 |
| | | 13. 您是否加入专业合作组织（如农民合作社） | |
| | | 14. 您是否加入生产服务组织（如技术协会、种植协会、购销协会） | |
| | | 15. 您是否加入龙头企业（或公司）带动的农户 | |
| | 社会网络支持状况 | 16. 情绪不好时，您常常向什么人倾诉 | 总共_____人 1. 娘家人 2. 婆家人 3. 熟人、朋友 4. 其他人 |
| | | 17. 急需大笔开支时（如生病、经营），您一般会向什么人求助 | |

| 指标 | | 测量项目 | 选项 |
|---|---|---|---|
| 社会资本 | 社会网络支持状况 | 18. 遇到农业生产困难（如缺人手时），您一般会向什么人求助 | |
| | | 19. 生病需要照顾时，您一般会向什么人求助 | |
| | | 20. 您通常会和什么人一起散步、赶集、听戏、看电影、下饭店 | |
| | 社会关系状况 | 21. 您家人、亲戚、熟人和朋友中有多少人是村、镇干部及其他国家公职人员（平均人数） | 总共＿＿＿＿人 |
| 自然资本 | | 22. 您家可使用的宅基地面积 | |
| | | 23. 您家可使用的耕地（粮田、菜地）面积：<br>　其中，水浇地面积<br>　　　坡地面积 | |
| | | 24. 您家可使用的园地（果园、苗圃、花卉）面积：<br>　其中，水浇地面积<br>　　　坡地面积 | ＿＿＿＿亩＿＿＿＿分 |
| | | 25. 您家可使用的林地面积（包括自留山、承包林等）：<br>　其中，经济林面积<br>　　　退耕还林面积 | |
| | | 26. 您家可使用的草地面积 | ＿＿＿＿亩＿＿＿＿分 |
| | | 27. 您家可使用的水面面积 | ＿＿＿＿亩＿＿＿＿分 |
| 物质资本 | 基础设施状况 | 28. 您家有几套房 | ＿＿＿＿套 |
| | | 29. 您本人现在居住的房屋结构是怎样的 | 1. 土木结构　2. 砖木结构　3. 砖混结构　4. 其他 |
| | | 30. 您本人居住的房子是否靠近公路 | 1. 是　2. 否 |
| | | 31. 您目前拥有的房屋的市场价格是多少 | 1.1 万元以下　2.1 万～3 万　3.3 万～5 万　4.5 万～10 万　5.10 万元以上 |

续表

| 指标 | | 测量项目 | 选项 |
|---|---|---|---|
| 物质资本 | 生产资料状况 | 32. 您家拥有的生产性工具、交通工具和耐用品有哪些 | 1. 役畜（牛、马） 2. 农用三轮车 3. 农用四轮车 4. 大中型拖拉机 5. 小型手扶拖拉机 6. 播种机 7. 插秧机 8. 联合收割机 9. 机动脱粒机 10. 农用水泵 11. 农用电动机 12. 电动自行车 13. 摩托车 14. 家用轿车 15. 电视 16. 冰箱/柜 17. 洗衣机 18. 电脑 19. 太阳能热水器 |
| 金融资本 | 可用储蓄 | 33. 正常情况下，每个月从您手中支出的现金一般是多少 | _____元 |
| | | 34. 到目前为止，您全家的银行存款约为多少 | |
| | | 35. 到目前为止，您自己名下的银行存款约为多少 | |
| | | 36. 最近三年内，您从银行或信用社等处获得的贷款总额是多少 | |
| | | 37. 获得贷款时，您所用的抵押品是什么 | 1. 没有抵押品 2. 存折、首饰等金融物品 3. 房屋 4. 土地 5. 生产性物资（如拖拉机） 6. 牲畜 7. 其他 |
| | | 38. 您从前是否有过申请贷款却没有成功的经历 | 1. 是 2. 否 |
| | | 39. 您认为申请不到贷款的最主要原因是什么 | 1. 手续麻烦 2. 对方不信任自己 3. 无抵押品 4. 无担保人或关系 5. 其他 |
| | | 40. 最近三年内，您从亲朋好友处共借了多少钱 | _____元 |
| | | 41. 最近三年内，您所借的高利贷共多少钱 | _____元 |
| | 定期流入资金 | 42. 2011 年 12 月至今，您丈夫给家里的汇款大约是多少 | _____元 |
| | | 43. 2011 年 12 月至今，您全家的非劳动收入：<br>　　非劳动总收入 | |

| 指标 | | 测量项目 | 选项 |
|---|---|---|---|
| 金融资本 | 定期流入资金 | 各种补贴<br>各种补助<br>财产性收入 | |
| | | 44. 2011 年 12 月至今，您个人的非劳动收入：<br>非劳动总收入<br>各种补贴<br>各种补助<br>财产性收入 | |

### 3.2.3　生计策略

农村留守妇女的生计策略通常包括农业生产、非农经营、家庭再生产等活动。其中，农业生产活动包括农作物种植、林作物种植、水产养殖、畜牧养殖四种子策略，通过询问农作物、林作物、畜牧产品和水产品的种植种类、所得收入及投入的时间来分析农业生产活动策略。此外，还通过询问近三年的农业生产活动损失及面临重大损失时采取的策略来了解农业生产活动的风险应对策略。

非农经营活动包括打工、家庭经营和投资三种子策略。通过询问目前就近打工的地点、性质、工作类型、每月的收入、投入的时间以及未来一年内的外出务工意愿来分析打工策略；通过询问家庭经营涉及种类、收入以及投入时间来分析家庭经营策略；通过询问目前从事的投资种类及收益状况来分析投资策略。此外，在询问农业生产活动和非农经营活动的基础上，进一步调查了未来最希望发展的生产或经营意愿。

家庭再生产活动包括家务劳动、子女养育等子策略。其中，家务劳动通过询问从事的家务劳动类型、在面对繁重的家务劳动时采取的应对策略以及家务劳动的投入时间来分析。子女养育分为生育子女和子女教育两部分，分别询问对孩子性别的看法以及未来生育子女的意愿，询问对子女的教育费用及时间投入情况。在测量老人照料时，主要询问对老人的时间投入。具体测量项目和选项见表3-3。

表3-3 生计策略的测量

| 指标 | | 测量项目 | 选项 |
|---|---|---|---|
| 农业生产活动 | 农林种植 | 1. 您家目前都种了哪些农作物 | 1. 粮食作物（如水稻、小麦、玉米、高粱、荞麦）<br>2. 豆类作物（如大豆、绿豆、豌豆、扁豆、蚕豆、豇豆）<br>3. 薯类（如马铃薯、小山芋、菱、藕、菊芋）<br>4. 经济作物（如棉花、苎麻、席草、油菜、花生、芝麻、向日葵、蓖麻、甘蔗、烟叶）<br>5. 绿肥饲料作物（如紫云英、苕子、紫穗槐、红萍、细绿萍、水花生、水浮莲、水葫芦、胡萝卜）<br>6. 园艺蔬菜作物（如白菜类、根菜类、绿叶类、茄果类、薯芋类、水生蔬菜类、花卉类）<br>7. 其他 |
| | | 2. 在您所选择的农作物种类中，收入最多的是哪一项 | _____ |
| | | 3. 一年中，您在农业生产上大约总共花多少时间 | _____月_____天 |
| | | 4. 您家目前都种了哪些林作物 | 1. 常绿树种（如马尾松、湿地松、火炬松、侧柏、金钱松、栓柏、女贞、广玉兰）<br>2. 落叶树种（如水杉、池杉、杉木、三角枫、枫香、白榆、黄檀、刺槐、山槐）<br>3. 经果林树种（如桃、石榴、杏、柿、李子、枣、樱桃、板栗、茶）<br>4. 灌木（如山楂、胡椒、卫矛、花椒、六月雪、绣线菊）<br>5. 竹类（如毛竹、水竹、金袍绿带竹）<br>6. 水生维管束植物、湿地高等植物（如芦苇、柳树、莎草、蓼、荆三棱）<br>7. 其他 |

生计与家庭福利

| 指标 | | 测量项目 | 选项 |
|---|---|---|---|
| 农业生产活动 | 农林种植 | 5. 在您所选择的林作物种类中，收入最多的是哪一项 | _____ |
| | | 6. 一年中，您在林业生产上大约总共花多少时间 | _____月_____天 |
| | 畜牧养殖 | 7. 您家目前养了哪些牲畜、禽类或其他小动物 | 1. 牛 2. 猪 3. 羊 4. 鸡、鸭 5. 兔 6. 蜂 7. 其他 |
| | | 8. 在您所选择的牲畜、禽类或其他小动物中，收入最多的是哪一项 | _____ |
| | | 9. 一年中，您在畜牧养殖上大约总共花多少时间 | _____月_____天 |
| | 水产养殖 | 10. 您家目前养殖了哪些水产品 | 1. 蟹 2. 虾 3. 鱼 4. 贝 5. 其他 |
| | | 11. 在您所选择的水产品种类中，收入最多的是哪一项 | _____ |
| | | 12. 一年中，您在水产养殖上大约总共花多少时间 | _____月_____天 |
| | 农业风险应对策略 | 13. 最近三年内，由于天灾人祸（如虫害、疾病），您家在农、林、牧、渔业生产上的损失大概是多少 | _____元 |
| | | 14. 如果发生重大损失，急需用钱时您采取的最主要措施是什么 | 1. 不向任何人求助 2. 通知丈夫汇款 3. 动用储蓄 4. 变卖家中财产 5. 向银行、信用社申请贷款 6. 向保险公司索赔 7. 向亲朋好友借钱 8. 向村委会、镇政府申请补助 |
| 非农经营活动 | 打工 | 15. 您目前是否在就近务工 | 1. 是 2. 否 |
| | | 16. 您目前在什么地方就近务工 | 1. 本村 2. 本乡、镇（非本村） 3. 外乡、镇 4. 县城 |

续表

| 指标 | | 测量项目 | 选项 |
|---|---|---|---|
| 非农经营活动 | 打工 | 17. 您就近务工中从事的收入最高的工作的性质是怎样的 | 1. 全日制　2. 非全日制（一天只工作部分时间）　3. 临时性（零工或散工）　4. 其他 |
| | | 18. 您就近务工中从事的收入最高的工作是什么 | 1. 帮工　2. 工人　3. 销售员　4. 餐饮服务员　5. 美容美发　6. 教师　7. 清洁工　8. 家庭保姆（计时工）　9. 司机　10. 医护人员　11. 其他 |
| | | 19. 一年中，您在打工上大约总共花多少时间 | _____月 _____天 |
| | | 20. 您未来一年内是否有外出务工的打算 | 1. 是　2. 否 |
| | | 21. 您选择留在家里而没有外出务工的最主要原因是什么 | 1. 照顾孩子或老人　2. 缺乏技能　3. 年龄太大　4. 城市生存压力太大　5. 身体状况不好　6. 其他 |
| | 家庭经营 | 22. 您目前在从事哪些家庭经营活动 | 1. 住宿餐饮（如农家乐）　2. 商业（如街头贩卖、小商店）　3. 交通运输（如货运、客运等）　4. 农产品加工（如碾米、榨油）　5. 工业品加工及手工业（如织渔网）　6. 文教卫生（如医疗服务、托儿所等）　7. 废品收购　8. 其他 |
| | | 23. 在您所选择的家庭经营活动中，收益最多的是哪一项 | _____ |
| | | 24. 一年中，您在家庭经营上大约总共花多少时间 | _____月 _____天 |
| | 投资 | 25. 您目前正在做哪些投资 | 1. 储蓄　2. 把钱借贷给别人　3. 房产（如宅基地出租或置换）　4. 保险　5. 理财产品　6. 股票　7. 基金　8. 各种债券　9. 其他 |
| | | 26. 在您所选择的投资项目中，收益最多的是哪一项 | _____ |
| | 未来发展意愿 | 27. 您最希望进一步扩大或发展的活动是什么 | 1. 农、林、牧、渔业生产　2. 就近务工　3. 投资（如把钱借贷给别人）　4. 家庭经营（如商店、农家乐）　5. 以上都没有 |

| 指标 | | 测量项目 | 选项 |
|---|---|---|---|
| 家庭再生产活动 | 家务劳动 | 28. 您从事的家务劳动包括哪些 | 1. 做饭、洗衣服、打扫房间　2. 缝补和采买（如买杂货、日用品）　3. 其他 |
| | | 29. 一天中，您在家务劳动上大约总共花多少时间 | _____小时 |
| | | 30. 与丈夫务工前相比，您的家务劳动量有什么变化 | 1. 增加很多　2. 增加一点　3. 差不多　4. 减少一点　5. 减少很多 |
| | | 31. 当家务劳动太多时，您会怎么做 | 1. 默默忍受　2. 找亲朋好友帮忙　3. 花钱雇人帮忙　4. 让丈夫回家帮忙　5. 减少农业生产或经营活动　6. 让孩子寄宿或送到亲戚家　7. 把老人送到养老院或亲戚家　8. 其他 |
| | 子女养育 | 32. 您对孩子性别的看法是怎样的 | 1. 不要孩子　2. 有没有孩子都可以　3. 不管男孩女孩，有孩子即可　4. 不管几个孩子，只要有女儿即可　5. 不管几个孩子，只要有儿子即可 |
| | | 33. 今后您是否打算要孩子 | 1. 是　2. 否 |
| | | 34. 您打算不（再）要孩子的最主要原因是什么 | 1. 计划生育政策的约束　2. 成本太高，养不起　3. 精力有限，带不过来　4. 已有孩子的数量和性别正合适　5. 已经错过了最佳生育年龄　6. 身体状况不好 |
| | | 35. 您目前有几个子女（包括再婚、抱养等） | _____个儿子，_____个女儿 |
| | | 36. 您目前有几个子女（或孙子女）正在接受教育（包括幼儿园到大学各层次） | _____个 |
| | | 37. 2011 年 12 月至今，您子女（或孙子女）的教育费用总支出是多少 | _____元 |
| | | 38. 一天中，您在辅导孩子作业上大约总共花多少时间 | _____小时 |

| 指标 | 测量项目 | | 选项 |
|------|---------|---|------|
| 家庭再生产活动 | 老人照料 | 39. 一天中，您在照料老人上大约总共花多少时间 | _____小时 |

### 3.2.4　家庭福利效应

家庭福利效应表示丈夫外出后，农村留守妇女的生产和生活状况。它包括经济福利效应和非经济福利效应。

经济福利分为两个方面：农村留守妇女的自身经济收入和汇款。其中，自身经济收入是指参与农作物种植、林作物种植、水产养殖、畜牧养殖等农业生产活动及家庭经营、打工等非农经营活动所获得的收入，因而将分别询问近一年的农作物收入、林作物收入、水产养殖收入及畜牧养殖收入；汇款是指来自丈夫的外出务工收入，将询问近一年丈夫给家里的汇款。

非经济福利包括农村留守妇女的自身福利、孩子福利和老人福利等。其中，农村留守妇女的自身福利包括生理健康、主观幸福感、生殖健康、闲暇、家庭地位及性别角色冲突等。其中，对生理健康的测量将以自测生理健康评定子量表[1]为测量工具，对主观幸福感的测量以总体幸福感量表[2]为测量工具。同时，生殖健康作为农村留守妇女健康状况的重要方面，将通过询问流产信息、

---

[1]　自测生理健康评定子量表是自测健康评定量表的一个子量表。自测健康评定量表（Self-rated Health Measurement Scale，简称 SRHMS）是目前国际上使用比较广泛的健康测量方法之一，它共包括 3 个子量表，分别是自测生理健康评定子量表，共包括 17 个条目；自测心理健康评定子量表，共包括 15 个条目；自测社会健康评定子量表，共包括 12 个条目。

[2]　总体幸福感量表（General Well-Being Schedule）是由美国国立卫生统计中心制定的一种定式型测查工具，用来评价被试者对幸福的陈述。原量表共有 33 个项目。1996 年时，段建华对该量表进行了修订，他只采用该量表的前 18 个项目对被试者进行了测试。测试结果表明前 18 个项目与原量表具有很好的内部一致性。本书将采用段建华修订后的总体幸福感量表。

是否患有生殖道感染疾病及疾病信息、性生活状况进行综合评析。在测量闲暇状况时，通过询问闲暇时的娱乐方式及每天用于放松娱乐的时间来分析妇女的闲暇质量。在测量家庭地位时，通过询问农业生产、打工、家庭经营和投资、大项支出及孩子教育和健康等问题由谁决定，家庭现金由谁掌管，照料老人、做家务等活动由谁做等来评判。在测量性别角色冲突程度时，通过询问在承担或参与农业生产、家庭决策、子女养育、集体活动时实际与期望的差异来综合评价妇女的角色认同。在测量孩子福利时，主要询问对孩子的照料和教育情况。在测量老人福利时，主要询问对老人的照料情况。具体测量项目和选项见表 3 - 4。

表 3 - 4　家庭福利效应的测量项目及选项

| 指标 | | 测量项目 | 选项 |
|---|---|---|---|
| 个人福利 | 汇款 | 1. 2011 年 12 月至今，您丈夫给家里的汇款大约是多少 | ＿＿＿＿＿元 |
| | 自身经济收入 | 2. 2011 年 12 月至今，您家种植的农、林作物总收入是多少 | ＿＿＿＿＿元 |
| | | 3. 2011 年 12 月至今，您家饲养和出售牲畜（包括畜产品如肉、蛋、奶等）的总收入是多少 | |
| | | 4. 2011 年 12 月至今，您家水产品的总收入是多少 | |
| | | 5. 您目前每月务工总收入大概为多少元 | |
| | | 6. 2011 年 12 月至今，您所从事的家庭经营活动的纯收入（除去成本费、税费及相关支出）是多少 | |
| | 生理健康 | 7. 过去一个月里，您的视力如何 | Likert 5 级 |
| | | 8. 过去一个月里，您的听力如何 | |
| | | 9. 过去一个月里，您的食欲如何 | |
| | | 10. 过去一个月里，您的胃肠部有不适感吗（如腹胀、拉肚子、便秘等） | |
| | | 11. 过去一个月里，您容易感到累吗 | |
| | | 12. 过去一个月里，您的睡眠如何 | |

| 指标 | | 测量项目 | 选项 |
|---|---|---|---|
| 个人福利 | 生理健康 | 13. 过去一个月里，您的身体有不同程度的疼痛吗 | |
| | | 14. 过去一个月里，您自己穿衣服有困难吗 | |
| | | 15. 过去一个月里，您自己梳理有困难吗 | |
| | | 16. 过去一个月里，您承担日常的家务劳动有困难吗 | |
| | | 17. 过去一个月里，您经常独自上街购买一般物品吗 | |
| | | 18. 过去一个月里，您自己吃饭有困难吗 | |
| | | 19. 过去一个月里，您弯腰、屈膝有困难吗 | |
| | | 20. 过去一个月里，您上下楼梯（至少一层楼梯）有困难吗 | |
| | | 21. 过去一个月里，您步行半里路有困难吗 | |
| | | 22. 过去一个月里，您步行三里路有困难吗 | |
| | | 23. 过去一个月里，您参加能量消耗较大的活动（如田间体力劳动）有困难吗 | |
| | 主观幸福感 | 24. 过去一个月里，您的总体感觉如何 | Likert 5 级 |
| | | 25. 过去一个月里，您情绪波动大吗 | |
| | | 26. 过去一个月里，您能很好地控制自己的情绪和行为吗 | |
| | | 27. 过去一个月里，您对什么都提不起兴趣，感到活着没意思吗 | |
| | | 28. 过去一个月里，您感到难以放松、很有压力吗 | |
| | | 29. 过去一个月里，您感到幸福、满足或愉快吗 | |
| | | 30. 过去一个月里，您发现自己爱忘事、记忆力下降吗 | |
| | | 31. 过去一个月里，您感到焦虑、担心或不安吗 | |

| 指标 | | 测量项目 | 选项 |
|---|---|---|---|
| 个人福利 | 主观幸福感 | 32. 过去一个月里，您睡醒后感到头脑清晰和精力充沛吗 | |
| | | 33. 过去一个月里，您觉得自己可能得了什么病吗 | |
| | | 34. 过去一个月里，您感觉每天的生活都很有意思吗 | |
| | | 35. 过去一个月里，您感到沮丧和忧郁吗 | |
| | | 36. 过去一个月里，您总是情绪稳定吗 | |
| | | 37. 过去一个月里，您感到很累吗 | |
| | | 38. 过去一个月里，您担心自己的健康状况吗 | |
| | | 39. 过去一个月里，您感觉自己放松或紧张的状态如何 | |
| | | 40. 过去一个月里，您感觉自己的活力、精力如何 | |
| | | 41. 过去一个月里，您感到忧郁或快乐的程度如何 | |
| | 生殖健康 | 42. 您是否流产过（包括引产、自然流产、手术或药物流产） | 1. 是  2. 否 |
| | | 43. 您共流产过几次？<br>　　其中：1. 手术流产<br>　　　　　2. 药物流产<br>　　　　　3. 自然流产<br>　　　　　4. 引产 | ＿＿＿＿＿次 |
| | | 44. 您最近一次流或引产的方式是什么 | 1. 手术流产  2. 药物流产  3. 自然流产  4. 引产 |
| | | 45. 导致您最近一次流或引产的原因是什么 | 1. 避孕失败  2. 未避孕  3. 无生育指标  4. 选择性别  5. 患病  6. 经济状况不允许  7. 怀疑胎儿不健康  8. 其他 |

| 指标 | | 测量项目 | 选项 |
|---|---|---|---|
| 个人福利 | 生殖健康 | 46. 您最近一次人流或引产的地点是哪里 | 1. 市级医院　2. 市级指导站　3. 县、区级医院　4. 县指导站　5. 乡医院　6. 乡镇服务站　7. 其他 |
| | | 47. 您做完这次人流或引产手术后多久开始过性生活 | 1. 不足2周　2. 大于2周小于1个月　3. 1~2个月　4. 大于2个月　5. 记不清了 |
| | | 48. 您现在是否患有生殖道感染疾病 | 1. 是　2. 否 |
| | | 49. 您现在都有哪些症状 | 1. 白带增多、有腥臭味　2. 外阴瘙痒、疼痛或烧灼感　3. 外阴肿痛、破损或疱疹　4. 小腹痛　5. 腰背痛　6. 阴部出现异生物　7. 尿频、尿急、尿痛　8. 性交痛　9. 性交出血　10. 其他 |
| | | 50. 您的这些症状属于何种感染 | 1. 滴虫性阴道炎　2. 霉菌性阴道炎　3. 细菌性阴道炎　4. 宫颈炎　5. 盆腔炎　6. 尖锐湿疣　7. 疱疹病毒　8. 淋病　9. 衣原体　10. 说不清 |
| | | 51. 上次疾病是怎样被发现的 | 1. 自己到医院检查　2. 普查发现　3. 节育措施随访时发现　4. 自己根据症状认为　5. 其他 |
| | | 52. 您最近一次性生活是什么时候 | 1. 几年以前　2. 一年以前　3. 半年以前　4. 一个月以前　5. 一周以前　6. 几天以前　7. 记不清了 |

生计与家庭福利

| 指标 | | 测量项目 | 选项 |
|---|---|---|---|
| 个人福利 | 生殖健康 | 53. 您最近一次性生活中采取了什么避孕措施 | 1. 安全套　2. 口服避孕药　3. 上环　4. 结扎　5. 皮埋　6. 无措施　7. 其他 |
| | | 54. 最近一年您对性生活满意吗 | 1. 非常不满意　2. 不满意　3. 说不清　4. 满意　5. 非常满意 |
| | | 55. 最近一年您在进行性生活时有过性高潮吗 | 1. 从来没有　2. 很少　3. 有时　4. 经常　5. 每次 |
| | | 56. 最近一年您对夫妻关系满意吗 | 1. 非常不满意　2. 不满意　3. 说不清　4. 满意　5. 非常满意 |
| | 闲暇 | 57. 您闲暇时一般都做什么 | 1. 看电视　2. 上网　3. 逛街　4. 打牌（麻将）　5. 串门聊天　6. 读书看报　7. 参加培训　8. 其他 |
| | | 58. 一天中，您在放松娱乐上大约总共花多少时间 | ＿＿＿＿小时 |
| | 家庭地位 | 59. 您家里的农、林、牧、渔业生产（如种植作物种类、种植面积）由谁决定 | 1. 自己　2. 大多是自己，但与丈夫商量　3. 双方共同商量决定　4. 大多是丈夫，但与自己商量　5. 丈夫　6. 不适用 |
| | | 60. 如果您有机会外出或就近打工，打工的决策权最终由谁决定 | |
| | | 61. 您家里的经营和投资活动（如开商店、借钱给别人、土地出租）由谁决定 | |
| | | 62. 您家里的现金一般由谁管 | |
| | | 63. 您家里关于孩子的教育、健康等问题（如孩子生病去哪儿看病）由谁决定 | |
| | | 64. 您家里照料老人、做家务等活动，主要由谁来完成 | |
| | 性别角色冲突 | 65. 一般人都认为农、林、牧、渔业生产活动（如播种、田间管理、收割、养殖等）应该主要由男人承担，而在我家我承担了大部分 | |

54

| 指标 | | 测量项目 | 选项 |
|---|---|---|---|
| 个人福利 | 性别角色冲突 | 66. 我在农、林、牧、渔业生产方面（如播种、田间管理、收割、养殖等）付出了很多劳动，却很难得到周围人的认可 | 1. 一点都不符合<br>2. 不符合　3. 说不准<br>4. 符合　5. 非常符合 |
| | | 67. 当需要承担大部分农、林、牧、渔业生产活动（如播种、田间管理、收割、养殖等）时，我经常感到自己力不从心 | |
| | | 68. 一般人都认为家里的大事都应该由男人拿主意，而在我家大事小事都由我来决定 | |
| | | 69. 当我在一些大事上拿主意的时候，很难得到其他人的支持 | |
| | | 70. 当需要在一些大事上拿主意的时候，我总是感到犹豫不决 | |
| | | 71. 一般人都认为生儿育女是女人的天职，而我并不十分同意 | |
| | | 72. 我觉得生儿子、生女儿都可以，但周围人更喜欢儿子 | |
| | | 73. 我觉得儿子女儿都应该能够继承财产，但大多数时候女儿并没有继承权 | |
| | | 74. 一般人都认为父亲应该承担教育孩子的责任，而在我家我又当爹又当妈 | |
| | | 75. 当我教育孩子时，很难得到周围人的理解和支持 | |
| | | 76. 当我教育孩子时，我总是感到力不从心 | |
| | | 77. 一般人都认为应该由男人参与村民大会，但在我家是由我去参加 | |
| | | 78. 当我去参加村民大会时，总感到我的意见不被重视 | |
| | | 79. 当我去参加村民大会时，总感到自己没有什么发言权 | |
| | | 80. 一般人都认为避孕节育都是女人的事情，而我感觉这对女人不公平 | |
| | | 81. 村里的土地一般只分给男人，不分给女人，而我认为这对女人不公平 | |

续表

| 指标 | 测量项目 | 选项 |
|------|---------|------|
| 孩子福利 | 82. 性别 | 1. 男 2. 女 |
| | 83. 年龄 | _____岁 |
| | 84. 是否有孙子女 | 1. 是 2. 否 |
| | 85. 您是否辅导孩子做作业 | 1. 总是 2. 经常 |
| | 86. 您是否与这个孩子交流谈心 | 3. 偶尔 4. 很少 |
| | 87. 您是否与这个孩子的老师联系 | 5. 从不 |
| | 88. 您认为自己在教育这个孩子时存在的最主要困难是什么 | 1. 和孩子无法沟通 2. 没时间 3. 文化程度不够 4. 找不到合适的方法 5. 自己的观念落后 6. 不适用 |
| | 89. 您与您孩子的关系如何 | 1. 非常亲近 2. 亲近 3. 一般 4. 不亲近 5. 非常不亲近 |
| | 90. 您孩子的成绩怎样 | 1. 非常好 2. 好 3. 一般 4. 差 5. 非常差 6. 不适用 |
| 老人福利 | 91. 性别 | 1. 男 2. 女 |
| | 92. 年龄 | _____岁 |
| | 93. 您帮助老人做家务吗（如做饭、洗衣、采买） | 1. 没有 2. 很少 |
| | 94. 您经常照料老人吗（如搀扶、活动、生病陪护） | 3. 偶尔 4. 经常 5. 总是 |
| | 95. 您经常和老人聊天吗 | |
| | 96. 您和与您住在一起的老人的关系怎样 | 1. 非常好 2. 好 3. 一般 4. 不好 5. 非常不好 |

## 3.2.5 制度和政策

对与农村妇女日常生产、生活相关的制度和政策，本书将首先询问对户籍制度的了解程度和满意程度，其次询问对农村居民最低生活保障、新型农村合作医疗、新型农村社会养老保险等九大相关民生政策的知晓度、参与情况、执行满意度及存在的问题。具体测量项目和选项见表3-5。

表3-5　相关制度和政策的测量项目及选项

| 指标 | 测量项目 | 选项 |
|---|---|---|
| 户籍制度评价 | 1. 您是否了解国家在户籍方面的管理规定（如农业户口和非农业户口的区别，外来人口在城镇打工必须办理暂住证） | 1. 完全不了解　2. 不了解　3. 说不清　4. 了解　5. 非常了解 |
| | 2. 您对于户籍方面的规定是否满意 | 1. 很不满意　2. 不满意　3. 说不清　4. 满意　5. 很满意 |
| | 3. 您是否愿意通过"宅基地换保障性住房，承包地换城镇医疗、养老保险等社会保障"的办法到城（镇）工作和生活 | 1. 非常不愿意　2. 不愿意　3. 无所谓　4. 愿意　5. 非常愿意 |
| 民生政策 | 4. 您是否知道农村居民最低生活保障 | 1. 没听说　2. 听说但不清楚　3. 听说并了解 |
| | 5. 您是否知道新型农村合作医疗 | |
| | 6. 您是否知道新型农村社会养老保险 | |
| | 7. 您是否知道农村义务教育阶段家庭经济困难寄宿生补助 | |
| | 8. 您是否知道农村计划生育家庭奖励扶持 | |
| | 9. 您是否知道大中型水库移民后期扶持 | |
| | 10. 您是否知道农村劳动力培训"阳光工程" | |
| | 11. 您是否知道粮食直接补助和农资综合补助 | |
| | 12. 您是否知道政策性能繁母猪保险 | |
| | 13. 您是否参与或享受农村居民最低生活保障 | 1. 是　2. 否 |
| | 14. 您是否参与或享受新型农村合作医疗 | |
| | 15. 您是否参与或享受新型农村社会养老保险 | |
| | 16. 您是否参与或享受农村义务教育阶段家庭经济困难寄宿生补助 | |
| | 17. 您是否参与或享受农村计划生育家庭奖励扶持 | |
| | 18. 您是否参与或享受大中型水库移民后期扶持 | |
| | 19. 您是否参与或享受农村劳动力培训"阳光工程" | |

| 指标 | 测量项目 | 选项 |
|---|---|---|
| 民生政策 | 20. 您是否参与或享受粮食直接补助和农资综合补助 | |
| | 21. 您是否参与或享受政策性能繁母猪保险 | |
| | 22. 农村居民最低生活保障的执行和实施情况，您是否满意 | 1. 不满意<br>2. 说不清<br>3. 满意 |
| | 23. 新型农村合作医疗的执行和实施情况，您是否满意 | |
| | 24. 新型农村社会养老保险的执行和实施情况，您是否满意 | |
| | 25. 农村义务教育阶段家庭经济困难寄宿生补助的执行和实施情况，您是否满意 | |
| | 26. 农村计划生育家庭奖励扶持的执行和实施情况，您是否满意 | |
| | 27. 大中型水库移民后期扶持的执行和实施情况，您是否满意 | |
| | 28. 农村劳动力培训"阳光工程"的执行和实施情况，您是否满意 | |
| | 29. 粮食直接补助和农资综合补助的执行和实施情况，您是否满意 | |
| | 30. 政策性能繁母猪保险的执行和实施情况，您是否满意 | |
| | 31. 农村居民最低生活保障存在的最主要问题是什么 | 1. 标准低<br>2. 补偿少<br>3. 手续麻烦<br>4. 资金不到位<br>5. 执行有偏差<br>6. 没问题 |
| | 32. 新型农村合作医疗存在的最主要问题是什么 | |
| | 33. 新型农村社会养老保险存在的最主要问题是什么 | |
| | 34. 农村义务教育阶段家庭经济困难寄宿生补助存在的最主要问题是什么 | |
| | 35. 农村计划生育家庭奖励扶持存在的最主要问题是什么 | |
| | 36. 大中型水库移民后期扶持存在的最主要问题是什么 | |
| | 37. 农村劳动力培训"阳光工程"存在的最主要问题是什么 | |
| | 38. 粮食直接补助和农资综合补助存在的最主要问题是什么 | |
| | 39. 政策性能繁母猪保险存在的最主要问题是什么 | |

## 3.3 调查问卷的生成

在完成对核心概念的测量后，接下来将生成收集数据的调查问卷。根据问卷的设计要求，一份问卷通常包括标题、封面信、指导语、问题与答案等基本结构。

标题。问卷标题要求开宗明义，紧扣研究目标和测量内容，以便被调查者能够直接从标题中明白调查的内容和目的。但同时，还要注意标题本身应尽量避免使用可能会引起被调查者心理不适的词语。因而，尽管研究的主体是农村留守妇女，但因"留守"二字容易引起被调查者的抵触心理，所以问卷标题去掉了"留守"，直接以"农村妇女生计策略与家庭福利调查问卷"这样更显中性化和学术化的名称作为标题。

封面信。在调查时，调查员与被调查者互不认识。为了打消被调查者的疑虑，让她们能够信任调查员，进而积极地配合，本次调查在问卷的封面附上了一封简洁的封面信。封面信中分别介绍了调查组织者的身份、调查的内容和范围、对被调查者的感谢及保密承诺等。

指导语。为了便于被调查者填答问卷，在正式提出问题之前，不仅注明了具体的填答方式，还对问卷中可能会引起歧义的概念进行了辨析，如"问卷中提及的'您家'是指您与（现）丈夫婚后所组成的家庭，包括您、您丈夫以及与您生活在一起的孩子、老人等"。

问题与答案。问题与答案作为问卷的主体内容，除了涵盖上一节中所设计的五个概念的测量题项，为了凸显丈夫外出后，农村妇女生计状况的变化，还设置了用于识别农村妇女类别的题项，包括丈夫的外出务工状态和外出务工持续时间。同时，问卷中题项的排列是需要遵循一定顺序的，先易后难，才能给受访者营造轻松、愉快的感觉（风笑天，2005）。因而，在设计调查问卷时，便依据上述原则，打乱了原有变量模块中的测量题项顺序。问卷共包括五个部分：个人和家庭基本情况、个人和家庭生计、个人健康状况及幸福感、脆弱性环境、对相关制度和政策的评价。具体各部分的内容见表3-6。

表3-6 问卷结构

| 结构 | 具体调查内容 |
|---|---|
| 个人和家庭基本情况 | 婚配、丈夫务工状况、年龄、受教育程度、健康状况、技能培训、家庭结构、参与组织、社会支持、土地、房屋、储蓄、借款、汇款等 |
| 脆弱性环境 | 农业女性化、人身健康、物价上涨、农产品产量变动等 |
| 对相关制度和政策的评价 | 低保、新农合、新农村社会养老保险、计划生育家庭奖励扶持、农村劳动力培训"阳光工程"、粮食直接补贴等 |
| 个人和家庭生计 | 种植业、林业、畜牧、水产、打工、家庭经营、子女养育、家务劳动等 |
| 个人健康状况及幸福感 | 经济收入、身体健康、生殖健康、主观幸福感、生活满意度、子女教育、老人照料等 |

需特别说明的是，为了保证调查的质量，并便于及时查找问卷和事后处理问卷中可能存在的漏填、录入、录错等问题，在问卷中还设置了被访人编码、被访人姓名、被访人住址、访问时间、访问员姓名、核对人姓名等信息。同时，问卷中还设置了监督题项，开篇即问被调查者目前的婚姻状态，如果回答离异、丧偶或未婚则直接结束调查。此外，在测量生理健康和主观幸福感的量表题项中，还采用正向题和反向题交叉设置的方法来防止被调查者形成答题惯性。

## 3.4 调查与数据

### 3.4.1 调查地点

本书的调查数据来源于安徽省巢湖市，巢湖市位于安徽省中部，总面积为2046平方公里，下辖12个乡、镇及5个街道办事处。巢湖历史悠久，商时称南巢，周时为巢国地。秦统一后，设今巢湖以南为居巢县。唐初，划开城、扶阳两县为巢县，巢县一名从此始。后经北宋、南宋，至元年间，设置巢州为县后，巢县一名一直沿用至巢湖市设立前。1984 年 1 月，撤县改立巢湖市。1999 年 7 月，国务院正式批准设立地级巢湖市，原县级巢湖市更名为"居巢区"。2011 年 8 月撤销地级巢湖市，重将居巢区改设为县级巢湖市。

巢湖市怀抱巢湖，地理位置十分优越，不仅位于以上海为龙头的长三角经济区沿江经济带中部，同时也是皖江开发的中心地带和国家向中西部推进的过渡带。作为传统的农业县区，巢湖市的种植业、养殖业和水产业比较发达。近年来，全市正大力调整滨湖旅游观光大道沿线区域的农业结构，以期建成以优质粳米和优质灿米为主的粮食生产和反季节蔬菜生产基地，以枣、草莓为主的优质经果和休闲农业观光基地，以三元杂交猪、肉鸡、蛋鸡、鹌鹑、银鱼、白虾为主的畜牧业和水产业养殖基地。2010 年，安徽省政府批准设立了居巢经济开发区，规划面积 11 平方公里，目前已初步形成五横五纵、围合面积达 8 平方公里的路网格局和以轻纺、食品、机械设备、印刷包装为主的特色产业。2012 年末，巢湖市（原居巢区）总人口为 859224 人，其中农业人口为 625399人，农民人均纯收入为 8013.5 元。全市外出半年以上人口数量占总人口数的比例达 27.33%，其中外出人口性别比为 126.98[①]。这意味着在巢湖市，丈夫外出、妻子留守的现象普遍存在。

选择巢湖市作为调查地主要是基于以下考虑。第一，地理位置因素。安徽是中部大省，巢湖市又位于安徽省中部，较为居中

---

① 2011 年 8 月，国务院对巢湖市的行政区域进行了重新划分，撤销地级市，将原居巢区改为县级巢湖市。自此之后，《安徽统计年鉴》中不再有关于巢湖市外出人口的统计，而是直接涵盖在合肥市的数据中。同时，第六次的人口普查数据反映的是 2011 年 8 月以前的巢湖市外出人口数量。基于上述原因，此处以合肥市外出人口统计数据来近似反映巢湖市的外出人口现状。

的地理位置和便利的交通往来使当地成为农村外出务工人员的重要输出地和部分西部农村务工人员的长期目的地。以巢湖为调查地不仅能直接反映中部地区农村留守妇女的生计特点，同时也能间接反映部分西部农村留守家庭的生计状况。第二，地区经济发展的代表性。安徽省经济发展水平一直处于全国中游，作为传统的农业县区，巢湖市近年来所经历的农业结构调整、工业化和城镇化进程在全国范围内具有一定的代表性，从而构成了农村留守妇女生计演变的重要背景。第三，调查对象的可获得性。当地外出半年以上人口数量占总人口数的比例近30%并且外出人口男女性别比高达126.98的事实反映出丈夫外出、妻子留守的现象在当地普遍存在，有利于调查对象的方便获得。第四，调查的可行性。由于研究的时间、经费和人员等众多条件的制约，调查组必须在保证调查数据规模和质量的前提下，短时间内深入基层街道和农村社区完成大规模的入户调查和访谈。因此，当地政府和职能部门的协调与配合成为调查顺利进行的关键因素。而由于先前的研究经历和实践，调查组成员已经与巢湖市相关职能部门建立了深厚的合作基础，可以为调查工作的顺利进行提供保障。

### 3.4.2 数据收集

调查采用分层抽样的方法进行，首先依据经济发达程度在全市12个（乡）镇中选取高、中、低发展水平（乡）镇各1个，共3个（乡）镇；其次从每个（乡）镇中随机抽取5个行政村；最后在每个行政村中随机抽取60名左右年龄在20～60岁的已婚妇女。抽样调查的目标人群主要包括丈夫在家的已婚妇女、丈夫外出时间少于6个月的已婚妇女和丈夫外出时间6个月及以上的已婚妇女，年龄都在20～60岁。需要特别说明的是，整个调查过程是在当地镇、村两级计生人员的积极协调和大力配合下才顺利完成的。

为了保证数据的可靠性，调查组在现场调查和数据录入过程中均采用了多种质量控制措施，包括事先对调查员的培训、调查跟访、问卷审核、数据录入质控等。

事先对调查员的培训。本次调查人员共由2位调查指导员、12位调查员组成（其中6位是课题组成员，6位是当地乡镇干部或计生干部）。为了保证现场调查质量，共分2次对12名调查员分别进行了培训，主要包括调查问卷的题项解析、调查技巧及常见问题处理等内容。需强调的是，调查进行时所有调查员被分成了三组，每组都分别配有2名来自课题组的调查员，以便及时解答当地调查员在调查过程中的疑问，并同步控制现场质量。

调查跟访。在为期5天的调查中，调查指导员会随机出现在各处调查现场并与各组调查员一起参加现场调查，及时处理调查过程中可能出现的意外和突发情况，整个调查过程中调查指导员平均对每个调查小组至少跟访两次。

问卷审核。在调查过程中，要求每位调查员在被访者填完问卷后，当场检查问卷，确认填答完整，才可发放礼品。同时，还要求课题组调查员在每天调查结束后对所有的问卷进行编码，并再次检查相关题项的答案。

数据录入质控。本书采用EpiData软件对调查数据进行录入，在建立数据库时，事先对各变量的取值范围进行了设置。在此基础上，采用编程方法对合并后的数据库进行了问卷内部一致性逻辑检验。对于存在逻辑问题的问卷，通过查找原始问卷的方法进行核对校正或最终剔除。

### 3.4.3　数据概况

本次调查共发放905份问卷，收回904份，回收率达99.89%。经过逻辑检测、缺失值处理等清洗程序，最终确定有效问卷为890份，有效回收率达98.34%。如此高的有效回收率也从侧面反映了前述质量控制措施的有效性。

本次调查的有效样本具体分布情况如表 3 - 7 所示。按状态划分，非留守妇女 219 人，准留守妇女 370 人，留守妇女 301 人，分别占总量的 24.61%、41.57% 和 33.82%；按（乡）镇划分，焖炀镇 294 人，夏阁镇 295 人，中埠镇 301 人，分别占总量的 33.03%、33.15% 和 33.82%。

表 3 - 7　调查样本的分布情况

单位：人

|  | 农村非留守妇女 | 农村准留守妇女（丈夫外出务工少于 6 个月） | 农村留守妇女（丈夫外出务工 6 个月及以上） | 分类小计 |
|---|---|---|---|---|
| 焖炀 | 83 | 107 | 104 | 294 |
| 夏阁 | 74 | 121 | 100 | 295 |
| 中埠 | 62 | 142 | 97 | 301 |
| 分类小计 | 219 | 370 | 301 | 890 |

样本的基本信息如表 3 - 8 所示。从婚姻状态来看，此次调查不存在不符合已婚条件的调查者。从年龄分布来看，农村准留守妇女和农村留守妇女的年龄及其配偶年龄均主要集中在 31 ~ 50 岁，其中 41 ~ 50 岁年龄段的人数最多。从受教育程度来看，三类妇女的受教育程度普遍偏低，以小学和初中学历为主，相比之下，其配偶的受教育程度相对较高，以初中学历为主。从政治面貌来看，三类妇女及其配偶的政治面貌以群众为主。从宗教信仰来看，大多数农村妇女无宗教信仰。其中农村非留守妇女无宗教信仰所占比例最高，其次是农村准留守妇女，最后是农村留守妇女。从丈夫务工地点而言，农村准留守妇女的丈夫务工地点以本县为主，而农村留守妇女的丈夫务工地点以外省为主。就丈夫外出时间及在家时间而言，农村准留守妇女的丈夫外出时间平均为 1 ~ 2 个月，每次回家所待时间较短，一般为一个星期，农村留守妇女的丈夫外出时间平均为 8 ~ 9 个月，一般在家所待时间为 1 个月左右。

表 3 – 8 样本的基本信息

| 基本信息 | | 农村非留守妇女 | 农村准留守妇女（丈夫外出务工少于个月） | 农村留守妇女（丈夫外出务工6个月及以上） |
|---|---|---|---|---|
| 婚姻状态 | 已婚（初婚） | 213（97.26） | 355（95.95） | 294（97.67） |
| | 已婚（再婚） | 6（2.74） | 15（4.05） | 7（2.33） |
| 年龄 | 缺失值 | 0（0） | 3（0.81） | 3（1.00） |
| | 20～30 岁 | 19（8.68） | 74（20.16） | 56（18.79） |
| | 31～40 岁 | 59（26.94） | 124（33.79） | 92（30.87） |
| | 41～50 岁 | 117（53.42） | 164（44.69） | 142（47.65） |
| | 51 岁及以上 | 24（10.96） | 5（1.36） | 8（2.68） |
| 配偶年龄 | 缺失值 | 0 | 3（0.81） | 7（2.33） |
| | 20～30 岁 | 16（7.31） | 44（11.99） | 32（10.88） |
| | 31～40 岁 | 42（19.18） | 121（32.97） | 84（28.57） |
| | 41～50 岁 | 121（55.25） | 183（49.86） | 158（53.74） |
| | 51 岁及以上 | 42（18.26） | 19（5.18） | 20（6.80） |
| 受教育程度 | 没上过学 | 21（9.59） | 31（8.38） | 30（10.00） |
| | 小学 | 90（41.10） | 137（37.03） | 129（43.00） |
| | 初中 | 93（42.47） | 166（44.86） | 132（44.00） |
| | 高中（含中专、技校） | 12（5.48） | 30（8.11） | 7（5.48） |
| | 大专 | 3（1.37） | 6（1.62） | 2（0.67） |
| | 本科及以上 | 0（0） | 0（0） | 0（0） |
| 配偶受教育程度 | 没上过学 | 3（1.38） | 1（0.27） | 2（0.66） |
| | 小学 | 60（27.65） | 71（19.19） | 76（25.25） |
| | 初中 | 107（49.31） | 236（63.78） | 197（65.45） |
| | 高中（含中专、技校） | 43（19.82） | 54（14.59） | 24（7.97） |
| | 大专 | 3（1.38） | 8（2.16） | 0（0） |
| | 本科及以上 | 1（0.46） | 0（0） | 2（0.66） |
| 政治面貌 | 共青团员 | 14（6.39） | 23（6.22） | 18（5.98） |
| | 共产党员 | 10（4.57） | 19（5.14） | 5（1.66） |

| 基本信息 | | 农村非留守妇女 | 农村准留守妇女（丈夫外出务工少于个月） | 农村留守妇女（丈夫外出务工6个月及以上） |
|---|---|---|---|---|
| 政治面貌 | 民主党派 | 0（0） | 8（2.16） | 5（1.66） |
| | 群众 | 195（89.04） | 320（86.49） | 273（90.70） |
| 配偶政治面貌 | 共青团员 | 10（4.57） | 13（3.51） | 9（3.01） |
| | 共产党员 | 33（15.07） | 28（7.57） | 20（6.69） |
| | 民主党派 | 0（0） | 0（0） | 1（0.33） |
| | 群众 | 176（80.37） | 329（88.92） | 269（89.97） |
| 宗教信仰 | 无 | 195（89.45） | 307（83.20） | 233（77.41） |
| | 基督教 | 3（1.38） | 2（0.54） | 13（4.32） |
| | 天主教 | 0（0） | 1（0.27） | 0（0） |
| | 佛教 | 19（8.72） | 45（12.20） | 45（14.95） |
| | 道教 | 0（0） | 2（0.54） | 3（1.00） |
| | 伊斯兰教 | 0（0） | 0（0） | 0（0） |
| | 其他 | 1（0.46） | 12（3.25） | 7（2.33） |
| 宗教活动频次 | 每天都参加 | 4（1.89） | 11（3.08） | 3（1.04） |
| | 每周至少一次 | 1（0.47） | 2（0.56） | 5（1.73） |
| | 每月至少一次 | 9（4.25） | 7（1.96） | 17（5.88） |
| | 每年至少一次 | 9（4.25） | 20（5.60） | 16（5.54） |
| | 不参加 | 189（89.15） | 317（88.80） | 248（85.81） |
| 丈夫务工地点 | 缺失值 | | 2（0.54） | 2（0.67） |
| | 本县 | | 189（51.08） | 20（6.67） |
| | 本省（非本县） | | 90（24.32） | 50（16.67） |
| | 外省 | | 86（23.24） | 220（73.33） |
| | 其他 | | 3（0.81） | 8（2.67） |
| 丈夫平均外出时间（月） | | | 1.56 | 8.47 |
| 丈夫平均在家时间（月） | | | 0.24 | 1.05 |

注：第2~4列括号外数据为抽样目标人群的样本量（人），括号内数据为样本数占总数的百分比（%）。

# 3.5 小结

　　本章首先构建了农村留守妇女的生计和家庭福利分析框架。框架中，生计资本决定着生计策略，而生计策略对家庭福利又有直接影响。同时，外部环境直接影响生计策略，并且生产环境和生活环境对家庭福利中的经济福利和非经济福利分别有不同影响。在此基础上，本章设计了分析框架中所包含的概念的测量内容。此外，还结合可持续生计分析框架中重要核心概念的解释对测量内容进行了扩展。最终形成了用于收集数据的调查问卷。在按照问卷排序原则对问题进行排序后，调查问卷共包括个人和家庭基本情况（包含农村妇女类别的测量问题）、个人和家庭生计、个人健康状况及幸福感、脆弱性环境、对相关制度和政策的评价五个部分。最后，本章对调查数据的收集和整理过程进行了详细介绍。

# 4 外部环境：冲击、发展趋势和周期性

本章旨在通过对比农村非留守妇女、准留守妇女、留守妇女所面临的外部环境及对外部环境的感知来评价农村留守妇女的脆弱性。共包括三个部分：外部冲击、社会主要发展趋势和周期性。

## 4.1 外部冲击

### 4.1.1 人身健康冲击

表4-1表明，人身健康冲击对三类农村妇女的影响无显著差异。比较分析，就近三年自己或家人遭遇意外事故而言，农村非留守妇女略高于农村准留守妇女，明显高于农村留守妇女；对自身或家人发生意外事故的担心程度而言，虽差异甚小，但农村非留守妇女相对较高，其次是农村留守妇女，最后是农村准留守妇女。就近三年自己或家人患重大疾病而言，农村非留守妇女略高于农村准留守妇女，较高于农村留守妇女；而对自身或家人突发重大疾病的担心程度而言，农村留守妇女最高，农村非留守妇女次之。总的来说，农村留守妇女和农村非留守妇女对人身健康冲击的担心程度相对较高，原因可能是农村留守妇女因丈夫外出务工，长时间未能谋面，不能及时得知丈夫境况，此外，也可能是担心自己或家人突发意外或疾病，精力不够，而农村非留守妇女虽有丈夫的支持，但相对缺乏经济上的保障。

表 4 - 1　人身健康冲击

| 项目 | 总数（890） | 非留守妇女（219） | 准留守妇女（370） | 留守妇女（301） | LR检验 |
|---|---|---|---|---|---|
| 402. 近三年您自己或家人是否遭遇过意外事故（如意外伤害） | | | | | NS |
| 1. 是 | 8.97 | 10.65 | 9.89 | 6.64 | |
| 2. 否 | 90.91 | 89.35 | 89.84 | 93.36 | |
| 403. 近三年您自己或家人是否患过重大疾病 | | | | | NS |
| 1. 是 | 8.96 | 9.68 | 9.07 | 8.31 | |
| 2. 否 | 90.93 | 90.32 | 90.66 | 91.69 | |
| 416A. 您自身或家人发生意外事故 | | | | | |
| 1. 一点也不担心 | 1.13 | 0.46 | 1.09 | 1.67 | |
| 2. 不担心 | 6.12 | 7.37 | 5.74 | 5.67 | |
| 3. 说不准 | 4.64 | 3.23 | 5.46 | 4.67 | NS |
| 4. 担心 | 51.98 | 52.07 | 55.46 | 47.67 | |
| 5. 非常担心 | 36.13 | 36.87 | 32.24 | 40.33 | |
| 416B. 您自身或家人突发重大疾病 | | | | | |
| 1. 一点也不担心 | 0.91 | 0.92 | 0.82 | 1.01 | |
| 2. 不担心 | 6.57 | 7.80 | 6.54 | 5.70 | |
| 3. 说不准 | 4.08 | 3.21 | 5.45 | 3.02 | NS |
| 4. 担心 | 45.41 | 43.12 | 48.23 | 43.62 | |
| 5. 非常担心 | 43.04 | 44.95 | 38.96 | 46.64 | |

注：第一列中的 402、403、416A、416B 为调查问卷中的问题编号，第 2～5 列中的数字代表百分比（%）；NS 代表不显著。下同。

## 4.1.2　自然冲击

表 4 - 2 表明，自然冲击对三类农村妇女的影响无显著差异。比较分析，就近三年自然灾害造成家庭损失的发生率而言，农村

准留守妇女略高于农村留守妇女，明显高于农村非留守妇女；对自然灾害突发的担心程度而言，农村留守妇女略高于农村非留守妇女，农村准留守妇女最低。前后结论有所不同，可能是农业收入作为农村家庭收入的重要来源，自然灾害对农村非留守妇女的作用较为显著，而农村留守妇女可能是担心突发自然灾害时，缺乏丈夫依赖，相对地，农村准留守妇女既有一定的丈夫依赖，同时拥有丈夫务工收入的支持，所以担心程度最低。

表 4 - 2  自然冲击

| 项目 | 总数<br>（890） | 非留守妇女<br>（219） | 准留守妇女<br>（370） | 留守妇女<br>（301） | LR<br>检验 |
|---|---|---|---|---|---|
| 404. 近三年是否有暴雨、洪水、泥石流、地震、干旱等自然灾害给您家造成损失 | | | | | NS |
| 1. 是 | 19.86 | 18.43 | 20.60 | 20.00 | |
| 2. 否 | 79.91 | 81.11 | 79.12 | 80.00 | |
| 416C. 突发暴雨、洪水、泥石流、地震、干旱等自然灾害 | | | | | |
| 1. 一点也不担心 | 1.36 | 0.46 | 1.91 | 1.33 | |
| 2. 不担心 | 9.49 | 12.44 | 10.38 | 6.33 | NS |
| 3. 说不准 | 5.88 | 4.15 | 6.28 | 6.67 | |
| 4. 担心 | 51.98 | 53.00 | 50.00 | 54.00 | |
| 5. 非常担心 | 31.07 | 29.95 | 31.42 | 31.67 | |

### 4.1.3  经济冲击

表 4 - 3 表明，经济冲击对三类农村妇女的影响差异不明显。农村妇女普遍认为化肥、种子和薄膜、农药和农药械的价格上涨对生产造成了不利的影响，尤其是农村留守妇女，其次是农村非留守妇女；对生产资料和生产机具价格上涨的担心程度而言，农村留守妇女最高，农村非留守妇女次之，二者结论一致。针对消费品中的食品和服装，农村妇女普遍认为其价格上涨对自己的生

活造成了不利的影响，尤其是农村准留守妇女，其次是农村留守妇女；对生活用品价格上涨的担心程度而言，农村留守妇女最高，农村非留守妇女次之。原因可能是农村准留守妇女丈夫外出务工为其提供了经济支持，同时因丈夫离家较近，生活用品价格上涨对其造成的影响较小。

表 4 - 3　经济冲击

| 项目 | 总数（890） | 非留守妇女（219） | 准留守妇女（370） | 留守妇女（301） | LR 检验 |
|---|---|---|---|---|---|
| 405. 下列哪些生产资料的价格上涨对您的生活造成了不利影响 | | | | | |
| 1. 农用手工工具 | 16.55 | 15.17 | 18.87 | 14.73 | NS |
| 2. 饲料 | 16.90 | 20.38 | 15.49 | 16.10 | NS |
| 3. 繁育畜及幼畜 | 6.53 | 4.74 | 7.61 | 6.51 | NS |
| 4. 半机械化农具（如播种机） | 9.56 | 7.59 | 11.27 | 8.90 | NS |
| 5. 机械化农具 | 14.22 | 15.64 | 13.80 | 13.70 | NS |
| 6. 化肥 | 71.10 | 70.62 | 67.61 | 75.68 | + |
| 7. 种子和薄膜 | 50.23 | 51.66 | 48.45 | 51.37 | NS |
| 8. 农药和农药械 | 60.84 | 63.03 | 56.62 | 64.38 | + |
| 9. 燃料油和润滑油 | 17.72 | 21.80 | 18.87 | 13.36 | * |
| 10. 生产服务（如技术指导） | 7.11 | 4.74 | 7.61 | 8.22 | NS |
| 11. 以上都没有 | 14.34 | 10.43 | 18.03 | 12.67 | * |
| 406. 下列哪些消费品的价格上涨对您的生活造成了不利影响 | | | | | |
| 1. 食品 | 67.59 | 64.52 | 68.91 | 68.23 | NS |
| 2. 服装 | 64.72 | 64.52 | 65.27 | 64.21 | NS |
| 3. 水电 | 48.22 | 47.77 | 47.62 | 49.50 | NS |
| 4. 家庭设备用品及服务 | 40.44 | 38.71 | 40.90 | 41.14 | NS |
| 5. 交通和通信 | 33.79 | 33.64 | 33.89 | 33.78 | NS |
| 6. 文化教育、娱乐用品及服务 | 24.97 | 23.50 | 26.61 | 24.08 | NS |

续表

| 项目 | 总数（890） | 非留守妇女（219） | 准留守妇女（370） | 留守妇女（301） | LR检验 |
|---|---|---|---|---|---|
| 7. 医疗保健 | 32.42 | 35.02 | 33.33 | 29.43 | NS |
| 8. 以上都没有 | 8.25 | 7.83 | 9.24 | 7.36 | NS |
| 416D. 生活用品越来越贵 | | | | | |
| 1. 一点也不担心 | 0.69 | 0.00 | 1.10 | 0.68 | |
| 2. 不担心 | 4.84 | 5.71 | 5.49 | 3.40 | |
| 3. 说不准 | 6.34 | 6.67 | 7.14 | 5.10 | NS |
| 4. 担心 | 61.41 | 62.86 | 60.16 | 61.90 | |
| 5. 非常担心 | 26.61 | 24.29 | 26.10 | 28.91 | |
| 416E. 农药、化肥、种子、地膜、大棚等生产资料越来越贵 | | | | | |
| 1. 一点也不担心 | 1.70 | 2.76 | 0.82 | 2.01 | |
| 2. 不担心 | 7.03 | 7.83 | 7.92 | 5.35 | NS |
| 3. 说不准 | 9.18 | 7.37 | 11.48 | 7.69 | |
| 4. 担心 | 56.46 | 56.22 | 53.55 | 60.20 | |
| 5. 非常担心 | 25.06 | 24.88 | 25.68 | 24.41 | |
| 416F. 拖拉机、机井、收割机、水泵等生产机具越来越贵 | | | | | |
| 1. 一点也不担心 | 3.18 | 5.53 | 2.75 | 2.01 | |
| 2. 不担心 | 9.77 | 9.22 | 10.71 | 9.03 | NS |
| 3. 说不准 | 10.57 | 10.14 | 12.91 | 8.03 | |
| 4. 担心 | 54.66 | 57.14 | 50.55 | 57.86 | |
| 5. 非常担心 | 21.25 | 17.51 | 22.53 | 22.41 | |

注：+、*分别表示显著性水平为 $p<0.1$、$p<0.05$，下同。

### 4.1.4 作物或家畜健康冲击

表4-4表明，近三年农村准留守妇女和农村留守妇女家庭的作物和家畜虫害或疾病的发生率明显高于农村非留守妇女。这一结果可能与三类妇女的农业生产经营方式和投入有关。就对自家

作物或家畜突发疾病的担心程度而言，农村非留守妇女略高于留守妇女和准留守妇女，原因可能与其经济来源有关。综合来看，作物或家畜健康冲击对三类农村妇女的影响有一定的差异。

表4-4　作物或家畜健康冲击

| 项目 | 总数<br>（890） | 非留守妇女<br>（219） | 准留守妇女<br>（370） | 留守妇女<br>（301） | LR<br>检验 |
|---|---|---|---|---|---|
| 410. 近三年您自家的农（林、牧、渔）作物（产品）是否发生过虫害或疾病 | | | | | * |
| 1. 是 | 33.18 | 25.00 | 35.98 | 35.71 | |
| 2. 否 | 63.21 | 71.70 | 60.91 | 59.86 | |
| 416I. 自家的农作物、林作物等突然发生虫害或疾病 | | | | | |
| 1. 一点也不担心 | 2.04 | 2.76 | 2.19 | 1.34 | |
| 2. 不担心 | 8.84 | 6.91 | 10.93 | 7.69 | NS |
| 3. 说不准 | 7.14 | 5.07 | 7.65 | 8.03 | |
| 4. 担心 | 59.75 | 60.37 | 58.20 | 61.20 | |
| 5. 非常担心 | 21.32 | 24.42 | 20.49 | 20.07 | |
| 416J. 自家养殖的牛、猪、羊或者鸡等突然发生疾病 | | | | | |
| 1. 一点也不担心 | 3.99 | 5.12 | 3.84 | 3.37 | |
| 2. 不担心 | 18.13 | 17.67 | 18.08 | 18.52 | NS |
| 3. 说不准 | 10.72 | 8.37 | 12.05 | 10.77 | |
| 4. 担心 | 49.26 | 51.63 | 49.04 | 47.81 | |
| 5. 非常担心 | 16.99 | 16.74 | 16.44 | 17.85 | |

## 4.1.5　负面生活事件冲击

表4-5表明，三类妇女对发生负面生活事件的担心程度无显著差异。其中，对工资收入得不到保障、子女得不到好的教育的担心程度，农村留守妇女均略高于农村准留守妇女，较高于农村

非留守妇女；而对老人生病时是否有足够的时间提供照料的担心程度，农村非留守妇女的比例高于农村留守妇女和农村准留守妇女，这可能与农村非留守妇女的年龄较大有关。婚姻关系中，农村留守妇女最担心夫妻感情不好、丈夫发生外遇，这可能与夫妻双方长期两地分居有关。

表 4 – 5　负面生活事件冲击

| 项目 | 总数（890） | 非留守妇女（219） | 准留守妇女（370） | 留守妇女（301） | LR检验 |
|---|---|---|---|---|---|
| 416N. 您或家人出去打工的工资收入得不到保障 | | | | | |
| 1. 一点也不担心 | 1.25 | 1.84 | 0.27 | 2.00 | * |
| 2. 不担心 | 8.27 | 11.52 | 8.74 | 5.33 | |
| 3. 说不准 | 5.55 | 4.15 | 6.28 | 5.67 | |
| 4. 担心 | 51.64 | 55.76 | 50.27 | 50.33 | |
| 5. 非常担心 | 33.07 | 26.27 | 34.15 | 36.67 | |
| 416O. 老人突发疾病需要照料时，自己忙不过来 | | | | | |
| 1. 一点也不担心 | 1.81 | 0.92 | 1.63 | 2.68 | NS |
| 2. 不担心 | 6.67 | 5.05 | 8.17 | 6.02 | |
| 3. 说不准 | 5.54 | 5.05 | 5.18 | 6.35 | |
| 4. 担心 | 58.14 | 59.63 | 59.95 | 54.85 | |
| 5. 非常担心 | 27.71 | 29.36 | 24.80 | 30.10 | |
| 416P. 子女得不到好的教育 | | | | | |
| 1. 一点也不担心 | 1.48 | 1.39 | 1.91 | 1.01 | NS |
| 2. 不担心 | 6.81 | 8.80 | 7.36 | 4.70 | |
| 3. 说不准 | 3.97 | 3.70 | 3.54 | 4.70 | |
| 4. 担心 | 51.97 | 49.54 | 52.32 | 53.36 | |
| 5. 非常担心 | 35.75 | 36.57 | 34.88 | 36.24 | |
| 416Q. 丈夫发生外遇 | | | | | |
| 1. 一点也不担心 | 9.88 | 10.14 | 8.77 | 11.04 | NS |
| 2. 不担心 | 15.78 | 18.43 | 17.26 | 12.04 | |

| 项目 | 总数<br>(890) | 非留守妇女<br>(219) | 准留守妇女<br>(370) | 留守妇女<br>(301) | LR<br>检验 |
|---|---|---|---|---|---|
| 3. 说不准 | 5.68 | 5.07 | 6.30 | 5.35 | |
| 4. 担心 | 37.00 | 34.10 | 36.99 | 39.13 | NS |
| 5. 非常担心 | 31.44 | 32.26 | 30.68 | 31.77 | |
| 416R. 夫妻感情不好 | | | | | |
| 1. 一点也不担心 | 11.66 | 12.90 | 9.81 | 13.04 | |
| 2. 不担心 | 21.18 | 19.35 | 23.98 | 19.06 | |
| 3. 说不准 | 6.46 | 5.99 | 6.81 | 6.35 | NS |
| 4. 担心 | 36.92 | 36.41 | 36.51 | 37.79 | |
| 5. 非常担心 | 23.67 | 25.35 | 22.89 | 23.41 | |

## 4.2　社会主要发展趋势

### 4.2.1　农业女性化趋势

表4-6表明，三类妇女在完成家里平时的生产活动方面存在显著的差异，由农村留守妇女和准留守妇女完成的比例显著高于非留守妇女。这说明丈夫外出务工是导致女性成为家庭生产活动主力的主要原因。三类妇女普遍认为男人外出务工后，女人在农业生产中发挥的作用越来越大，这表明农业女性化已成为普遍现象。对于女人从事农业生产所造成的各种影响，三类妇女普遍认为比过去更累了，尤其是留守妇女和准留守妇女。三类妇女对家庭地位越来越高持一致态度，持同意态度的比例略高于不同意的比例，差异不明显。对于农产品产量和质量的降低，三类妇女中大多数不同意，其中尤以农村准留守妇女为最。三类妇女对从事太多农业生产会对女人健康造成不利影响或使女人更没时间参加培训学习的认可程度无显著差异，其中留守妇女的认可程度最高，准留守妇女次之。就对家里农业生产缺乏男劳力的担心程度而言，

非留守妇女的比例略高于留守妇女，明显高于准留守妇女。综合分析，丈夫外出务工后，女人在农业生产中成为主力，对男性劳动力的依赖程度降低。

表 4 - 6　农业女性化趋势

| 项目 | 总数<br>（890） | 非留守妇女<br>（219） | 准留守妇女<br>（370） | 留守妇女<br>（301） | LR<br>检验 |
|---|---|---|---|---|---|
| 411. 您家里平时的农（林、牧、渔）业生产主要由谁来完成 | | | | | ＊＊＊ |
| 1. 女性劳动力 | 55.44 | 36.32 | 57.70 | 66.44 | |
| 2. 男性劳动力 | 39.93 | 58.02 | 37.25 | 30.17 | |
| 401A. 男人外出打工以后，女人在农业生产中发挥的作用越来越大了 | | | | | |
| 1. 完全不同意 | 3.38 | 4.15 | 2.71 | 3.65 | |
| 2. 不同意 | 6.99 | 6.91 | 6.78 | 7.31 | NS |
| 3. 说不清 | 16.91 | 16.13 | 17.89 | 16.28 | |
| 4. 同意 | 62.57 | 59.91 | 63.96 | 62.79 | |
| 5. 完全同意 | 9.81 | 12.90 | 7.86 | 9.97 | |
| 401B. 女人从事农业生产，所以女人现在比过去更累了 | | | | | |
| 1. 完全不同意 | 1.92 | 1.39 | 1.90 | 2.33 | |
| 2. 不同意 | 11.86 | 13.89 | 10.03 | 12.67 | NS |
| 3. 说不清 | 16.50 | 17.59 | 17.62 | 14.33 | |
| 4. 同意 | 59.89 | 57.87 | 60.16 | 61.00 | |
| 5. 完全同意 | 9.38 | 9.26 | 9.21 | 9.67 | |
| 401C. 女人从事农业生产，所以女人在家里的地位越来越高了 | | | | | |
| 1. 完全不同意 | 3.39 | 3.24 | 2.17 | 4.98 | |
| 2. 不同意 | 29.38 | 31.48 | 29.89 | 27.24 | NS |
| 3. 说不清 | 30.40 | 30.09 | 30.16 | 30.90 | |
| 4. 同意 | 31.41 | 30.09 | 31.25 | 32.56 | |
| 5. 完全同意 | 5.08 | 5.09 | 5.71 | 4.32 | |

| 项目 | 总数<br>（890） | 非留守妇女<br>（219） | 准留守妇女<br>（370） | 留守妇女<br>（301） | LR<br>检验 |
|---|---|---|---|---|---|
| 401D. 女人从事农业生产，农产品的产量和质量都比过去降低了 | | | | | |
| 1. 完全不同意 | 8.94 | 10.96 | 7.61 | 9.30 | |
| 2. 不同意 | 48.30 | 47.37 | 50.27 | 45.85 | NS |
| 3. 说不清 | 26.13 | 24.56 | 27.99 | 24.92 | |
| 4. 同意 | 13.91 | 14.91 | 10.87 | 17.28 | |
| 5. 完全同意 | 2.38 | 2.19 | 2.45 | 2.66 | |
| 401E. 从事太多农业生产对女人的健康不利 | | | | | |
| 1. 完全不同意 | 3.50 | 4.15 | 2.72 | 3.99 | |
| 2. 不同意 | 18.96 | 19.82 | 18.21 | 19.27 | |
| 3. 说不清 | 21.78 | 22.58 | 20.92 | 22.26 | NS |
| 4. 同意 | 49.89 | 48.85 | 51.63 | 58.50 | |
| 5. 完全同意 | 5.53 | 4.61 | 5.71 | 5.98 | |
| 401F. 从事太多农业生产，女人更没时间参加培训学习了 | | | | | |
| 完全不同意 | 3.73 | 4.61 | 2.72 | 4.32 | |
| 不同意 | 15.37 | 15.67 | 15.26 | 15.28 | |
| 说不清 | 26.10 | 27.65 | 26.43 | 24.58 | NS |
| 同意 | 47.91 | 44.70 | 49.59 | 48.17 | |
| 完全同意 | 6.55 | 7.37 | 5.18 | 7.64 | |
| 416K. 家里的农业生产缺乏男劳力 | | | | | |
| 1. 一点也不担心 | 3.19 | 2.78 | 3.83 | 2.69 | |
| 2. 不担心 | 23.32 | 21.30 | 27.60 | 19.53 | |
| 3. 说不准 | 9.22 | 6.48 | 8.74 | 11.78 | NS |
| 4. 担心 | 50.17 | 56.56 | 45.90 | 51.52 | |
| 5. 非常担心 | 13.31 | 13.43 | 13.39 | 13.13 | |

注：*** 表示显著性水平为 $p < 0.001$，下同。

### 4.2.2 资源趋势

表 4-7 表明，受调查地点的限制，被访者的家庭地理位置以丘陵和平原为主，因而自然资源特点以农业为主。

**表 4-7 资源趋势**

| 项目 | 总数<br>（890） | 非留守妇女<br>（219） | 准留守妇女<br>（370） | 留守妇女<br>（301） | LR<br>检验 |
|---|---|---|---|---|---|
| 409. 您家的地理位置在什么地方 | | | | | |
| 1. 平原地区 | 21.43 | 17.51 | 23.43 | 21.81 | |
| 2. 山区 | 4.99 | 3.67 | 2.72 | 8.72 | |
| 3. 丘陵地带 | 65.08 | 70.51 | 64.58 | 61.74 | * |
| 4. 江（海）边 | 0.23 | 0.46 | 0.00 | 0.34 | |
| 5. 其他 | 8.05 | 7.37 | 8.99 | 7.38 | |

### 4.2.3 国内经济趋势

表 4-8 表明，国内经济趋势对三类农村妇女的影响无显著差异。三类农村妇女的农产品出售方式零散，产业化经营水平不高，且近三年农业收入下降不大；对农产品和畜产品卖不出去或者卖不出好价钱的担心程度，农村非留守妇女高于农村留守妇女和农村准留守妇女，这可能与家庭经济收入来源有关。

**表 4-8 国内经济趋势**

| 项目 | 总数<br>（890） | 非留守妇女<br>（219） | 准留守妇女<br>（370） | 留守妇女<br>（301） | LR<br>检验 |
|---|---|---|---|---|---|
| 407. 您家生产的农（林、畜、水）产品一般如何出售 | | | | | |
| 1. 卖给上门收购的商贩 | 44.39 | 45.75 | 44.44 | 43.34 | NS |
| 2. 自己到集市上出售 | 28.39 | 26.42 | 25.07 | 33.79 | |
| 3. 其他 | 19.98 | 21.23 | 23.36 | 15.02 | |

| 项目 | 总数<br>（890） | 非留守妇女<br>（219） | 准留守妇女<br>（370） | 留守妇女<br>（301） | LR<br>检验 |
|---|---|---|---|---|---|
| 408. 近三年您自己生产的农（林、畜、水）产品是否有卖不出去或者贱卖的情况 | | | | | NS |
| 1. 是 | 15.09 | 13.68 | 16.06 | 14.92 | |
| 2. 否 | 80.28 | 82.08 | 80.00 | 79.32 | |
| 416G. 生产的农产品卖不出去或者卖不上好价钱 | | | | | |
| 1. 一点也不担心 | 2.15 | 2.76 | 2.46 | 1.34 | |
| 2. 不担心 | 9.98 | 5.53 | 12.30 | 10.37 | NS |
| 3. 说不准 | 7.48 | 5.07 | 9.84 | 6.35 | |
| 4. 担心 | 56.24 | 60.37 | 52.19 | 58.19 | |
| 5. 非常担心 | 23.58 | 25.81 | 22.68 | 23.08 | |
| 416H. 自家养殖的牛、猪、羊或者鸡等卖不出去或者卖不出好价钱 | | | | | |
| 1. 一点也不担心 | 4.69 | 5.14 | 4.68 | 4.38 | |
| 2. 不担心 | 19.11 | 18.69 | 19.83 | 18.52 | NS |
| 3. 说不准 | 11.21 | 10.28 | 10.74 | 12.46 | |
| 4. 担心 | 49.43 | 48.13 | 49.59 | 50.17 | |
| 5. 非常担心 | 14.99 | 17.29 | 14.60 | 13.80 | |

### 4.2.4 技术趋势

表4-9表明，农村非留守妇女在家庭平时农业生产中经常使用机械化工具和现代农业设施的比例最高，准留守妇女次之，留守妇女比例最低。表明丈夫可能对农业生产中现代机械设施的使用具有较大的影响力，同时也反映出农业生产技术水平仍比较落后。

表 4 - 9　技术趋势

| 项目 | 总数<br>（890） | 非留守妇女<br>（219） | 准留守妇女<br>（370） | 留守妇女<br>（301） | LR<br>检验 |
|---|---|---|---|---|---|
| 412. 在您家平时的农（林、牧、渔）业生产中是否经常使用机械化（半机械化）工具 | | | | | |
| 1. 总是 | 5.54 | 6.10 | 4.75 | 6.08 | |
| 2. 经常 | 24.91 | 31.46 | 26.26 | 18.58 | NS |
| 3. 偶尔 | 24.68 | 22.07 | 25.98 | 25.00 | |
| 4. 很少 | 21.34 | 19.25 | 19.55 | 25.00 | |
| 5. 从不 | 20.07 | 16.43 | 20.95 | 21.62 | |
| 413. 在您家平时的农（林、牧、渔）业生产中是否经常使用现代农业设施（如大棚、温室、滴灌） | | | | | |
| 1. 总是 | 1.86 | 2.86 | 1.69 | 1.36 | |
| 2. 经常 | 6.27 | 8.10 | 6.50 | 4.75 | NS |
| 3. 偶尔 | 9.55 | 9.52 | 10.73 | 8.14 | |
| 4. 很少 | 15.48 | 14.76 | 13.84 | 17.97 | |
| 5. 从不 | 63.10 | 60.00 | 64.69 | 63.39 | |

# 4.3　周期性

　　表 4 - 10 表明，大部分农村妇女认为引起家庭农产品产量波动是因生产资料价格变动较大。其中，非留守妇女对自家农林产品产量减少的担心程度最高，可能是因农林收入是家庭的重要经济来源；而对畜产品产量减少的担心程度，留守妇女相对较高。

表 4 - 10 产量波动

| 项目 | 总数<br>（890） | 非留守妇女<br>（219） | 准留守妇女<br>（370） | 留守妇女<br>（301） | LR<br>检验 |
|---|---|---|---|---|---|
| 414. 近三年您自家生产的农（林、畜、水）产品的产量是否变动较大 | | | | | NS |
| 1. 是 | 19.01 | 20.55 | 16.80 | 20.60 | |
| 2. 否 | 75.70 | 71.69 | 78.32 | 75.42 | |
| 415. 近三年您家农（林、畜、水）产品产量变动较大的原因是什么 | | | | | |
| 1. 农药、化肥等价格变动较大 | 56.73 | 60.87 | 61.29 | 49.21 | NS |
| 2. 遭受自然灾害 | 40.35 | 28.26 | 40.32 | 49.21 | + |
| 3. 家人遭受重大疾病或意外伤害 | 7.02 | 4.35 | 8.06 | 7.94 | NS |
| 4. 乡（镇）、村统一调整种（养）结构 | 7.60 | 8.70 | 6.45 | 7.94 | NS |
| 5. 其他 | 22.22 | 30.43 | 25.81 | 12.70 | + |
| 416L. 自家的农产品或林产品歉收 | | | | | |
| 1. 一点也不担心 | 1.59 | 1.84 | 1.37 | 1.68 | |
| 2. 不担心 | 9.10 | 6.91 | 10.44 | 9.06 | NS |
| 3. 说不准 | 9.67 | 6.45 | 11.81 | 9.40 | |
| 4. 担心 | 57.45 | 58.97 | 54.40 | 60.07 | |
| 5. 非常担心 | 21.50 | 25.35 | 21.43 | 18.79 | |
| 416M. 自家养殖的牛、猪、羊或者鸡等产量减少 | | | | | |
| 1. 一点也不担心 | 3.90 | 3.74 | 3.87 | 4.05 | |
| 2. 不担心 | 21.33 | 25.23 | 21.82 | 17.91 | NS |
| 3. 说不准 | 13.88 | 11.68 | 15.47 | 13.51 | |
| 4. 担心 | 47.25 | 47.66 | 45.30 | 49.32 | |
| 5. 非常担心 | 12.96 | 11.21 | 12.98 | 14.19 | |

# 4.4　小结

尽管农村非留守妇女、准留守妇女、留守妇女所面临的外部环境相似，但因留守妇女在家庭和农业生产中处于直接主导地位，所以在面对脆弱性环境时相对敏感。同时，外部冲击因素中，人身健康冲击、经济冲击中的生活用品价格上涨和农林作物冲击、负面生活事件冲击中的收入得不到保障、子女得不到好的教育及老人生病时没有足够的时间提供照料对农村妇女的影响最为明显。社会主要发展趋势主要表现为女人在农业生产中的独立性增强，农业女性化明显；农产品销售方式零散，生产技术落后，但其收入仍然是农村家庭收入的重要组成部分。周期性因素也同样表明农林产品收入在农村家庭，尤其是非留守妇女家庭中占重要地位。

# 5 生计资本：结构失衡与存量有限

本章旨在通过对比农村非留守妇女、准留守妇女、留守妇女的生计资本现状来展示留守妇女的生计资本存量，同时了解丈夫外出务工及外出时间长短对准留守妇女和留守妇女生计资本存量的影响。本章共包括五个部分：人力资本、社会资本、自然资本、物质资本、金融资本。

## 5.1 人力资本

### 5.1.1 健康状况

表 5 - 1 表明，三类妇女的年龄都平均分布在 40 岁左右，但在调查的样本中，农村非留守妇女的年龄显著高于农村留守妇女和农村准留守妇女，同时三类妇女的健康状况偏好，无明显差异，但区别分析，农村准留守妇女的健康状况相对好于农村留守妇女，较好于农村非留守妇女，这可能与农村准留守妇女的年龄较小、家庭经济收入相对较高以及丈夫外出时间较短有关。

表 5 - 1　健康状况

| 项目 | 总数<br>（890） | 非留守妇女<br>（219） | 准留守妇女<br>（370） | 留守妇女<br>（301） | LR<br>检验 |
|---|---|---|---|---|---|
| 102. 平均年龄 | 39.72 | 42.63 | 38.43 | 39.21 | *** |
| 123. 您的身体健康状况如何 | | | | | NS |
| 1. 非常好 | 16.61 | 13.24 | 13.82 | 13.62 | |

| 项目 | 总数<br>（890） | 非留守妇女<br>（219） | 准留守妇女<br>（370） | 留守妇女<br>（301） | LR<br>检验 |
|---|---|---|---|---|---|
| 2. 好 | 33.18 | 33.79 | 33.88 | 31.89 | |
| 3. 一般 | 40.04 | 37.90 | 40.38 | 41.20 | |
| 4. 不好 | 11.02 | 12.79 | 9.21 | 11.96 | |
| 5. 非常不好 | 1.69 | 1.37 | 2.17 | 1.33 | |

注：第一列中的102、123为调查问卷中的问题编号；NS代表不显著，*** 表示显著性水平为 $p < 0.001$。下同。另外，102题第 2~5 列中的数字为均值（岁），123题为百分比（%）。

### 5.1.2　教育状况

表 5-2 表明，三类农村妇女的受教育程度普遍偏低，以小学和初中学历为主，尤以农村留守妇女为最。

表 5-2　教育状况

| 项目 | 总数<br>（890） | 非留守妇女<br>（219） | 准留守妇女<br>（370） | 留守妇女<br>（301） | LR<br>检验 |
|---|---|---|---|---|---|
| 104. 您目前的受教育程度是怎样的 | | | | | |
| 1. 没上过学 | 9.22 | 9.59 | 8.38 | 10.00 | |
| 2. 小学 | 40.04 | 41.10 | 37.03 | 43.00 | |
| 3. 初中 | 43.98 | 42.47 | 44.86 | 44.00 | + |
| 4. 高中（含中专、技校） | 5.51 | 5.48 | 8.11 | 2.33 | |
| 5. 大专 | 1.24 | 1.37 | 1.62 | 0.67 | |
| 6. 本科及以上 | 0.00 | 0.00 | 0.00 | 0.00 | |

注：+ 表示显著性水平为 $p < 0.1$，下同。第 2~5 列中的数字为百分比（%）。

### 5.1.3　技能

表 5-3 表明，三类农村妇女在技能掌握状况方面并无显著差异。比较看来，农村准留守妇女和农村非留守妇女在掌握某项技能和接受过相关培训方面明显高于农村留守妇女，这可能是农村

留守妇女作为家庭的主要劳动力，其时间有限所致。

表 5 - 3　技能

| 项目 | 总数（890） | 非留守妇女（219） | 准留守妇女（370） | 留守妇女（301） | LR检验 |
|---|---|---|---|---|---|
| 119. 您是否熟练掌握某项手艺或技能（如种养技能、兽医术、编织技能等） | | | | | NS |
| 1. 是 | 27.77 | 29.22 | 29.43 | 24.67 | |
| 2. 否 | 72.12 | 70.78 | 70.57 | 75.00 | |
| 120B. 您是否接受过培训（包括农业技术培训，家政服务、手工技术培训等） | | | | | NS |
| 1. 是 | 27.93 | 26.92 | 29.81 | 26.35 | |
| 2. 否 | 67.99 | 70.19 | 69.36 | 70.61 | |

注：第 2~5 列中的数字为百分比（%）。

### 5.1.4　家庭特征

表 5 - 4 表明，三类农村妇女的家庭规模无显著差异，人数在 3~4 人，从成员构成情况上看，通常包括丈夫、儿（女）及其配偶和公婆，其中农村留守妇女和农村准留守妇女中与公婆住在一起的比例显著高于农村非留守妇女。

表 5 - 4　家庭特征

| 项目 | 总数（890） | 非留守妇女（219） | 准留守妇女（370） | 留守妇女（301） | LR检验 |
|---|---|---|---|---|---|
| 121. 您目前与哪些人居住在一起 | | | | | |
| 1. 丈夫 | 58.32 | 77.88 | 55.71 | 47.32 | *** |
| 2. 儿（女）及其配偶 | 82.11 | 78.34 | 83.70 | 82.89 | NS |
| 3. 公婆 | 29.90 | 23.50 | 30.71 | 33.56 | * |
| 4. 父母 | 4.30 | 2.30 | 4.89 | 5.03 | NS |

续表

| 项目 | 总数<br>(890) | 非留守妇女<br>(219) | 准留守妇女<br>(370) | 留守妇女<br>(301) | LR<br>检验 |
|---|---|---|---|---|---|
| 5. 爷爷奶奶 | 2.04 | 1.84 | 1.63 | 2.68 | NS |
| 6. 外公外婆 | 0.57 | 0.46 | 0.82 | 0.34 | NS |
| 7. 孙子（女）或外孙（女） | 3.62 | 9.22 | 1.90 | 1.68 | *** |
| 8. 兄弟姐妹及配偶 | 1.70 | 1.84 | 1.90 | 1.34 | NS |
| 9. 其他人 | 0.79 | 1.38 | 0.54 | 0.67 | NS |
| 122. 包括您自己在内，目前跟您住在一起的总共有多少人（平均人数） | 3.77 | 3.90 | 3.79 | 3.67 | NS |

注：＊表示显著性水平为 $p < 0.05$，下同。121 题第 2～5 列中的数字为百分比（％），122 题为均值（人）。

### 5.1.5 非农经历

表 5 - 5 表明，三类妇女的非农经历状况存在明显差异，就外出务工经历而言，农村留守妇女和农村准留守妇女的比例显著高于农村非留守妇女，也因此，她们有过工人经历的比例显著高于农村非留守妇女。此外，三类妇女的外出务工地点主要集中在本县和外省，其中农村准留守妇女在本县务工的比例高于农村非留守妇女，较高于农村留守妇女，而农村留守妇女在外省务工的比例显著高于农村非留守妇女和农村准留守妇女，但同时三类妇女最近一次务工的持续时间并不存在明显差异，均持续 2～3 个月。

表 5 - 5　非农经历

| 项目 | 总数<br>(890) | 非留守妇女<br>(219) | 准留守妇女<br>(370) | 留守妇女<br>(301) | LR<br>检验 |
|---|---|---|---|---|---|
| 110. 您是否有过外出务工经历 | | | | | |
| 1. 是 | 45.73 | 29.68 | 50.54 | 51.50 | *** |
| 2. 否 | 54.27 | 70.32 | 49.46 | 48.50 | |

续表

| 项目 | 总数<br>（890） | 非留守妇女<br>（219） | 准留守妇女<br>（370） | 留守妇女<br>（301） | LR<br>检验 |
|---|---|---|---|---|---|
| 111. 您最近一次在什么地方务工 | 397<br>（样本量） | 62<br>（样本量） | 185<br>（样本量） | 150<br>（样本量） | |
| 1. 本县 | 42.82 | 40.32 | 54.05 | 30.00 | |
| 2. 本省（非本县） | 12.85 | 14.52 | 15.14 | 9.33 | *** |
| 3. 外省 | 38.54 | 37.10 | 23.78 | 57.33 | |
| 4. 其他 | 5.04 | 6.45 | 5.95 | 3.33 | |
| 112. 您最近一次务工共持续了多久 | 0.25 | 0.30 | 0.26 | 0.20 | NS |
| 120A. 您曾经有过以下哪种经历 | | | | | |
| 1. 工人 | 14.56 | 6.88 | 16.85 | 17.33 | ** |
| 2. 技术人员如技术员、教师、医生 | 4.85 | 3.67 | 5.96 | 4.33 | NS |
| 3. 乡村干部 | 3.38 | 2.29 | 5.42 | 1.67 | * |
| 4. 军人 | 0.34 | 0.00 | 0.27 | 0.67 | NS |
| 5. 商业、服务业劳动者（如餐厅服务员） | 13.64 | 10.55 | 14.36 | 15.00 | NS |
| 6. 个体户 | 8.57 | 11.47 | 8.94 | 6.00 | + |
| 7. 私营企业主 | 1.92 | 2.75 | 1.36 | 2.00 | NS |
| 8. 以上都没有 | 59.30 | 66.97 | 55.01 | 59.00 | * |

注：112 题第 2~5 列中为均值（年），其他题项均为百分比（%）。

## 5.2 社会资本

### 5.2.1 社区组织参与状况

表 5-6 表明，仅有极少一部分农村妇女参与了社区组织，且三类妇女之间不存在明显的差异，这也说明农村的社区化程度仍处于较低的水平。

表 5 - 6 社区组织参与状况

| 项目 | 总数<br>(890) | 非留守妇女<br>(219) | 准留守妇女<br>(370) | 留守妇女<br>(301) | LR<br>检验 |
|---|---|---|---|---|---|
| 125. 您是否加入下列组织或成为其中的农户 | | | | | |
| A. 社区文娱组织 (如秧歌队等) | | | | | NS |
| 1. 是 | 2.25 | 2.76 | 2.44 | 1.66 | |
| 2. 否 | 97.63 | 96.77 | 97.56 | 98.34 | |
| B. 专业合作组织 (如农民合作社) | | | | | NS |
| 1. 是 | 2.70 | 2.29 | 2.44 | 3.32 | |
| 2. 否 | 97.18 | 97.25 | 97.56 | 96.68 | |
| C. 生产服务组织 (如技术协会、种植协会、购销协会) | | | | | NS |
| 1. 是 | 4.16 | 3.65 | 4.34 | 4.32 | |
| 2. 否 | 95.73 | 95.89 | 95.66 | 95.68 | |
| D. 龙头企业 (或公司) 带动的农户 | | | | | NS |
| 1. 是 | 0.79 | 0.92 | 0.81 | 0.66 | |
| 2. 否 | 98.76 | 97.71 | 98.92 | 99.34 | |

注: 第 2 ~ 5 列中为百分比 (%)。

## 5.2.2 社会网络支持状况

表 5 - 7 表明, 三类妇女在社会网络支持状况方面无明显差异。其中, 情感支持方面, 经常倾诉的总人数均为 2 ~ 3 人, 主要包括娘家人、熟人和朋友; 资金支持方面, 经常求助的人数同样均为 2 ~ 3 人, 均以娘家人为主; 生产支持方面, 求助人数均为 2 ~ 3 人, 同样均以娘家人为主; 生活支持方面, 生病时的求助人数均约为 2 人, 以娘家人和婆家人为主; 日常消遣过程中, 其交往人数有所增加, 为 3 ~ 4 人, 以熟人和朋友为主, 但存在差异, 农村非留守妇女和熟人、朋友一起散步、赶集、听戏、看

电影、下饭店的比例高于农村准留守妇女，较高于农村留守妇女。

表 5 - 7 社会网络支持状况

| 项目 | 总数（890） | 非留守妇女（219） | 准留守妇女（370） | 留守妇女（301） | LR检验 |
|---|---|---|---|---|---|
| 126. A. 情绪不好时，您常常向什么人倾诉 | | | | | |
| A1 平均人数 | 2.26 | 2.29 | 2.29 | 2.22 | NS |
| 1. 娘家人 | 45.83 | 47.44 | 45.15 | 45.48 | NS |
| 2. 婆家人 | 15.20 | 13.02 | 12.47 | 20.07 | * |
| 3. 熟人、朋友 | 44.11 | 43.26 | 47.09 | 41.14 | NS |
| 4. 其他人 | 4.46 | 4.65 | 4.99 | 3.68 | NS |
| 126. B. 急需大笔开支时（如生病、经营），您一般会向什么人求助 | | | | | |
| B1 平均人数 | 2.69 | 2.84 | 2.68 | 2.58 | NS |
| 1. 娘家人 | 60.72 | 63.76 | 59.40 | 60.13 | NS |
| 2. 婆家人 | 29.46 | 27.06 | 28.34 | 32.56 | NS |
| 3. 熟人、朋友 | 26.98 | 28.44 | 30.25 | 21.93 | * |
| 4. 其他人 | 3.84 | 1.83 | 4.36 | 4.65 | NS |
| 126. C. 遇到农业生产困难（如缺人手）时，您一般会向什么人求助 | | | | | |
| C1 平均人数 | 2.55 | 2.71 | 2.55 | 2.45 | NS |
| 1. 娘家人 | 44.92 | 45.16 | 41.58 | 48.84 | NS |
| 2. 婆家人 | 27.54 | 21.66 | 28.26 | 30.90 | + |
| 3. 熟人、朋友 | 29.91 | 34.10 | 29.08 | 27.91 | NS |
| 4. 其他人 | 9.37 | 9.22 | 11.68 | 6.64 | + |
| 126. D. 生病需要照顾时，您一般会向什么人求助 | | | | | |
| D1 平均人数 | 2.08 | 2.05 | 2.05 | 2.15 | NS |

| 项目 | 总数<br>(890) | 非留守妇女<br>(219) | 准留守妇女<br>(370) | 留守妇女<br>(301) | LR<br>检验 |
|---|---|---|---|---|---|
| 1. 娘家人 | 53.56 | 54.59 | 50.14 | 57.00 | NS |
| 2. 婆家人 | 43.73 | 42.20 | 47.68 | 40.00 | NS |
| 3. 熟人、朋友 | 9.83 | 11.93 | 9.26 | 9.00 | NS |
| 4. 其他人 | 4.18 | 3.21 | 3.81 | 5.33 | NS |
| 126. E. 您通常会和什么人一起散步、赶集、听戏、看电影、下饭店 | | | | | |
| E1 平均人数 | 3.24 | 3.29 | 3.44 | 2.95 | NS |
| 1. 娘家人 | 19.32 | 19.63 | 18.80 | 19.73 | NS |
| 2. 婆家人 | 19.32 | 15.98 | 18.26 | 23.08 | NS |
| 3. 熟人、朋友 | 68.36 | 72.15 | 70.03 | 63.55 | + |
| 4. 其他人 | 5.65 | 5.48 | 6.54 | 4.68 | NS |

注：第2~5列中平均人数为均值（人），网络组成为百分比（％）。

### 5.2.3 社会关系状况

表5-8表明，三类农村妇女所熟识的公职人员人数并无明显差异，人数均为1~2人，其中农村留守妇女所熟识的公职人员人数低于其他两类农村妇女，这可能与丈夫长期外出务工有关。

**表5-8 社会关系状况**

| 项目 | 总数<br>(890) | 非留守妇女<br>(219) | 准留守妇女<br>(370) | 留守妇女<br>(301) | LR<br>检验 |
|---|---|---|---|---|---|
| 124. 您家人、亲戚、熟人和朋友中有多少人是村、镇干部及国家公职人员（平均人数） | 1.47 | 1.58 | 1.81 | 0.96 | NS |

注：第2~5列中为均值（人）。

## 5.3 自然资本

表 5-9 表明，三类农村妇女的自然资本存量基本不存在明显的差异，其中农村非留守妇女拥有的耕地、园林、林地面积均高于农村准留守妇女和农村留守妇女，尤以林地面积差距最大。

**表 5-9 自然资本**

| 项目 | 总数（890） | 非留守妇女（219） | 准留守妇女（370） | 留守妇女（301） | LR检验 |
|---|---|---|---|---|---|
| 127. 您家可使用的土地情况 | | | | | |
| A. 宅基地面积 | 0.58 | 0.62 | 0.56 | 0.58 | NS |
| B. 耕地（粮田、菜地）面积 | 3.91 | 4.32 | 3.96 | 3.54 | NS |
| 其中，C. 水浇地面积 | 2.29 | 2.57 | 2.31 | 2.07 | NS |
| D. 坡地面积 | 0.99 | 1.01 | 0.94 | 1.03 | NS |
| E. 园地（果园、苗圃、花卉）面积 | 0.15 | 0.23 | 0.14 | 0.09 | NS |
| 其中，F. 水浇地面积 | 0.09 | 0.12 | 0.08 | 0.06 | NS |
| G. 坡地面积 | 0.04 | 0.07 | 0.03 | 0.04 | NS |
| H. 林地面积（包括自留山、承包林等） | 1.71 | 6.05 | 0.10 | 0.54 | * |
| 其中，I. 经济林面积 | 0.86 | 2.92 | 0.05 | 0.34 | NS |
| J. 退耕还林面积 | 0.23 | 0.55 | 0.06 | 0.20 | + |
| K. 草地面积 | 0.02 | 0.04 | 0.02 | 0.01 | NS |
| L. 水面面积 | 0.22 | 0.31 | 0.06 | 0.35 | NS |

注：第 2~5 列中为均值（亩）。

## 5.4 物质资本

### 5.4.1 基础设施状况

表 5-10 表明，三类农村妇女在房屋拥有数量上存在明显的差异，

虽房屋数量均为1~2套，但农村非留守妇女中拥有2套或以上的人员比例高于其他两类农村妇女，房屋结构以砖混为主，且农村非留守妇女拥有的房屋市场价格明显高于农村准留守妇女和农村留守妇女。

表5-10　基础设施状况

| 项目 | 总数<br>（890） | 非留守妇女<br>（219） | 准留守妇女<br>（370） | 留守妇女<br>（301） | LR<br>检验 |
|---|---|---|---|---|---|
| 130. 您家有几套房 | 1.09 | 1.16 | 1.06 | 1.06 | ** |
| 131. 您本人现在居住的房屋结构是怎样的 | | | | | |
| 1. 土木结构 | 1.35 | 0.91 | 1.36 | 1.67 | NS |
| 2. 砖木结构 | 23.34 | 24.20 | 20.65 | 26.00 | |
| 3. 砖混结构 | 74.30 | 73.06 | 76.63 | 72.33 | |
| 4. 其他 | 0.79 | 1.37 | 1.09 | 0.00 | |
| 132. 您本人居住的房子是否靠近公路 | | | | | NS |
| 1. 是 | 49.21 | 56.22 | 45.65 | 48.49 | |
| 2. 否 | 50.45 | 43.32 | 54.08 | 51.17 | |
| 133. 您目前拥有的房屋的市场价格是多少 | | | | | |
| 1. 1万元以下 | 6.39 | 2.80 | 7.10 | 8.08 | |
| 2. 1万~3万元 | 10.38 | 10.28 | 10.11 | 10.77 | * |
| 3. 3万~5万元 | 16.19 | 13.55 | 18.03 | 15.82 | |
| 4. 5万~10万元 | 34.09 | 31.31 | 33.06 | 37.37 | |
| 5. 10万元以上 | 31.58 | 41.12 | 29.78 | 26.94 | |

注：** 表示显著性水平为 $p < 0.01$，下同。130题第2~5列中为均值（套），其他题项均为百分比（%）。

## 5.4.2　生产资料状况

表5-11表明，只有小部分农村妇女家庭拥有多种生产性工具，且相对来说农村非留守妇女家庭的拥有比例略高于其他两类家庭。此外，就拥有的交通工具而言，多数家庭都拥有电动自行

车和摩托车，不存在明显差异，但农村准留守妇女家庭的拥有比例高于其他两类家庭，这可能与丈夫外出务工的时间和地点有关。就家庭耐用品而言，大部分农村家庭都有电视、冰箱/柜、洗衣机和太阳能热水器，不存在明显的差异，但在是否拥有电脑的家庭数量上，三类家庭存在明显的差异，其中农村非留守妇女家庭高于农村准留守妇女家庭，较高于农村留守妇女家庭。

表 5 - 11　生产资料状况

| 项目 | 总数（890） | 非留守妇女（219） | 准留守妇女（370） | 留守妇女（301） | LR检验 |
|---|---|---|---|---|---|
| 129. 您家拥有的生产性工具、交通工具或耐用品有哪些 | | | | | |
| 1. 役畜（如牛、马） | 9.13 | 10.96 | 7.88 | 9.33 | NS |
| 2. 农用三轮车 | 11.27 | 17.35 | 9.24 | 9.33 | ** |
| 3. 农用四轮车 | 3.72 | 6.85 | 2.99 | 2.33 | * |
| 4. 大中型拖拉机 | 1.92 | 4.57 | 1.09 | 1.00 | ** |
| 5. 小型手扶拖拉机 | 18.60 | 19.18 | 21.47 | 14.67 | + |
| 6. 播种机 | 0.45 | 0.00 | 0.27 | 1.00 | NS |
| 7. 插秧机 | 0.45 | 0.00 | 0.54 | 0.67 | NS |
| 8. 联合收割机 | 0.79 | 0.46 | 1.09 | 0.67 | NS |
| 9. 机动脱粒机 | 0.79 | 1.37 | 0.27 | 1.00 | NS |
| 10. 农用水泵 | 36.08 | 38.36 | 36.96 | 33.33 | NS |
| 11. 农用电动机 | 6.54 | 6.85 | 5.98 | 7.00 | NS |
| 12. 电动自行车 | 48.37 | 42.92 | 51.09 | 49.00 | NS |
| 13. 摩托车 | 28.41 | 29.68 | 31.25 | 24.00 | NS |
| 14. 家用轿车 | 4.85 | 8.22 | 4.89 | 2.33 | ** |
| 15. 电视 | 94.93 | 94.52 | 94.29 | 96.00 | NS |
| 16. 冰箱/柜 | 91.21 | 90.41 | 89.95 | 93.33 | NS |
| 17. 洗衣机 | 57.05 | 59.82 | 59.78 | 51.67 | + |
| 18. 电脑 | 29.20 | 36.99 | 30.16 | 22.33 | ** |
| 19. 太阳能热水器 | 75.31 | 77.17 | 76.90 | 72.00 | NS |

注：第 2 ~ 5 列中为百分比（%）。

# 5.5 金融资本

## 5.5.1 可用储蓄

表 5 – 12 表明，每月现金支出方面，农村非留守妇女的现金支出高于农村准留守妇女和农村留守妇女，但不存在显著差异。银行存款方面，农村准留守妇女的全家存款和自己名下的存款均高于农村留守妇女，较高于农村非留守妇女，但同样不存在显著差异。贷款方面，三类妇女从亲朋好友处借钱的数目最多，尤以农村非留守妇女为最，明显高于农村准留守妇女和农村留守妇女。其次借款较多的是银行，仅有小部分人有过申请贷款却没成功的经历，其中农村非留守妇女的比例明显高于其他两类妇女，而对于申请不到贷款的原因，三类妇女也存在明显的差异，农村非留守妇女认为申请不到贷款的主要原因是无抵押品和无担保人或关系，农村准留守妇女也认为是无担保人或关系，农村留守妇女则认为主要的原因是手续麻烦。此外三类妇女在申请贷款时，所使用的抵押品不存在显著的差异，其中最常使用的是房屋，或者没有抵押品。最后是高利贷，三类妇女从高利贷处借钱的数目很少，不存在明显的差异。

表 5 – 12　可用储蓄

| 项目 | 总数<br>（890） | 非留守妇女<br>（219） | 准留守妇女<br>（370） | 留守妇女<br>（301） | LR<br>检验 |
|---|---|---|---|---|---|
| 134. 正常情况下，每个月从您手中支出的现金一般是多少 | 1406.84 | 1503.81 | 1376.99 | 1372.27 | NS |
| 135. 到目前为止，您全家的银行存款约为多少 | 26805.53 | 24875.35 | 28445.30 | 26200.07 | NS |
| 136. 到目前为止，您自己名下的银行存款约为多少 | 8936.70 | 5930.37 | 10597.24 | 9079.39 | NS |
| 137. 最近三年内，您从银行或信用社等处获得的贷款总额是多少 | 4195.80 | 3450.24 | 4899.16 | 3872.41 | NS |

| 项目 | 总数<br>（890） | 非留守妇女<br>（219） | 准留守妇女<br>（370） | 留守妇女<br>（301） | LR<br>检验 |
|---|---|---|---|---|---|
| 138. 获得贷款时，您所用的抵押品是什么 | 76<br>（样本量） | 24<br>（样本量） | 29<br>（样本量） | 23<br>（样本量） | |
| 1. 没有抵押品 | 39.47 | 41.67 | 48.28 | 26.09 | NS |
| 2. 存折、首饰等金融物品 | 6.58 | 4.17 | 10.34 | 4.35 | NS |
| 3. 房屋 | 36.84 | 33.33 | 27.59 | 52.17 | NS |
| 4. 土地 | 3.95 | 4.17 | 6.90 | 0.00 | NS |
| 5. 生产性物资（如拖拉机） | 1.32 | 0.00 | 0.00 | 4.35 | NS |
| 6. 牲畜 | 2.63 | 4.17 | 3.45 | 0.00 | NS |
| 7. 其他 | 11.84 | 16.67 | 10.34 | 8.70 | NS |
| 139. 您从前是否有过申请贷款却没有成功的经历 | | | | | |
| 1. 是 | 8.43 | 11.42 | 8.92 | 5.65 | + |
| 2. 否 | 91.46 | 88.13 | 91.08 | 94.35 | |
| 140. 您认为申请不到贷款的最主要原因是什么 | | | | | |
| 1. 手续麻烦 | 27.27 | 23.08 | 27.27 | 33.33 | |
| 2. 对方不信任自己 | 9.09 | 3.85 | 18.18 | 0.00 | + |
| 3. 无抵押品 | 22.08 | 34.62 | 12.12 | 22.22 | |
| 4. 无担保人或关系 | 32.47 | 34.62 | 36.36 | 22.22 | |
| 5. 其他 | 9.09 | 3.85 | 6.06 | 22.22 | |
| 141. 最近三年内，您从亲朋好友处共借了多少钱 | 7916.63 | 10730.59 | 7639.73 | 6209.63 | * |
| 142. 最近三年内，您所借的高利贷共多少钱 | 412.92 | 420.09 | 351.35 | 483.39 | NS |

注：138~140 题第 2~5 列为百分比（％），其余题项为均值（元）。

## 5.5.2 定期流入资金

表 5-13 表明，丈夫外出务工给农村准留守妇女和农村留守妇

女的汇款数目存在明显的差异，农村留守妇女所得到的汇款数目明显高于农村准留守妇女。在全家和个人的非劳动总收入中，三类妇女之间的差距很小，不存在明显的差异，但在全家所得的各种补贴收入中，农村非留守妇女和农村准留守妇女家庭明显高于农村留守妇女家庭，而在个人所获得的各种补贴收入中，三者之间并无明显差异；在全家和个人所得的各种补助收入中，农村留守妇女家庭高于农村非留守妇女家庭和农村准留守妇女家庭；在全家和个人所得的财产性收入中，三者之间无明显的差异，其中农村非留守妇女和农村准留守妇女家庭所得的财产性收入高于农村留守妇女家庭，而农村准留守妇女和农村留守妇女个人所得的财产性收入高于农村非留守妇女。

表 5 – 13　定期流入资金

| 项目 | 总数<br>（890） | 非留守妇女<br>（219） | 准留守妇女<br>（370） | 留守妇女<br>（301） | LR<br>检验 |
|---|---|---|---|---|---|
| 118. 2011 年 12 月至今，您丈夫给家里的汇款大约是多少 | 8325.94 | 0.00 | 6657.18 | 10387.95 | ** |
| 224. 2011 年 12 月至今，您及全家的非劳动收入 | | | | | |
| A. 全家 | | | | | |
| 　非劳动总收入 | 668.96 | 737.38 | 647.11 | 647.42 | NS |
| 　各种补贴 | 411.40 | 459.16 | 418.73 | 368.79 | + |
| 　各种补助 | 125.36 | 109.17 | 84.75 | 186.24 | ** |
| 　财产性收入 | 119.69 | 142.34 | 141.11 | 77.32 | NS |
| B. 您个人 | | | | | |
| 　非劳动总收入 | 199.05 | 193.42 | 202.44 | 198.84 | NS |
| 　各种补贴 | 95.05 | 93.87 | 95.34 | 95.52 | NS |
| 　各种补助 | 37.42 | 33.16 | 35.67 | 42.62 | NS |
| 　财产性收入 | 59.73 | 50.49 | 68.99 | 55.32 | NS |

注：第 2 ~ 5 列为均值（元）。

## 5.6　小结

第一，人力资本方面，农村准留守妇女和留守妇女的人力资本状况相对较好。农村准留守妇女和留守妇女的年龄偏小，且两者的健康状况也相对略好；虽然三者的受教育程度、技能掌握情况普遍偏低，但准留守妇女和留守妇女的非农经历相较于非留守妇女来说较为丰富。

第二，社会资本方面，农村留守妇女的社会资本因丈夫外出而有所削弱。主要表现在社会网络支持方面，留守妇女的情感支持、资金支持、生产支持、生活支持以及社会关系人数均低于非留守妇女。同时，留守妇女在寻求情感支持、资金支持以及生产支持时，其求助对象以娘家人为主，其次是婆家人，选择熟人或朋友的比例明显低于准留守妇女和非留守妇女。

第三，自然资本方面，农村准留守妇女和农村留守妇女的自然资本相对贫乏。这是因为从数据来看，二者所拥有的宅基地、耕地、园地、林地以及草地的面积均低于农村非留守妇女。尽管农村留守妇女拥有的水面面积较农村非留守妇女高，但差距很小，可以忽略不计。

第四，物质资本方面，农村准留守妇女和留守妇女家庭的物质资本相对贫乏。仅有极少数的农村家庭拥有生产设施，同时准留守妇女和留守妇女家庭的房屋市场价格均低于非留守妇女家庭，并且非留守妇女家庭生产性工具拥有率高于其他两类妇女家庭，此外，三类妇女家庭在交通工具和生活耐用品的拥有率方面虽不存在明显的差异，但非留守妇女家庭的家用轿车和电脑拥有率仍明显高于其他两类妇女家庭。

第五，金融资本方面，农村准留守妇女和留守妇女的金融资本有了改善。表现在：留守妇女和准留守妇女家庭均得到了来自丈夫的汇款收入，二者的家庭和个人银行存款均高于非留守妇女，相对应地，二者贷款的总额低于非留守妇女。此外，三类农村妇女的借款渠道仍以亲朋好友为主，其次是银行。

# 6  生计策略：家庭的
# 生产与再生产

本章旨在：第一，通过对农村非留守妇女、准留守妇女以及留守妇女的生计策略的描述性分析，展示留守妇女的生计策略现状，同时了解丈夫外出务工对准留守妇女和留守妇女的生计策略所造成的影响；第二，依据第三章中的农村留守妇女生计策略及家庭福利效应分析框架，分析生计资本和外部环境对农村留守妇女目前生计策略的影响；第三，分析农村留守妇女未来外出务工意愿的影响因素。

## 6.1  生计策略的分类描述

### 6.1.1  农业生产活动

#### 6.1.1.1  农林种植

表6-1表明，三类妇女在农作物和林作物的种植种类选择方面无明显差异，大多数人在选择农作物的种植种类时，都会选择"粮食作物+经济作物"的种植策略，并且一致认为种植水稻的收入最多。而对于林作物的种植，仅有少数人参与，且多选择种植经果林树种。然而，在农、林作物的总收入上存在明显差异，农村非留守妇女家庭的总收入明显高于其他两类家庭。此外，在农作物和林作物种植的时间安排上，对农作物的投入时间最长，为4~5个月；而对林作物的投入时间不足1个月，这可能与作物的性质有关。

表 6 - 1　农林种植

| 项目 | 总数 | 非留守妇女 | 准留守妇女 | 留守妇女 | LR 检验 |
|---|---|---|---|---|---|
| 201A. 农作物种类 | 890（样本量） | 219（样本量） | 370（样本量） | 301（样本量） | |
| 1. 粮食作物 | 78.54 | 80.82 | 76.22 | 79.73 | NS |
| 2. 豆类作物 | 48.09 | 47.49 | 47.84 | 48.84 | NS |
| 3. 薯类 | 35.73 | 37.90 | 35.14 | 34.88 | NS |
| 4. 经济作物 | 71.80 | 73.06 | 69.19 | 74.09 | NS |
| 5. 绿肥饲料作物 | 11.35 | 6.85 | 13.24 | 12.29 | + |
| 6. 园艺蔬菜作物 | 39.21 | 37.44 | 37.84 | 42.19 | NS |
| 7. 其他 | 4.04 | 3.20 | 4.05 | 4.65 | NS |
| 202. 在您所选择的农作物种类中，收入最多的是哪一项 | 745（样本量） | 183（样本量） | 303（样本量） | 259（样本量） | |
| 11 水稻 | 73.83 | 78.14 | 74.26 | 70.27 | |
| 12 小麦 | 0.54 | 0.55 | 0.33 | 0.77 | |
| 13 玉米 | 0.54 | 0.55 | 0.00 | 1.16 | |
| 14 高粱 | 0.00 | 0.00 | 0.00 | 0.00 | |
| 15 荞麦 | 0.00 | 0.00 | 0.00 | 0.00 | |
| 21 大豆 | 0.27 | 1.09 | 0.00 | 0.00 | |
| 22 绿豆 | 0.00 | 0.00 | 0.00 | 0.00 | |
| 23 豌豆 | 0.00 | 0.00 | 0.00 | 0.00 | |
| 24 扁豆 | 0.00 | 0.00 | 0.00 | 0.00 | ** |
| 25 蚕豆 | 0.00 | 0.00 | 0.00 | 0.00 | |
| 26 豇豆 | 0.00 | 0.00 | 0.00 | 0.00 | |
| 31 马铃薯 | 0.00 | 0.00 | 0.00 | 0.00 | |
| 32 小山芋 | 0.13 | 0.00 | 0.33 | 0.00 | |
| 33 菱 | 0.13 | 0.55 | 0.00 | 0.00 | |
| 34 藕 | 0.00 | 0.00 | 0.00 | 0.00 | |
| 35 菊芋 | 0.00 | 0.00 | 0.00 | 0.00 | |
| 41 棉花 | 16.11 | 13.11 | 14.19 | 20.46 | |
| 42 苎麻 | 0.00 | 0.00 | 0.00 | 0.00 | |

生计与家庭福利

| 项目 | 总数 | 非留守妇女 | 准留守妇女 | 留守妇女 | LR 检验 |
|---|---|---|---|---|---|
| 43 烟叶 | 0.00 | 0.00 | 0.00 | 0.00 | |
| 44 油菜 | 1.48 | 0.00 | 2.31 | 1.54 | |
| 45 花生 | 1.61 | 0.00 | 2.64 | 1.54 | |
| 46 芝麻 | 0.00 | 0.00 | 0.00 | 0.00 | |
| 47 向日葵 | 0.00 | 0.00 | 0.00 | 0.00 | |
| 48 蓖麻 | 0.00 | 0.00 | 0.00 | 0.00 | |
| 49 甘蔗 | 0.00 | 0.00 | 0.00 | 0.00 | |
| 51 紫云英 | 0.00 | 0.00 | 0.00 | 0.00 | |
| 52 苕子 | 0.00 | 0.00 | 0.00 | 0.00 | |
| 53 紫穗槐 | 0.00 | 0.00 | 0.00 | 0.00 | |
| 54 红萍 | 0.00 | 0.00 | 0.00 | 0.00 | |
| 55 细绿萍 | 0.00 | 0.00 | 0.00 | 0.00 | |
| 56 水花生 | 0.00 | 0.00 | 0.00 | 0.00 | |
| 57 水浮莲 | 0.00 | 0.00 | 0.00 | 0.00 | |
| 58 水葫芦 | 0.00 | 0.00 | 0.00 | 0.00 | |
| 59 胡萝卜 | 0.00 | 0.00 | 0.00 | 0.00 | |
| 61 白菜类 | 0.67 | 0.55 | 1.32 | 0.00 | |
| 62 根菜类 | 0.00 | 0.00 | 0.00 | 0.00 | |
| 63 绿叶类 | 0.00 | 0.00 | 0.00 | 0.00 | |
| 64 茄果类 | 0.00 | 0.00 | 0.00 | 0.00 | |
| 65 薯芋类 | 0.00 | 0.00 | 0.00 | 0.00 | |
| 66 水生蔬菜类 | 0.00 | 0.00 | 0.00 | 0.00 | |
| 67 花卉类 | 0.00 | 0.00 | 0.00 | 0.00 | |
| 7. 其他 | 0.00 | 0.00 | 0.00 | 0.00 | |
| 238A. 一年中，您在农业生产上大约总共花多少时间 | 4.43 | 4.58 | 4.37 | 4.39 | NS |
| 201B. 林作物种类 | 890（样本量） | 219（样本量） | 370（样本量） | 301（样本量） | |
| 1. 常绿树种 | 5.06 | 6.39 | 5.14 | 3.99 | NS |

续表

| 项目 | 总数 | 非留守妇女 | 准留守妇女 | 留守妇女 | LR检验 |
|---|---|---|---|---|---|
| 2. 落叶树种 | 3.71 | 2.28 | 4.59 | 3.65 | NS |
| 3. 经果林树种 | 10.79 | 8.22 | 13.51 | 9.30 | + |
| 4. 灌木 | 1.24 | 0.46 | 1.35 | 1.66 | NS |
| 5. 竹类 | 1.69 | 0.46 | 1.89 | 2.33 | NS |
| 6. 水生维管束植物、湿地高等植物 | 1.57 | 0.91 | 2.16 | 1.33 | NS |
| 7. 其他 | 1.91 | 2.28 | 2.17 | 1.33 | NS |
| 203. 在您所选择的林作物种类中，收入最多的是哪一项 | 147（样本量） | 33（样本量） | 67（样本量） | 47（样本量） | |
| 11 马尾松 | 6.80 | 12.12 | 2.99 | 8.51 | |
| 12 湿地松 | 0.00 | 0.00 | 0.00 | 0.00 | |
| 13 火炬松 | 0.00 | 0.00 | 0.00 | 0.00 | |
| 14 侧柏 | 2.72 | 0.00 | 2.99 | 4.23 | |
| 15 金钱松 | 0.68 | 0.00 | 0.00 | 2.13 | |
| 16 栓柏 | 0.68 | 3.03 | 0.00 | 0.00 | |
| 17 女贞 | 0.00 | 0.00 | 0.00 | 0.00 | |
| 18 广玉兰 | 5.44 | 15.15 | 2.98 | 2.13 | |
| 21 水杉 | 0.68 | 0.00 | 0.00 | 2.13 | |
| 22 池杉 | 0.00 | 0.00 | 0.00 | 0.00 | * |
| 23 杉木 | 1.36 | 0.00 | 0.00 | 4.26 | |
| 24 三角枫 | 0.00 | 0.00 | 0.00 | 0.00 | |
| 25 枫香 | 0.00 | 0.00 | 0.00 | 0.00 | |
| 26 白榆 | 0.68 | 0.00 | 1.49 | 0.00 | |
| 27 黄檀 | 0.68 | 0.00 | 1.49 | 0.00 | |
| 28 刺槐 | 3.40 | 3.03 | 1.49 | 6.38 | |
| 29 山槐 | 0.68 | 0.00 | 1.49 | 0.00 | |
| 31 桃 | 10.20 | 12.12 | 10.45 | 8.51 | |
| 32 石榴 | 1.36 | 3.03 | 1.49 | 0.00 | |
| 33 杏 | 1.36 | 3.03 | 1.49 | 0.00 | |

| 项目 | 总数 | 非留守妇女 | 准留守妇女 | 留守妇女 | LR 检验 |
|---|---|---|---|---|---|
| 34 柿 | 4.08 | 0.00 | 5.97 | 4.26 | |
| 35 李 | 1.36 | 0.00 | 2.98 | 0.00 | |
| 36 枣 | 14.29 | 3.03 | 16.42 | 19.15 | |
| 37 樱桃 | 0.00 | 0.00 | 0.00 | 0.00 | |
| 38 板栗 | 1.36 | 3.03 | 1.49 | 0.00 | |
| 39 茶 | 0.00 | 0.00 | 0.00 | 0.00 | |
| 41 野山楂 | 0.68 | 0.00 | 0.00 | 2.13 | |
| 42 山胡椒 | 0.00 | 0.00 | 0.00 | 0.00 | |
| 43 卫矛 | 0.00 | 0.00 | 0.00 | 0.00 | |
| 44 花椒 | 0.68 | 3.03 | 0.00 | 0.00 | |
| 45 六月雪 | 0.00 | 0.00 | 0.00 | 0.00 | |
| 46 绣线菊 | 0.00 | 0.00 | 0.00 | 0.00 | |
| 51 毛竹 | 0.68 | 0.00 | 0.00 | 2.13 | |
| 52 水竹 | 0.68 | 3.03 | 0.00 | 0.00 | |
| 53 金袍绿带竹 | 0.00 | 0.00 | 0.00 | 0.00 | |
| 61 芦苇 | 0.00 | 0.00 | 0.00 | 0.00 | |
| 62 柳树 | 3.40 | 3.03 | 5.97 | 0.00 | |
| 63 莎草 | 0.00 | 0.00 | 0.00 | 0.00 | |
| 64 蓼 | 0.00 | 0.00 | 0.00 | 0.00 | |
| 65 荆三棱 | 0.00 | 0.00 | 0.00 | 0.00 | |
| 7 其他 | 2.04 | 0.00 | 4.48 | 0.00 | |
| 238B. 一年中，您在林业生产上大约总共花多少时间 | 0.08 | 0.11 | 0.08 | 0.05 | NS |

注：第一列中的 201A、202 等为调查问卷中的问题编号；NS 代表不显著，+、*、** 分别表示显著性水平为 $p < 0.1$、$p < 0.05$、$p < 0.01$。下同。另外，238A、238B 题第 2 ~ 5 列中的数字为均值（月），其余题项为百分比（%）。

### 6.1.1.2 畜牧养殖

表 6 - 2 表明，在选择的畜牧养殖种类中，多数的农村妇女家庭会选择养殖鸡、鸭。因此也一致认为养殖鸡、鸭获得的收

入最多，但这种认同度在三类妇女之间存在明显的差异，即农村准留守妇女和农村留守妇女的认同度明显高于农村非留守妇女。然而就投入时间来看，农村非留守妇女明显高于其他两类妇女。

表 6 - 2　畜牧养殖

| 项目 | 总数 | 非留守妇女 | 准留守妇女 | 留守妇女 | LR 检验 |
|---|---|---|---|---|---|
| 205. 您家目前养了哪些牲畜、禽类或其他小动物 | 890（样本量） | 219（样本量） | 370（样本量） | 301（样本量） | |
| 1. 牛 | 5.51 | 7.76 | 4.32 | 5.32 | NS |
| 2. 猪 | 2.92 | 5.94 | 2.16 | 1.66 | ** |
| 3. 羊 | 0.34 | 0.91 | 0.00 | 0.33 | NS |
| 4. 鸡或鸭 | 41.46 | 40.18 | 41.62 | 42.19 | NS |
| 5. 兔 | 0.67 | 0.46 | 1.08 | 0.33 | NS |
| 6. 蜂 | 0.00 | 0.00 | 0.00 | 0.00 | |
| 7. 其他 | 3.27 | 3.20 | 2.98 | 3.67 | NS |
| 206. 在您所选择的牲畜、禽类或其他小动物中，收入最多的是哪一项 | 399（样本量） | 99（样本量） | 166（样本量） | 134（样本量） | |
| 1. 牛 | 6.77 | 14.14 | 3.61 | 5.22 | |
| 2. 猪 | 4.76 | 8.08 | 4.22 | 2.99 | |
| 3. 羊 | 0.75 | 2.02 | 0.00 | 0.75 | ** |
| 4. 鸡或鸭 | 82.96 | 71.72 | 86.14 | 87.31 | |
| 5. 兔 | 1.25 | 0.00 | 2.41 | 0.75 | |
| 6. 蜂 | 0.00 | 0.00 | 0.00 | 0.00 | |
| 7. 其他 | 3.01 | 2.02 | 3.61 | 2.99 | |
| 238C. 一年中，您在畜牧养殖上大约总共花多少时间 | 0.54 | 1.04 | 0.42 | 0.30 | ** |

注：238C 题第 2 ~ 5 列中的数字为均值（月），其余题项为百分比（%）。

### 6.1.1.3　水产养殖

表 6 - 3 表明，仅有少数家庭参与了水产养殖，且三类妇女之

间无明显差异。养殖最多的均是鱼，同时她们的水产养殖投入时间也无明显差异，但相较之下，农村非留守妇女投入的时间略多于其他两类妇女。

表 6-3　水产养殖

| 项目 | 总数 | 非留守妇女 | 准留守妇女 | 留守妇女 | LR 检验 |
|---|---|---|---|---|---|
| 208. 您家目前养殖了哪些水产品 | 890（样本量） | 219（样本量） | 370（样本量） | 301（样本量） | |
| 1. 蟹 | 0.22 | 0.46 | 0.00 | 0.33 | NS |
| 2. 虾 | 0.67 | 1.37 | 0.54 | 0.33 | NS |
| 3. 鱼 | 5.06 | 5.94 | 4.05 | 5.65 | NS |
| 4. 贝 | 0.11 | 0.00 | 0.27 | 0.00 | NS |
| 5. 其他 | 3.26 | 3.20 | 4.32 | 1.99 | NS |
| 209. 在您所选择的水产品种类中，收入最多的是哪一项 | 65（样本量） | 19（样本量） | 25（样本量） | 21（样本量） | |
| 1. 蟹 | 3.08 | 5.26 | 0.00 | 4.76 | |
| 2. 虾 | 3.08 | 10.53 | 0.00 | 0.00 | NS |
| 3. 鱼 | 67.69 | 63.16 | 60.00 | 80.95 | |
| 4. 贝 | 1.54 | 0.00 | 4.00 | 0.00 | |
| 5. 其他 | 23.08 | 15.79 | 36.00 | 14.29 | |
| 238D. 一年中，您在水产养殖上大约总共花多少时间 | 0.12 | 0.18 | 0.10 | 0.09 | NS |

注：238D 题第 2~5 列中的数字为均值（月），其余题项为百分比（%）。

### 6.1.1.4　农业风险应对策略

表 6-4 表明，最近三年，有将近一半的农村妇女家庭，因为天灾人祸，在农业生产活动上遭受了损失。其中，非留守妇女家庭遭受的损失高于留守妇女家庭，略高于准留守妇女家庭。同时，她们在面临急需用钱的状况时，有一半左右的农村妇女选择向亲朋好友借钱，尤其是非留守妇女，这可能是丈夫在家，没有汇款的原因。

表 6 – 4　农业风险应对策略

| 项目 | 总数 | 非留守妇女 | 准留守妇女 | 留守妇女 | LR检验 |
|---|---|---|---|---|---|
| 211. 最近三年内，由于天灾人祸（如虫害、疾病），您家在农、林、牧、渔业生产上的损失大概是多少 | 1172.95 | 1470.93 | 916.63 | 1258.98 | NS |
| 212. 如果发生重大损失，急需用钱时您采取的最主要措施是什么 | 423（样本量） | 101（样本量） | 188（样本量） | 134（样本量） | |
| 1. 不向任何人求助 | 4.49 | 4.95 | 4.79 | 3.73 | |
| 2. 通知丈夫汇款 | 21.28 | 9.90 | 25.00 | 24.63 | |
| 3. 动用储蓄 | 11.82 | 15.84 | 7.98 | 14.18 | NS |
| 4. 变卖家中财产 | 0.47 | 0.00 | 1.06 | 0.00 | |
| 5. 向银行、信用社申请贷款 | 2.84 | 1.98 | 3.72 | 2.24 | |
| 6. 向保险公司索赔 | 1.42 | 0.99 | 1.06 | 2.24 | |
| 7. 向亲朋好友借钱 | 50.59 | 58.42 | 49.47 | 46.27 | |
| 8. 向村委会、镇政府申请补助 | 6.38 | 7.92 | 6.38 | 5.22 | |

注：211 题第 2~5 列中的数字为均值（元），212 题为百分比（%）。

## 6.1.2　非农经营活动

### 6.1.2.1　打工

表 6 – 5 表明，目前，有将近 1/3 的农村妇女在就近务工，其中大多数人的务工地点在本乡镇。并且，从事的工作中收入最高的多是全日制工作，尤以农村留守妇女为最，其次是农村准留守妇女。也因此，留守妇女在打工上投入的时间高于准留守妇女，较高于非留守妇女。此外，三类妇女选择留在家里的主要原因都是照顾孩子和老人。其中留守妇女和准留守妇女的比例明显高于非留守妇女。

表6-5 打工策略

| 项目 | 总数 | 非留守妇女 | 准留守妇女 | 留守妇女 | LR检验 |
|---|---|---|---|---|---|
| 213. 您目前是否在就近务工（本县内） | 890（样本量） | 219（样本量） | 370（样本量） | 301（样本量） | NS |
| 1. 是 | 30.11 | 30.14 | 32.97 | 26.58 | |
| 2. 否 | 69.89 | 69.86 | 67.03 | 73.42 | |
| 214. 您目前在什么地方就近务工 | 268（样本量） | 66（样本量） | 122（样本量） | 80（样本量） | + |
| 1. 本村 | 52.24 | 50.00 | 54.92 | 50.00 | |
| 2. 本乡、镇（非本村） | 38.06 | 42.42 | 37.70 | 35.00 | |
| 3. 外乡、镇 | 4.48 | 4.55 | 1.64 | 8.75 | |
| 4. 县城 | 4.10 | 3.03 | 5.74 | 2.50 | |
| 215. 您就近务工中从事的收入最高的工作的性质是怎样的 | 268（样本量） | 66（样本量） | 122（样本量） | 80（样本量） | NS |
| 1. 全日制 | 42.54 | 39.39 | 41.98 | 47.50 | |
| 2. 非全日制（一天工作部分时间） | 17.91 | 16.67 | 19.67 | 16.25 | |
| 3. 临时性（零工或散工） | 19.40 | 22.73 | 17.21 | 20.00 | |
| 4. 其他 | 13.81 | 13.64 | 16.39 | 10.00 | |
| 216. 您就近务工中从事的收入最高的工作是什么 | 268（样本量） | 66（样本量） | 122（样本量） | 80（样本量） | NS |
| 1. 帮工 | 11.99 | 9.09 | 9.84 | 17.72 | |
| 2. 工人 | 15.73 | 9.09 | 20.49 | 13.92 | |
| 3. 销售员 | 5.99 | 9.09 | 4.10 | 6.33 | |
| 4. 餐饮服务员 | 8.99 | 7.58 | 9.02 | 10.13 | |
| 5. 美容美发 | 1.87 | 1.52 | 2.46 | 1.27 | |
| 6. 教师 | 0.37 | 0.00 | 0.00 | 1.27 | |
| 7. 清洁工 | 0.75 | 1.52 | 0.82 | 0.00 | |
| 8. 家庭保姆（计时工） | 1.87 | 1.52 | 2.46 | 1.27 | |
| 9. 司机 | 0.37 | 0.00 | 0.82 | 0.00 | |
| 10. 医护人员 | 4.12 | 4.55 | 2.46 | 6.33 | |
| 11. 其他 | 41.20 | 48.48 | 41.80 | 34.18 | |

| 项目 | 总数 | 非留守妇女 | 准留守妇女 | 留守妇女 | LR检验 |
|---|---|---|---|---|---|
| 238F. 一年中，您在打工上大约总共花多少时间 | 1.59 | 1.10 | 1.58 | 1.93 | + |
| 114. 您选择留在家里而没有外出务工的最主要原因是什么 | 753（样本量） | 190（样本量） | 324（样木量） | 239（样本量） | |
| 1. 照顾孩子或老人 | 77.03 | 65.79 | 78.70 | 83.68 | |
| 2. 缺乏技能 | 5.98 | 11.05 | 6.17 | 1.67 | |
| 3. 年龄太大 | 2.79 | 4.74 | 2.16 | 2.09 | *** |
| 4. 城市生存压力太大 | 0.66 | 0.53 | 0.93 | 0.42 | |
| 5. 身体状况不好 | 5.98 | 5.26 | 4.32 | 8.79 | |
| 6. 其他 | 7.30 | 12.11 | 7.41 | 3.35 | |

注：238F 题第 2~5 列中的数字为均值（月），其余题项为百分比（%）。

#### 6.1.2.2 家庭经营

表 6-6 表明，目前只有小部分农村妇女从事家庭经营活动，以商业（如街头贩卖）及其他家庭经营活动为主。其中，留守妇女参与家庭经营活动的比例明显低于非留守妇女和准留守妇女。相对应地，留守妇女的时间投入也明显低于非留守妇女和准留守妇女。

表 6-6 家庭经营策略

| 项目 | 总数 | 非留守妇女 | 准留守妇女 | 留守妇女 | LR检验 |
|---|---|---|---|---|---|
| 220. 您目前在从事哪些家庭经营活动 | 890（样本量） | 219（样本量） | 370（样本量） | 301（样本量） | |
| 1. 住宿餐饮（如农家乐） | 2.82 | 2.75 | 3.78 | 1.67 | NS |
| 2. 商业（如街头贩卖、小商店） | 5.63 | 8.72 | 5.68 | 3.33 | * |
| 3. 交通运输（如货运、客运等） | 1.24 | 1.38 | 1.89 | 0.33 | NS |
| 4. 农产品加工（如碾米、榨油） | 1.24 | 1.83 | 1.62 | 0.33 | NS |
| 5. 工业品加工及手工业（如织渔网） | 2.25 | 3.21 | 3.24 | 0.33 | * |

续表

| 项目 | 总数 | 非留守妇女 | 准留守妇女 | 留守妇女 | LR 检验 |
|---|---|---|---|---|---|
| 6. 文教卫生（如医疗服务、托儿所等） | 0.56 | 0.46 | 0.27 | 1.0 | NS |
| 7. 废品收购 | 0.45 | 0.00 | 0.54 | 0.67 | NS |
| 8. 其他 | 12.73 | 9.17 | 16.49 | 10.67 | * |
| 221. 在您所选择的家庭经营活动中，收益最多的是哪一项 | 226（样本量） | 56（样本量） | 116（样本量） | 54（样本量） | |
| 1. 住宿餐饮（如农家乐） | 12.39 | 12.50 | 12.93 | 11.11 | |
| 2. 商业（如街头贩卖、小商店） | 20.35 | 28.57 | 17.24 | 18.52 | |
| 3. 交通运输（如货运、客运等） | 3.98 | 5.36 | 4.31 | 1.85 | |
| 4. 农产品加工（如碾米、榨油） | 2.21 | 5.36 | 1.72 | 0.00 | + |
| 5. 工业品加工及手工业（如织渔网） | 7.52 | 10.71 | 8.62 | 1.85 | |
| 6. 文教卫生（如医疗服务、托儿所等） | 2.21 | 1.79 | 0.86 | 5.56 | |
| 7. 废品收购 | 1.77 | 0.00 | 1.72 | 3.70 | |
| 8. 其他 | 48.67 | 32.14 | 52.59 | 57.41 | |
| 238E. 一年中，您在家庭经营上大约总共花多少时间 | 1.63 | 1.87 | 1.88 | 1.18 | + |

注：238E 题第 2～5 列中的数字为均值（月），其余题项为百分比（%）。

### 6.1.2.3 投资

表 6-7 表明，目前大多数农村妇女家庭的投资方式是储蓄，尤其是准留守妇女家庭。另外，也有少数的农村妇女家庭购买保险，其中准留守妇女和留守妇女家庭的参与比例高于非留守妇女家庭，可能与丈夫外出务工有关。

表 6-7　投资策略

| 项目 | 总数 | 非留守妇女 | 准留守妇女 | 留守妇女 | LR 检验 |
|---|---|---|---|---|---|
| 218. 您目前正在做哪些投资 | 890（样本量） | 219（样本量） | 370（样本量） | 301（样本量） | |

| 项目 | 总数 | 非留守妇女 | 准留守妇女 | 留守妇女 | LR检验 |
|---|---|---|---|---|---|
| 1. 储蓄 | 62.25 | 60.73 | 65.14 | 59.80 | NS |
| 2. 把钱借贷给别人 | 1.46 | 2.28 | 0.81 | 1.66 | NS |
| 3. 房产（如宅基地出租或置换） | 1.01 | 3.20 | 0.54 | 0.00 | ** |
| 4. 保险 | 8.09 | 6.85 | 8.92 | 7.97 | NS |
| 5. 理财产品 | 1.12 | 0.46 | 1.89 | 0.66 | NS |
| 6. 股票 | 0.22 | 0.46 | 0.27 | 0.00 | NS |
| 7. 基金 | 0.11 | 0.00 | 0.27 | 0.00 | NS |
| 8. 各种债券 | 0.11 | 0.00 | 0.27 | 0.00 | NS |
| 9. 其他 | 7.53 | 6.85 | 9.46 | 5.65 | NS |
| 219. 在您所选择的投资项目中，收益最多的是哪一项 | 597（样本量） | 144（样本量） | 257（样本量） | 196（样本量） | |
| 1. 储蓄 | 83.25 | 80.56 | 83.27 | 85.20 | |
| 2. 把钱借贷给别人 | 0.84 | 2.78 | 0.00 | 0.51 | |
| 3. 房产（如宅基地出租或置换） | 1.17 | 3.47 | 0.79 | 0.00 | |
| 4. 保险 | 4.69 | 3.47 | 5.06 | 5.10 | NS |
| 5. 理财产品 | 1.17 | 0.69 | 1.56 | 1.02 | |
| 6. 股票 | 0.00 | 0.00 | 0.00 | 0.00 | |
| 7. 基金 | 0.17 | 0.00 | 0.39 | 0.00 | |
| 8. 各种债券 | 0.17 | 0.00 | 0.39 | 0.00 | |
| 9. 其他 | 7.20 | 7.64 | 7.39 | 6.63 | |

注：第2~5列中的数字均为百分比（%）。

### 6.1.2.4　未来发展意愿

表6-8表明，在未来发展意愿方面，超过一半的农村妇女希望维持现状，其次是希望就近务工，其中准留守妇女和留守妇女的就近务工意愿明显高于非留守妇女。这一结果与未来一年内的打工计划结果一致，未来一年内留守妇女选择外出务工的比例显著高于非留守妇女和准留守妇女。

表 6 - 8　未来发展意愿

| 项目 | 总数 | 非留守妇女 | 准留守妇女 | 留守妇女 | LR 检验 |
|---|---|---|---|---|---|
| 113. 您未来一年内是否有外出务工的打算 | 890 （样本量） | 219 （样本量） | 370 （样本量） | 301 （样本量） | *** |
| 1. 是 | 11. 91 | 8. 22 | 8. 92 | 18. 27 | |
| 2. 否 | 88. 09 | 91. 78 | 91. 08 | 81. 73 | |
| 223. 您最希望进一步扩大或发展的活动是什么 | 890 （样本量） | 219 （样本量） | 370 （样本量） | 301 （样本量） | ** |
| 1. 农、林、牧、渔业生产 | 8. 22 | 12. 09 | 5. 22 | 9. 09 | |
| 2. 就近务工 | 23. 86 | 15. 35 | 28. 85 | 23. 91 | |
| 3. 投资（如把钱借贷给别人） | 1. 14 | 1. 40 | 0. 82 | 1. 35 | |
| 4. 家庭经营（如商店、农家乐） | 8. 68 | 12. 56 | 9. 07 | 5. 39 | |
| 5. 以上都没有 | 57. 99 | 58. 60 | 56. 04 | 59. 93 | |

注：第 2 ~ 5 列中的数字均为百分比（%）。

### 6.1.3　家庭再生产活动

#### 6.1.3.1　家务劳动

表 6 - 9 表明，大多数农村妇女从事的家务劳动包括做饭、洗衣服、打扫房间，照顾孩子以及缝补和采买等。她们每天需要花费 3 ~ 4 个小时的时间做家务，大部分农村妇女认为丈夫外出，增加了她们的家务劳动量。尤其是留守妇女和准留守妇女，她们在面临家务劳动太多的状况时，相较于非留守妇女，明显地倾向于选择默默忍受。

表 6 - 9　家务劳动

| 项目 | 总数 | 非留守妇女 | 准留守妇女 | 留守妇女 | LR 检验 |
|---|---|---|---|---|---|
| 225. 您从事的家务劳动包括哪些 | 890 （样本量） | 219 （样本量） | 370 （样本量） | 301 （样本量） | |
| 1. 做饭、洗衣服、打扫房间 | 94. 48 | 94. 04 | 93. 48 | 96. 01 | NS |

| 项目 | 总数 | 非留守妇女 | 准留守妇女 | 留守妇女 | LR检验 |
|---|---|---|---|---|---|
| 2. 缝补和采买（如买杂货、日用品） | 60.32 | 59.63 | 58.42 | 63.12 | NS |
| 3. 照顾孩子 | 81.96 | 79.82 | 82.88 | 82.39 | NS |
| 4. 照料老人 | 41.94 | 38.99 | 41.85 | 44.19 | NS |
| 5. 其他 | 18.94 | 25.23 | 16.03 | 17.94 | * |
| 238G. 一天中，您在家务劳动上大约总共花多少时间 | 3.44 | 3.36 | 3.48 | 3.44 | NS |
| 226. 与丈夫务工前相比，您的家务劳动量有什么变化 | 693（样本量） | 101（样本量） | 306（样本量） | 286（样本量） | |
| 1. 增加很多 | 23.38 | 17.82 | 20.26 | 28.67 | |
| 2. 增加一点 | 38.82 | 27.72 | 40.20 | 41.26 | ** |
| 3. 差不多 | 31.60 | 45.54 | 33.01 | 25.17 | |
| 4. 减少一点 | 3.61 | 2.97 | 4.25 | 3.15 | |
| 5. 减少很多 | 1.15 | 0.99 | 1.31 | 1.05 | |
| 227. 当家务劳动太多时，您会怎么做 | 714（样本量） | 106（样本量） | 319（样本量） | 289（样本量） | |
| 1. 默默忍受 | 53.36 | 43.40 | 54.86 | 55.36 | + |
| 2. 找亲朋好友帮忙 | 26.51 | 30.48 | 20.69 | 31.49 | ** |
| 3. 花钱雇人帮忙 | 4.91 | 4.76 | 4.08 | 5.88 | NS |
| 4. 让丈夫回家帮忙 | 25.95 | 35.24 | 28.53 | 19.72 | ** |
| 5. 减少农业生产或经营活动 | 3.51 | 2.86 | 3.45 | 3.81 | NS |
| 6. 让孩子寄宿或送到亲戚家 | 3.37 | 3.81 | 3.45 | 3.11 | NS |
| 7. 把老人送到养老院或亲戚家 | 0.00 | 0.00 | 0.00 | 0.00 | |
| 8. 其他 | 5.47 | 6.67 | 5.64 | 4.84 | NS |

注：238G 题第 2～5 列中的数字为均值（小时），其余题项为百分比（%）。

### 6.1.3.2　子女养育

表 6-10 表明，三类妇女的生育意愿并无明显差异，在对孩子性别的看法上，基本上持一致态度，认为不管男孩女孩，有孩子即可。这可能与近年来在巢湖市开展的一系列性别比治理工作有

关。同时，绝大部分的农村妇女都表示在今后不打算要孩子，尤其是非留守妇女和准留守妇女，主要是因为计划生育政策的约束以及成本太高，养不起。

表 6 – 10　生育

| 项目 | 总数 | 非留守妇女 | 准留守妇女 | 留守妇女 | LR检验 |
|---|---|---|---|---|---|
| 232. 您对孩子性别的看法是怎样的 | 890（样本量） | 219（样本量） | 370（样本量） | 301（样本量） | |
| 1. 不要孩子 | 0.68 | 0.46 | 1.09 | 0.33 | |
| 2. 有没有孩子都可以 | 0.68 | 0.91 | 0.82 | 0.33 | |
| 3. 不管男孩女孩，有孩子即可 | 93.45 | 95.43 | 92.10 | 93.67 | NS |
| 4. 不管几个孩子，只要有女儿即可 | 2.71 | 1.37 | 3.54 | 2.67 | |
| 5. 不管几个孩子，只要有儿子即可 | 1.81 | 1.37 | 1.36 | 2.67 | |
| 233. 今后您是否打算要孩子 | 890（样本量） | 219（样本量） | 370（样本量） | 301（样本量） | NS |
| 1. 是 | 4.94 | 2.74 | 5.14 | 6.31 | |
| 2. 否 | 93.93 | 96.80 | 93.78 | 92.03 | |
| 234. 您打算不（再）要孩子的最主要原因是什么 | 846（样本量） | 213（样本量） | 351（样本量） | 282（样本量） | |
| 1. 计划生育政策的约束 | 30.02 | 28.17 | 33.05 | 27.66 | |
| 2. 成本太高，养不起 | 31.32 | 30.52 | 30.20 | 33.33 | |
| 3. 精力有限，带不过来 | 3.90 | 3.76 | 4.27 | 3.55 | NS |
| 4. 已有孩子的数量和性别正合适 | 15.96 | 14.08 | 16.81 | 16.31 | |
| 5. 已经错过了最佳生育年龄 | 13.59 | 18.78 | 10.26 | 13.83 | |
| 6. 身体状况不好 | 2.13 | 1.88 | 1.99 | 2.48 | |

注：第 2 ~ 5 列中的数字均为百分比（%）。

表 6 –11 表明，目前平均每家共有 1 ~ 2 个孩子，并且约有 1 个孩子正在接受教育。三类妇女家庭在教育费用支出方面无明显

差异，虽然非留守妇女的教育费用总支出高于准留守妇女和留守妇女，这可能与孩子受教育阶段不同有关。此外，三类妇女在辅导孩子作业上花费的时间也不存在明显差异，平均每天都在半个小时左右。

表 6-11　子女教育

| 项目 | 总数（890） | 非留守妇女（219） | 准留守妇女（370） | 留守妇女（301） | LR检验 |
|---|---|---|---|---|---|
| 228. 您目前有几个子女（包括再婚、抱养等） | | | | | |
| 儿子 | 0.74 | 0.79 | 0.69 | 0.76 | + |
| 女儿 | 0.63 | 0.68 | 0.64 | 0.59 | NS |
| 229. 您目前有几个子女（或孙子女）正在接受教育（包括幼儿园到大学各层次） | 0.90 | 0.82 | 0.94 | 0.92 | + |
| 230. 2011 年 12 月至今，您子女（或孙子女）的教育费用总支出是多少 | 8648.83 | 9738.31 | 8282.59 | 8417.40 | NS |
| 238H. 一天中，您在辅导孩子作业上大约总共花多少时间 | 0.58 | 0.51 | 0.66 | 0.54 | NS |

注：第 2~5 列中的数字为均值，230 题单位为元，238H 题单位为小时，其余为个。

### 6.1.3.3　老人照料

表 6-12 表明，三类妇女在照料老人上所花费的时间不存在明显差异，平均每天都在半个小时左右。但相较之下，准留守妇女和留守妇女所花费的时间要略高于非留守妇女。

表 6-12　老人照料

| 项目 | 总数（890） | 非留守妇女（219） | 准留守妇女（370） | 留守妇女（301） | LR检验 |
|---|---|---|---|---|---|
| 238I. 一天中，您在照料老人上大约总共花多少时间 | 0.55 | 0.49 | 0.57 | 0.58 | NS |

注：第 2~5 列中的数字为均值（小时）。

## 6.2 农村留守妇女生计策略的影响因素

### 6.2.1 研究设计

依据可持续生计分析框架中展示的各生计要素的关系，生计资本存量多寡对生计策略的选择及策略之间的灵活转换能力起着直接的制约作用（DFID，1999）。同时，在农户生计过程中，农户为了应对包括自然灾害、市场价格波动、健康问题等在内的一系列不利环境，通常会采取调整生计策略、生计策略多样化等风险规避手段（陈传波、丁士军，2003；Shahabuddin et al.，1986；黄祖辉等，2005）。另外，尽管总体上农村妇女都参与了一些生计活动，但受到环境、丈夫外出等因素的影响，不同类型的农村妇女的生计活动也可能有所区别。如张原（2011）研究发现，丈夫是否在家显著影响农村妇女对农业生产和市场工作的参与行为。因此，在分析生计资本和外部环境对生计策略的影响时，农村妇女类别将是重要的控制变量。

#### 6.2.1.1 变量设置

##### 6.2.1.1.1 因变量

丈夫外出对农村留守妇女生计策略的影响首先反映为生计活动的选择参与，在此基础上消耗相应的时间（郭砾，2013）。因而，在测量农村留守妇女的每种生计策略时，选择从两个方面展开：参与行为及时间配置。同时，是否参与某一项生计活动及在某一项生计活动上的时间配置并不能完全反映农村妇女的生计策略全貌。因为现实生活中，农户出于规避风险的心理，很少将所有的资产仅投入一种生计活动，通常是同时参与多种生计活动（Barrett et al.，2001）。因而，正如第三章分析框架中所展示的，本章将首先从两个方面来分析影响留守妇女生计策略的因素：一是分析影响农业生产、非农经营、家庭再生产的参与及时间配置的因素；二是分析影响生计策略多样化程度的因素。变量的具体设置如下。

农业生产参与是通过对问卷中以下 4 个题项的处理得到的：①"您家目前都种了哪些农作物？"②"您家目前都种了哪些林作物？"③"您家目前养了哪些牲畜、禽类或其他小动物？"④"您家目前养殖了哪些水产品？"具体处理方法为：首先，分别对农作物各种类、林作物各种类、畜牧各种类及水产各种类进行赋值，若参与为 1，没参与为 0；然后对所有种类进行加总，加总之和大于等于 1 的表示参与了农业生产活动，重新赋值为 1，反之则赋值为 0。农业生产时间是最近一年进行农作物和林作物种植、畜牧和水产养殖的天数总和。同样由问卷中以下 4 个题项得到：①"一年中，您在农业生产上大约总共花多少时间？"②"一年中，您在林业生产上大约总共花多少时间？"③"一年中，您在畜牧养殖上大约总共花多少时间？"④"一年中，您在水产养殖上大约总共花多少时间？"

非农经营参与是通过对问卷中以下 2 个题项的处理得到的：①"您目前是否在就近务工？"②"您目前在从事哪些家庭经营活动？"具体处理方法为：若目前正在打工或参与了任何一种家庭经营活动，赋值为 1，表示参与了非农经营，反之赋值为 0。非农经营时间是最近一年进行就近务工、家庭经营等活动的天数总和。具体由问卷中以下 2 个题项处理得到：①"一年中，您在打工上大约总共花多少时间？"②"一年中，您在家庭经营上大约总共花多少时间？"

家庭再生产参与是通过对问卷中以下 3 个题项的处理得到的：①"您从事的家务劳动包括哪些？"②"您目前是否照顾孩子？"③"您目前是否照料老人？"因农村妇女基本都从事家务劳动，所以为了保证变量的可用，本书在测量家庭再生产参与时主要考虑农村妇女是否照顾孩子和老人，即若农村妇女参与孩子或老人照料中的一项，赋值为 1；若两项活动都没有参与，则赋值为 0。家庭再生产时间是一天中进行家务劳动、养育孩子和照顾老人等活动的小时数总和。具体由问卷中以下 3 个题项处理得到：①"一天中，您在家务劳动上大约总共花多少时间？"②"一天中，您在辅导孩子作业上大约总共花多少时间？"③"一天中，您在照料老人上大约总共花多少时间？"

生计策略多样化并不等同于收入多样化，事实上二者是包含关系（Ellis, 1998）。Barrett 等（2001）认为资产、活动和收入的多样化是生计策略的核心要求。依据已有关于收入多样化的研究，将农业生产、非农经营等收入性生计活动作为测量生计策略多样化的标准是可以的，但这对农村留守妇女而言，尚且不够全面。因为不管从价值还是性别平等角度分析，将家务劳动、养育子女及照顾老人等再生产活动纳入生计策略多样化的衡量范畴都是必须的。首先，从经济价值角度分析，Becker（1965）认为家庭成员的时间通常分为三部分：投入劳动力市场的时间、花费在家庭工作上的时间和闲暇时间。每种时间的分配直接影响家庭和自身的福利，因此家务劳动、养育子女及照料老人等活动的隐藏性价值在一定程度上是与劳动力市场上的收入相对应的（於嘉，2014）。其次，从社会价值角度分析，农村留守妇女的日常性家务劳动满足了家庭成员的物质和情感需求，同时目前国内的养老模式以家庭养老为主，农村留守妇女对老人的照料不仅减轻了政府的养老负担，对传统文化也具有传承作用（刘东发，2002）。最后，从性别平等角度分析，男工女耕共同构成了家庭产出，但小农经济自给自足的特征和未将家务劳动、养育子女、照料老人等纳入报酬核算体系使得农村留守妇女对丈夫显性收入的依赖性被迫增强，处于更加弱势的地位（朱梅、应若平，2005）。因而，本书的生计策略多样化是指活动多样化。具体处理方法是将赋值后的农业生产参与、非农经营参与及家庭再生产参与分值相加，分值越高，表明生计策略多样化的程度越高。

6.2.1.1.2　自变量

生计资本。生计资本包括人力资本、社会资本、自然资本、物质资本和金融资本（DFID, 1999）。人力资本用年龄、受教育程度和非农经验来度量。其中，年龄为分类变量，分为"20～35

岁"、"36～45 岁"及"46～60 岁"三类；受教育程度分为"小学及以下"和"初中及以上"两类；非农经验为连续变量，是参考李小云等（2007）的资本指标量化方法，将"是否熟练掌握某项手艺或技术（如种养技能、兽医术、编织技能等）"、"是否有过非农经历"及"是否接受过培训"三个指标进行标准化处理后的合成指标。社会资本用情感支持、实际支持和社会交往支持等方面的网络规模来度量，三个变量均为连续变量并以整数计量。自然资本以家庭可使用的耕地面积来度量，为连续变量。物质资本用生产工具耐用品数量和房屋的价值来度量，其中，生产工具耐用品数量为连续变量，是指农村家庭的生产性工具、交通工具和耐用品种类之和，包括牛、马、农用三轮车和四轮车、拖拉机、播种机、插秧机、收割机、脱粒机、水泵、电动机、电动自行车、摩托车、家用轿车、电视、冰箱/柜、洗衣机、电脑、热水器等；房屋价值为分类变量，以农村妇女对自家房屋市场价格的估算为依据，分为"5 万元以下"和"5 万元及以上"两类。金融资本用家庭储蓄和金融可及性来度量，其中，家庭储蓄为分类变量，分成"8000 元及以下"和"8000 元以上"两类[①]；金融可及性为连续变量，是参照李小云等的资本指标计算方法（李新然、方子节，1999），将问卷中"最近三年内，您从银行或信用社等处获得的贷款总额是多少""最近三年内，您从亲朋好友处共借了多少钱""最近三年内，您所借的高利贷共多少钱"等题项进行标准化处理后得到的合成指标。

外部环境。由前述可知，外部环境的范围非常广，本章主要选择了与农村居民生计密切相关的生产环境和生活环境，即第三章分析框架中所列举的。其中，生产环境用产量波动、生产资料价格上涨、作物或家畜疫病来度量。具体而言，产量波动用"近

---

① 《2013 合肥统计年鉴》数据显示，2012 年巢湖市农村居民家庭人均纯收入为 7925.50 元，因而文中将家庭储蓄划分为"8000 元及以下"和"8000 元以上"两类。

三年您自家生产的农（林、畜、水）产品的产量是否变动较大"来度量，为二分类变量；生产资料价格上涨指的是价格上涨的生产资料种类之和，包括农用手工工具、饲料、繁育畜及幼畜、半机械化和机械化农具、化肥、种子和薄膜、农药和农药械、燃料油和润滑油、生产服务（如技术指导）等，为连续变量；作物或家畜疫病用"近三年您自家的农（林、牧、渔）作物（产品）是否发生过虫害或疫病"来度量，为二分类变量。生活环境用重大疾病、消费品价格上涨等进行度量。其中，重大疾病用"近三年您自己或家人是否患过重大疾病"来测量，为二分类变量；消费品价格上涨是指价格上涨的消费品种类之和，包括食品，服装，水电，家庭设备用品及服务，交通和通信，文化教育、娱乐用品及服务，医疗保健等，为连续变量。

### 6.2.1.1.3 控制变量

农村妇女类别。已有研究对农村留守妇女的界定主要有两种：一种是将丈夫外出务工，留守在家的农村已婚妇女统称为"农村留守妇女"（余益兵等，2011）；另一种是将丈夫外出务工时间超过6个月，且务工地点在本县以外的留守在家的农村已婚妇女称为"农村留守妇女"，其他农村妇女统称为"农村非留守妇女"（许传新，2009a）。然而，两种界定似乎均不符合现实情境。实际上，只要丈夫外出务工，就会对家里的生产和生活造成影响，且丈夫为短期性流动的，相较于丈夫在家或者长期性流动的，在同等条件下提供的资金、劳动力及情感支持也不同。因而，本书将丈夫外出务工的状态和外出时间作为"农村非留守妇女"、"农村准留守妇女"和"农村留守妇女"的划分标准，以问卷中"您丈夫目前是否在务工""一般情况下，您丈夫多长时间回一次家"两道题项，将农村妇女分为"农村非留守妇女（丈夫在家）"、"农村准留守妇女（丈夫外出时间小于6个月）"和"农村留守妇女（丈夫外出时间在6个月及以上）"三类。

因变量、自变量和控制变量的基本信息见表6–13。

表 6 - 13　变量的基本信息

| 变量 | 变量描述 | 频数（百分比）/均值（标准差） |
|---|---|---|
| 因变量 | | |
| 农业生产参与 | 至少参与农作物种植、林作物种植、畜牧养殖、水产养殖等活动中的一种，赋值为1 | 775（87.08%） |
| 农业生产时间 | 一年内进行农业、林业、畜牧和水产生产（养殖）的天数总和 | 143.01（104.58） |
| 非农经营参与 | 至少参与打工、家庭经营等活动中的一种，赋值为1 | 378（42.52%） |
| 非农经营时间 | 一年内进行就近务工、家庭经营等活动的天数总和 | 83.70（142.56） |
| 家庭再生产参与 | 至少参与子女教育、老人照料等活动中的一种，赋值为1 | 703（79.17%） |
| 家庭再生产时间 | 一天中进行家务劳动、养育孩子和照顾老人等活动的小时数总和 | 4.60（2.82） |
| 生计策略多样化 | 从事农业生产、非农经营、家庭再生产等活动的总和 | 2.09（0.70） |
| 自变量 | | |
| 生计资本 | | |
| 人力资本：年龄 | 0 = 20 ~ 35 岁 | 265（30.01%） |
| | 1 = 36 ~ 45 岁 | 414（46.89%） |
| | 2 = 46 ~ 60 岁 | 204（23.10%） |
| 受教育程度 | 0 = 小学及以下 | 438（49.27%） |
| | 1 = 初中及以上 | 451（50.73%） |
| 非农经验 | 将是否"熟练掌握某项手艺或技术（如种养技能、兽医术、编织技能等）""有过非农经历""接受过培训"三个指标进行标准化处理得到合成指标 | 0.32（0.33） |
| 社会资本：情感支持网 | 情绪不好时可倾诉人数 | 2.27（1.606） |
| 实际支持网 | 遇到农业生产困难时可求助的人数 | 2.68（1.865） |
| 社会交往支持网 | 平时一起放松、娱乐人数 | 3.23（4.342） |

| 变量 | 变量描述 | 频数（百分比）/均值（标准差） |
|---|---|---|
| 自然资本：耕地面积 | 家庭可使用的耕地面积 | 3.91（4.28） |
| 物质资本：生产工具耐用品数量 | 拥有的生产性工具、交通工具和耐用品种类之和 | 5.19（1.77） |
| 房屋价值 | 0＝5万元以下 | 289（33.41%） |
| | 1＝5万元及以上 | 576（66.59%） |
| 金融资本：家庭储蓄 | 0＝8000元及以下 | 532（50.23%） |
| | 1＝8000元以上 | 340（49.77%） |
| 金融可及性 | 将最近三年是否"从银行或信用社等处贷款""从亲朋好友处借款""从高利贷处借款"三个指标进行标准化处理得到合成指标 | 0.10（0.17） |
| 外部环境 | | |
| 生产环境：产量波动 | 0＝否 | 673（79.93%） |
| | 1＝是 | 169（20.07%） |
| 生产资料价格上涨 | 价格上涨的生产资料种类之和 | 2.71（2.05） |
| 作物或家畜疫病 | 0＝否 | 543（65.58%） |
| | 1＝是 | 285（34.42%） |
| 生活环境：重大疾病 | 0＝否 | 802（91.02%） |
| | 1＝是 | 79（8.98%） |
| 消费品价格上涨 | 价格上涨的消费品种类之和 | 3.12（1.99） |
| 控制变量 | | |
| 农村妇女类别 | 0＝农村非留守妇女 | 219（24.61） |
| | 1＝农村准留守妇女 | 370（41.57） |
| | 2＝农村留守妇女 | 301（33.82） |

### 6.2.1.2 分析策略

首先，比较农村留守妇女、准留守妇女和非留守妇女之间生计策略及其影响因素的差异，对于连续变量采用单因素 ANOVA 检验，分类变量采用交叉表分析。

其次，分析生计资本和外部环境对农业生产、非农经营、家庭再生产等活动的参与及时间配置的影响。以三种生计活动的参与和时间配置为因变量，分别采用二元 Logistic 和 Tobit 回归模型。先考察生计资本和外部环境对总体农村妇女的生计策略参与及时间配置的影响，再加入农村妇女类别，分别考察生计资本和外部环境对不同类别农村妇女的生计策略参与及时间配置的影响。

最后，分析生计资本和外部环境对生计策略多样化的影响。以农村妇女对农业生产、非农经营、家庭再生产三种活动的参与总和为因变量，采用 Ordinal Regression 方法。先考察生计资本和外部环境对总体农村妇女的生计策略多样化的影响，再加入农村妇女类别，分别考察生计资本和外部环境对不同类别农村妇女的生计策略多样化的影响。

需说明的是，由于生计资本和外部环境在农户生计选择中扮演的角色不同，前者是影响生计策略的内在因素，后者是影响生计策略的外部因素。为了更清楚地区分生计资本和外部环境对生计策略的不同影响，两类变量将依次进入。

### 6.2.1.3 方法

由于农村妇女"是否参与农业生产、非农经营、家庭再生产"为二分类变量，故采用（6－1）式所示的 Logistic 模型分别对影响参与农业生产、非农经营、家庭再生产的因素进行分析。

$$\ln \frac{P}{1-P} = b_0 + \sum_{i=1}^{n} b_i X_i; i = 1,2,\cdots,19 \qquad (6-1)$$

（6－1）式中，$P$ 代表参与农业生产、非农经营、家庭再生产的概率，$b_0$ 为截距，$b_i$ 为第 $i$ 个自变量的回归系数，$X_i$ 则表示回归模型中纳入的 19 个自变量 $X_1$，$X_2$，$\cdots$，$X_n$，其中 $n$ 为自变量个数（$n=19$）。$X_1$ 和 $X_2$ 为变量"年龄"的分类变量，分别表示"36～45 岁"和"46～60 岁"；$X_3$ 为变量"受教育程度"的分类变量，表示"初中及以上"；$X_4$ 表示连续变量"非农经验"；$X_5$ 表示连续变量"情感支持网"；$X_6$ 表示连续变量"实际支持网"；$X_7$ 表示连续变量"社会交往支持网"；$X_8$ 表示连续变量"耕地面积"；$X_9$ 表示连续变量"生产工具耐用品数量";$X_{10}$为变量"房屋价值"的分类变量,表示"5 万元及以上";$X_{11}$为变量"家庭储蓄"的分类变量,表示"8000 元以上";$X_{12}$表示连续变量"金融可及性";$X_{13}$为变量"产量波动"的分类变量,表示"近三年,自家农产品的产量变动较大";$X_{14}$表示连续变量"生产资料价格上涨";$X_{15}$为变量"作物或家畜疫病"的分类变量,表示"近三年,自家作物(家畜)发生过虫害或疫病";$X_{16}$为变量"重大疾病"的分类变量,表示"近三年,自己或家人患过重大疾病";$X_{17}$表示连续变量"消费品价格上涨";$X_{18}$和$X_{19}$为变量"农村妇女类别"的分类变量,分别表示"农村准留守妇女"和"农村留守妇女"。

农村妇女的"农业生产、非农经营、家庭再生产时间"为限值因变量,虽大致连续,但在"0"值处存在数据截取问题,因而采用(6 – 2)式所示的 Tobit 模型分析生计资本、外部环境等变量对农村妇女农业生产、非农经营、家庭再生产时间的影响。

$$\ln L = \sum_{y_i > 0} - \frac{1}{2} \left[ \ln(2\pi) + \ln\sigma^2 + \frac{(y_i - x_i'\beta)^2}{\sigma^2} \right] + \sum_{y_i = 0} \ln \left[ 1 - \Phi\left( \frac{x_i'\beta}{\sigma} \right) \right]$$

$$(6 – 2)$$

其中,$y_i$表示观察到的第 i 个农村妇女花费在农业生产、非农经营和家庭再生产活动上的时间,$y_i$在 0 值处删截。$x_i'$是解释变量向量,包含了生计资本、外部环境等变量,具体自变量含义与(6 – 1)式相同。$\sigma$为尺度参数,需要与参数$\beta$一同估计。

农村妇女的"生计策略多样化"为定序变量,所以采用(6 – 3)式所示的 Ordinal Regression 模型来分析生计资本、外部环境等变量对农村妇女的生计策略多样化的影响。

$$\ln \left[ \frac{Q_j}{1 - Q_j} \right] = b_0 + \sum_{i=1}^{n} b_i X_i; i = 1, 2, \cdots, 19; j = 1, 2, 3 \quad (6 – 3)$$

其中,因变量 Y 含有 j 项分类(j = 3),各项分类对应的概率为$P_1$,$P_2$,$\cdots$,$P_j$,(6 – 3)式中的$Q_j$为第 j 分类的累积概率$Q_j = \sum P_j$。$b_0$为截距,$b_i$为第 i 个自变量的回归系数,表示因变量与自变量之间的关系。$X_i$ 则表示回归模型中纳入的 19 个自变量 $X_1$，$X_2$，…，$X_n$，其中 $n$ 为自变量个数（$n = 19$），具体自变量含义与（6 - 1）式相同。

### 6.2.2　不同类别农村妇女的生计策略及其影响因素差异

表 6 - 14 比较了三类妇女在生计策略、生计资本和外部环境等方面的差异。从生计策略来看，三类妇女中，农村准留守妇女的生计策略多样化程度最高，平均为 2.21 种；非留守妇女次之，平均为 2.17 种；农村留守妇女最低，平均为 2.11 种。具体而言，三类妇女除在非农经营活动的参与方面有显著差异外，在农业生产、家庭再生产等活动的参与方面均不存在显著差异。同时，三类妇女在农业生产、非农经营、家庭再生产等活动的时间投入方面也均无显著差异。其中，对于非农经营的参与，农村准留守妇女的比例为 47.84%，显著高于非留守妇女的 44.75% 和留守妇女的34.33%。这可能和非农经营的性质有关，相比农业生产、家庭再生产等活动，非农经营是一项需要更多时间、资金和劳动力支持的生计活动。而农村准留守妇女相较留守妇女，她们的丈夫多为日常性和季节性务工，能及时为家庭提供劳动力支持，并且能使其有更多的时间从事打工和家庭经营活动。同时相较于非留守妇女，她们的丈夫还能为其提供更多的汇款支持（李聪等，2010）。

从生计资本来看，人力资本中，三类妇女的年龄分布差异显著，农村留守妇女和准留守妇女的年龄多分布在 20 ~ 45 岁，而非留守妇女的年龄多分布在 36 ~ 60 岁。这一结论与已有研究一致，丈夫年龄越大，外出务工的可能性越低（蔡志海，2010）。同时，尽管三类妇女在受教育程度方面并没有显著差异，但准留守妇女受教育程度在初中及以上的比例仍高于非留守妇女和留守妇女。与此一致，准留守妇女的非农经验也显著多于留守妇女和非留守妇女。这可能与三类妇女对非农经营活动的参与有关，本书中准留守妇女的参与比例最高。社会资本和自然资本中，三类妇女的情感、实际、社会交往等支持网规模的差异均不显著。与此相似，三类妇女在拥有的家庭可使用耕地面积方面也不存在显著的差异。物质资本中，农村非留守妇女拥有的生产工具耐用品数量平均为5.46种，显著高于准留守妇女的5.26种和留守妇女的4.91种。这可能与丈夫对交通工具的需求及对农机具的有效利用率均较高有关。同时，农村非留守妇女的房屋价值在5万元及以上的比例为73.11%，显著高于留守妇女的64.97%和准留守妇女的64.07%。这可能是因为丈夫外出务工本身就有家庭经济状况方面的考虑（向诚娜，2012），再加上调查样本中非留守妇女的年龄相对较大，可能不仅意味着其家庭积累较多，还暗示子女处于适婚年龄，对新房的需求较大。金融资本中，三类妇女的家庭储蓄差异并不显著，但农村留守妇女和准留守妇女的金融可及性显著低于非留守妇女。原因可能是丈夫外出，能为准留守妇女和留守妇女提供汇款支持，降低了向亲朋好友借钱及向银行或信用社贷款的可能性。

从外部环境来看，三类妇女除作物或家畜疫病外，在产量波动、生产资料价格上涨、重大疾病、消费品价格上涨等方面均不存在显著差异。其中，近三年，农村留守妇女和准留守妇女家的作物（家畜）遭受虫害（疫病）的比例分别为37.37%和37.13%，明显高于非留守妇女的25.85%。这一结果可能与三类妇女的农业生产经营方式和投入有关，Qin（2009）研究表明丈夫外出后，农村妇女在进行耕作时的农药、化肥使用量明显减少，更倾向于粗放经营（王洪，2012）。

表6-14　三类妇女的生计策略及其影响因素差异比较

| 变量 | 妇女类别 | | | $F/\chi^2$ 检验 |
| --- | --- | --- | --- | --- |
| | 农村非留守妇女 | 农村准留守妇女 | 农村留守妇女 | |
| | 频数（百分比）/均值（标准差） | 频数（百分比）/均值（标准差） | 频数（百分比）/均值（标准差） | |
| 生计策略 | | | | |
| 农业生产参与：否 | 27（12.33%） | 52（14.05%） | 36（11.96%） | 0.737 |
| 是 | 192（87.67%） | 318（85.95%） | 265（88.04%） | |

续表

| 变量 | 妇女类别 | | | $F/\chi^2$ 检验 |
|---|---|---|---|---|
| | 农村非留守妇女 | 农村准留守妇女 | 农村留守妇女 | |
| | 频数（百分比）/均值（标准差） | 频数（百分比）/均值（标准差） | 频数（百分比）/均值（标准差） | |
| 农业生产时间 | 155.33（107.23） | 138.05（105.36） | 139.72（101.23） | 1.770 |
| 非农经营参与：否 | 121（55.25%） | 193（52.16%） | 197（65.67%） | 12.953** |
| 是 | 98（44.75%） | 177（47.84%） | 103（34.33%） | |
| 非农经营时间 | 77.60（138.54） | 87.53（152.76） | 83.46（132.69） | 0.307 |
| 家庭再生产参与：否 | 35（16.06%） | 47（12.77%） | 36（11.96%） | 1.992 |
| 是 | 183（83.94%） | 321（87.23%） | 265（88.04%） | |
| 家庭再生产时间 | 4.34（2.68） | 4.75（2.98） | 4.60（2.71） | 19.344 |
| 生计策略多样化 | 2.17（0.60） | 2.21（0.66） | 2.11（0.64） | 2.157 |
| 生计资本 | | | | |
| 年龄：20~35 岁 | 43（19.72%） | 130（35.42%） | 92（30.87%） | 33.323*** |
| 36~45 岁 | 97（44.50%） | 175（47.68%） | 142（47.65%） | |
| 46~60 岁 | 78（35.78%） | 62（16.89%） | 64（21.48%） | |
| 受教育程度：小学及以下 | 111（50.68%） | 168（45.41%） | 159（53%） | 4.056 |
| 初中及以上 | 108（49.32%） | 202（54.59%） | 141（47%） | |
| 非农经验 | 0.29（0.32） | 0.35（0.34） | 0.30（0.30） | 2.586+ |
| 情感支持网 | 2.29（1.47） | 2.29（1.63） | 2.22（1.67） | 0.850 |
| 实际支持网 | 2.71（2.04） | 2.55（1.99） | 2.45（1.53） | 1.113 |
| 社会交往支持网 | 3.29（3.16） | 3.44（6.03） | 2.95（2.18） | 0.998 |
| 耕地面积 | 4.32（5.00） | 3.96（4.79） | 3.54（2.76） | 2.191 |
| 生产工具耐用品数量 | 5.46（1.93） | 5.26（1.74） | 4.91（1.66） | 6.585** |
| 房屋价值：5 万元以下 | 57（26.89%） | 129（35.93%） | 103（35.03%） | 5.431+ |
| 5 万元及以上 | 155（73.11%） | 230（64.07%） | 191（64.97%） | |
| 家庭储蓄：8000 元及以下 | 107（49.77%） | 178（49.17%） | 153（51.86%） | 0.496 |
| 8000 元以上 | 108（50.23%） | 184（50.83%） | 142（48.14%） | |
| 金融可及性 | 0.13（0.19） | 0.09（0.17） | 0.09（0.16） | 3.924* |
| 外部环境 | | | | |

| 变量 | 妇女类别 | | | $F/\chi^2$ 检验 |
|------|------|------|------|------|
| | 农村非留守妇女 | 农村准留守妇女 | 农村留守妇女 | |
| | 频数（百分比）/ 均值（标准差） | 频数（百分比）/ 均值（标准差） | 频数（百分比）/ 均值（标准差） | |
| 产量波动：否 | 157（77.72%） | 289（82.34%） | 227（78.55%） | 2.225 |
| 是 | 45（22.28%） | 62（17.66%） | 62（21.45%） | |
| 生产资料价格上涨 | 2.75（1.88） | 2.66（2.21） | 2.73（1.96） | 0.783 |
| 作物或家畜疫病：否 | 152（74.15%） | 215（62.87%） | 176（62.63%） | 8.862* |
| 是 | 53（25.85%） | 127（37.13%） | 105（37.37%） | |
| 重大疾病：否 | 196（90.32%） | 330（90.91%） | 276（91.69%） | 0.302 |
| 是 | 21（9.68%） | 33（9.09%） | 25（8.31%） | |
| 消费品价格上涨 | 3.07（1.98） | 3.17（2.06） | 3.10（1.91） | 0.161 |

注：$^+ p < 0.1$，$^* p < 0.05$，$^{**} p < 0.01$，$^{***} p < 0.001$。

### 6.2.3 生计策略的影响因素分析

#### 6.2.3.1 不同生计策略的参与及时间配置影响因素分析

表6-15列出了生计资本、外部环境对不同类别农村妇女生计策略参与及时间配置影响的回归结果。

模型A1～A3和B1～B3分别给出了以农业生产参与和时间配置为因变量的回归结果。模型A1中，年龄、耕地面积、生产工具耐用品数量、房屋价值作为农村妇女的内在禀赋对农业生产参与均有显著影响。当在模型A2中加入外部环境后，受外在因素，如生产资料价格上涨和消费品价格上涨的影响，年龄及生产工具耐用品数量对农业生产参与的影响均变得不显著，而耕地面积、房屋价值的影响依然显著。当在模型A3中加入农村妇女类别后，与模型A2相比，生计资本和外部环境对农业生产参与的影响均未发生明显变化。这一结果意味着，不论是农村留守妇女，还是准留守妇女或非留守妇女，耕地面积、房屋价值、生产资料价格上涨及消费品价格上涨都显著影响其农业生产参与。其中，耕地面积

126

对三类妇女的农业生产参与有显著正向影响，这一结论与已有研究一致，苏芳等（2009）认为耕地面积越大，农村家庭的农业生产条件就越优厚，从事农业生产的可能性就越高。房屋价值对三类妇女的农业生产参与有显著负向影响，这可能是因为房屋作为家庭财富的象征，农村家庭往往投入大量的财力，并因此欠下债务，而农业生产回报低、收效慢的特点，不能满足农村家庭希望快速获得资金的需求（于静波，1996）。生产资料价格上涨对三类妇女的农业生产参与有显著的积极作用，原因可能是农业生产能够为农村妇女提供基本的口粮，属于自供品，生产价格弹性较小。再加上，近年来，随着生产资料价格上涨，政府不断加大农业的补贴力度和补贴范围，在一定程度上抵消了生产资料价格上涨带来的成本增加。而同时生产资料价格上涨还会带动农产品价格上涨，从而间接促进了农村妇女对农业生产的参与（叶敬忠等，2004）。消费品价格上涨对三类妇女的农业生产参与有显著的消极作用，这可能是因为消费品价格上涨意味着农村家庭支出增加，为维持并提高家庭生活水平，农户会选择从收入较低的农业生产转向其他收入较高的生计活动，如非农经营（祁慧博，2012）。与此同时，模型 B1 中，年龄、受教育程度、情感支持网、耕地面积、房屋价值等生计资本要素对农业生产时间均有显著影响。当在模型 B2 中加入外部环境后，受生产资料价格上涨、作物或家畜疫病、重大疾病、消费品价格上涨的影响，房屋价值对农业生产时间的影响变得不显著。当在模型 B3 中加入农村妇女类别后，与模型 B2 相比，非留守妇女的金融可及性对其农业生产时间有明显的消极作用。这一结果意味着，除金融可及性外，三类妇女的年龄、受教育程度、情感支持网、耕地面积、生产资料价格上涨、作物或家畜疫病、重大疾病、消费品价格上涨等也都显著影响其农业生产时间。具体而言，非留守妇女的金融可及性对其农业生产时间有显著负向影响，原因可能是尽管农村非留守妇女仍然参与农业生产活动，但丈夫在家有利于提高金融可及性，可用资金增多会促使她们减少从事农业生产的时间，从而转向参与资金需求度较高的其他生计活动，如家庭经营（李聪，2010）。相较于20～35岁年龄组，处于36～45岁和46～60岁两个年龄组的农村妇女的农业生产时间更长，这一结果与Mu和van de Walle（2011）的研究一致，可能的原因是随着城镇化的发展，劳动力市场的性别歧视越来越小，更多的年轻女性开始减少农业劳动时间，转向参与工资性工作，而中、老年妇女因流动性降低，只能"被迫"减少或放弃务工等工资性活动，选择在农业生产上投入更多时间（毛学峰、刘靖，2009）。相较于小学及以下，受教育程度为初中及以上的农村妇女从事农业生产的时间更短，这与受教育程度高的农村妇女从事工资性工作或家庭经营的机会更多有关（Janvry，2001）。情感支持网对三类妇女的农业生产时间有显著的正向影响，原因可能是对农村妇女而言，情感支持更多来自血缘和亲缘关系，这些关系是其农业生产的主要支持（吕芳，2012）。耕地面积、生产资料价格上涨对三类妇女的农业生产时间均有显著的促进作用，其原因与前述耕地面积、生产资料价格上涨之所以对农业生产参与产生积极的影响相似。作物或家畜疫病、重大疾病对三类妇女的农业生产也具有显著的正向影响，可能的解释是作物或家畜发生虫害（疫病），必然导致农村妇女花费更多的时间去管理和照顾。同时家庭成员发生重大疾病，不仅会降低人力资本，还易导致家庭陷入贫困，使得在参与工资性工作或家庭经营活动时受到限制。而近年来随着农业技术的进步，健康对农业生产的影响越来越小（肖小勇、李秋萍，2012），这都促使农村妇女在农业生产上投入更多的时间来提高家庭收入。消费品价格上涨对三类妇女的农业生产时间起着显著的消极作用，这一结论与消费品价格上涨对农业生产参与的影响一致，消费品中价格上涨的种类越多，农村妇女从事农业生产的可能性越小，随之，农业生产时间也会减少。

模型A4～A6和B4～B6分别给出了以非农经营参与和时间配置为因变量的回归结果。模型A4中，农村妇女的受教育程度、非农经验、情感支持网、耕地面积、生产工具耐用品数量、金融可及性等生计资本变量均显著影响其非农经营参与。当在模型 A5 中加入外部环境变量后，上述生计资本变量的影响依然显著，同时产量波动也显著影响非农经营参与。当在模型 A6 中加入农村妇女类别后，上述影响关系并未发生实质的变化。与此相似，模型 B4 中，农村妇女的受教育程度、非农经验、耕地面积、生产工具耐用品数量、金融可及性等生计资本变量也都显著影响其非农经营时间。并且在模型 B5 和 B6 中分别加入外部环境和农村妇女类别后，上述生计资本变量对非农经营时间的影响依然显著，同时产量波动、生产资料价格上涨、消费品价格上涨、农村留守妇女对非农经营时间也均有显著的影响。具体而言，相较于小学及以下，受教育程度为初中及以上的农村妇女对非农经营的参与率最高，同时从事非农经营的时间也最长。这一结果恰好被受教育程度与农业生产时间的关系所印证，受教育程度高的农村妇女在劳动力市场上占据优势地位，因而从事非农经营的机会更多，相应的投入时间也较多（牟少岩等，2008）。同样地，非农经验对农村妇女的非农经营参与和时间均有显著的促进作用，与已有研究一致，原因可能是非农经验越多，往往意味着农村妇女从事非农经营的"沉没成本"和成功概率也越高，同时信心也越饱满（程名望、潘烜，2012）。情感支持网对农村妇女的非农经营参与有显著的促进作用，但对非农经营时间的影响并不显著，原因可能是情感支持网以血缘和亲缘关系为主，这些关系通常会主动为农村妇女提供非农经营机会。然而，由于农村妇女的非农经营规模往往比农业生产小，所以不需要其他人员的更多支持（Bian，1997）。耕地面积对非农经营参与和时间均有显著的负向影响，可能的解释是土地资源越少，意味着农业收入越少，为了扩大收入，农村妇女就会更多地参与非农经营，并增加分配在非农经营上的时间（殷江滨、李郇，2012）。生产工具耐用品数量对非农经营的参与及时间均有显著的促进作用，可能的原因是生产、交通工具越多，农村妇女的生产效率越高，时间越充裕，同时也为其从事相关的非农经营活动创造了条件（阎建忠等，2009）。金融可及性显著正向影响农村妇女的非农经营参与和时间，这是因为金融可及性越高，意味着农村妇女的可用资金越多，在从事家庭经营活动时受到的资金约束也越少，从而参与非农经营的可能性就越大，花费的时间也更多（周易、付少平，2012）。产量波动对农村妇女的非农经营参与和时间均有显著的正向影响，可能是由于近年来农产品产量的频繁波动以及市场滞后性和盲目性的影响，农业收入波动性也随之增强。为了降低和规避农业生产风险，农村妇女选择更积极和更长时间地从事非农经营（周波、陈昭玖，2011）。生产资料价格上涨和消费品价格上涨对农村妇女的非农经营时间分别有显著的负向和正向影响，这一结果与生产资料价格上涨、消费品价格上涨对农业生产参与和时间的影响相对应，生产资料中价格上涨的种类越多，农村妇女从事农业生产的可能性越大，所花费的时间也就越多，从而在一定程度上挤压了其从事非农经营的时间。与此同时，消费品中价格上涨的种类越多，意味着农村妇女对增加收入的需求越强，越能促使她们通过增加非农经营时间来提高收入。在三类农村妇女中，相较于非留守妇女，留守妇女更可能增加非农经营时间，这可能是丈夫不在家，农村妇女对非农经营更具有决策权所致。

模型 A7～A9 和 B7～B9 分别给出了以家庭再生产参与和时间配置为因变量的回归结果。模型 A7 中，46～60 岁年龄组、非农经验均显著影响农村妇女的家庭再生产参与。而在模型 A8 中加入外部环境后，非农经验对家庭再生产参与的影响变得不显著，46～60 岁年龄组的影响依然显著，同时生产资料价格上涨对家庭再生产参与有显著的正向影响。在模型 A9 中加入农村妇女类别后，上述影响关系均未发生明显变化。具体而言，相较于 20～35 岁的农村妇女，46～60 岁的农村妇女对家庭再生产的参与程度更低。这一结果可能与 46～60 岁农村妇女的子女大多已成年，不需要太多的照顾有关。同时，生产资料价格上涨显著正向促进农村妇女对家庭再生产活动的参与。这一结果与生产资料价格上涨对农业生产和非农经营参与及时间配置的影响有关。生产资料价格上涨促进农村妇女对农业生产的参与和时间配置，同时减少对非农经营的时间配置。但农业生产因具有季节性的特征，且劳作时间比较自由，从而可能间接促使农村妇女参与对孩子和老人的照顾。

与此同时，模型 B7 中，生计资本变量对农村妇女家庭再生产时间的影响均不显著，这可能与家庭再生产的性质有关，家庭再生产是一种刚性生计策略，农村妇女对其时间投入的伸展性受家庭内部因素影响不大。因而，在模型 B8 和 B9 中分别加入外部环境和农村妇女类别后，生计资本对家庭再生产时间的影响依然不显著，但外部环境中，产量波动、作物或家畜疫病等对家庭再生产时间均有正向显著影响。这一结果与产量波动、作物或家畜疫病对农业生产和非农经营的影响相对应。其中，产量波动显著促进农村妇女对非农经营的参与和时间分配，对农业生产有不显著的负向影响，这意味着在农产品产量发生波动的情况下，农村妇女会相应减少对农业生产的投入，只参与或主要参与非农经营，其他生计活动的减少会使她们有更多的时间从事家庭再生产活动。同理，作物或家畜疫病显著正向影响农业生产时间，对非农经营时间却呈不显著的负向影响，这意味着在作物或家畜发生健康问题的情况下，农业生产时间会挤占非农经营时间，使得农村妇女只参与或主要参与农业生产，从而有更多的时间投入养育子女和照料老人中。

表 6 - 15    不同生计策略参与及时间配置影响因素的回归结果

| | 农业生产参与 | | | 农业生产时间 | | |
|---|---|---|---|---|---|---|
| | 模型 A1 | 模型 A2 | 模型 A3 | 模型 B1 | 模型 B2 | 模型 B3 |
| 生计资本 | | | | | | |
| 年龄：20～35 岁 | | | | | | |
| 36～45 岁 | 0.194 | - 0.069 | - 0.070 | 41.769*** | 35.763** | 35.002** |
| 46～60 岁 | 0.647+ | 0.203 | 0.132 | 72.112*** | 56.196*** | 53.705*** |
| 受教育程度：小学及以下 | | | | | | |

续表

| | 农业生产参与 | | | 农业生产时间 | | |
|---|---|---|---|---|---|---|
| | 模型 A1 | 模型 A2 | 模型 A3 | 模型 B1 | 模型 B2 | 模型 B3 |
| 初中及以上 | − 0.053 | − 0.099 | − 0.082 | − 36.861 *** | − 28.189 ** | − 27.913 ** |
| 非农经验 | 0.302 | − 0.117 | − 0.104 | 2.921 | − 3.533 | − 3.012 |
| 情感支持网 | − 0.011 | − 0.072 | − 0.068 | 6.042 * | 4.846 + | 4.964 + |
| 实际支持网 | − 0.044 | − 0.073 | − 0.084 | 0.089 | − 2.257 | − 2.264 |
| 社会交往支持网 | 0.002 | − 0.023 | − 0.030 | − 2.414 | − 2.759 | − 2.698 |
| 耕地面积 | 0.919 *** | 0.646 *** | 0.649 *** | 7.040 *** | 3.918 *** | 3.938 *** |
| 生产工具耐用品数量 | 0.169 * | 0.120 | 0.120 | 0.836 | − 1.091 | − 1.049 |
| 房屋价值：5 万元以下 | | | | | | |
| 5 万元及以上 | − 0.629 * | − 0.812 * | − 0.900 * | − 19.538 * | − 9.019 | − 9.556 |
| 家庭储蓄：8000 元及以下 | | | | | | |
| 8000 元以上 | − 0.021 | − 0.114 | − 0.083 | − 8.523 | − 8.231 | − 8.210 |
| 金融可及性 | − 0.576 | − 0.589 | − 0.708 | − 33.134 | − 41.194 | − 43.077 + |
| 外部环境 | | | | | | |
| 产量波动：否 | | | | | | |
| 是 | | − 0.345 | − 0.420 | | − 0.208 | − 1.256 |
| 生产资料价格上涨 | | 0.411 *** | 0.428 *** | | 16.462 *** | 16.369 *** |
| 作物或家畜疫病：否 | | | | | | |
| 是 | | 0.589 | 0.605 | | 22.355 * | 23.486 * |
| 重大疾病：否 | | | | | | |
| 是 | | 0.378 | 0.332 | | 29.434 + | 29.801 + |
| 消费品价格上涨 | | − 0.182 * | − 0.192 * | | − 5.454 * | − 5.230 * |
| 农村妇女类别：农村非留守妇女 | | | | | | |

| | 农业生产参与 | | | 农业生产时间 | | |
|---|---|---|---|---|---|---|
| | 模型 A1 | 模型 A2 | 模型 A3 | 模型 B1 | 模型 B2 | 模型 B3 |
| 农村准留守妇女 | | | - 0.638 | | · | - 13.249 |
| 农村留守妇女 | | | - 0.494 | | | - 4.569 |
| - 2Log Likelihood | 395.726 | 274.744 | 272.516 | | | |
| Cox & Snell $R^2$ | 0.231 | 0.164 | 0.167 | | | |
| Nagelkerke $R^2$ | 0.422 | 0.369 | 0.375 | | | |
| Log Likelihood | | | | - 3309.267 | - 3112.574 | - 3111.742 |
| Pseudo $R^2$ | | | | 0.0198 | 0.0230 | 0.0234 |

| | 非农经营参与 | | | 非农经营时间 | | |
|---|---|---|---|---|---|---|
| | 模型 A4 | 模型 A5 | 模型 A6 | 模型 B4 | 模型 B5 | 模型 B6 |
| 生计资本 | | | | | | |
| 年龄：20~35 岁 | | | | | | |
| 　36~45 岁 | 0.103 | 0.320 | 0.302 | - 52.624 | 26.406 | - 21.533 |
| 　46~60 岁 | 0.176 | 0.325 | 0.329 | - 58.551 | - 32.149 | - 19.126 |
| 受教育程度：小学及以下 | | | | | | |
| 　初中及以上 | 0.328 + | 0.435 * | 0.422 * | 84.351 ** | 91.796 ** | 94.405 ** |
| 非农经验 | 1.690 *** | 1.710 *** | 1.693 *** | 239.474 *** | 231.936 *** | 233.960 *** |
| 情感支持网 | 0.101 + | 0.102 + | 0.104 + | 9.284 | 2.686 | 3.447 |
| 实际支持网 | - 0.051 | - 0.037 | - 0.041 | 2.308 | - 3.521 | - 1.819 |
| 社会交往支持网 | 0.043 | 0.017 | 0.020 | 3.179 | 19.145 | 17.223 |
| 耕地面积 | - 0.097 *** | - 0.093 ** | - 0.095 ** | - 13.275 ** | - 11.622 * | - 11.316 * |
| 生产工具耐用品数量 | 0.139 ** | 0.136 ** | 0.127 * | 17.585 * | 21.031 * | 23.213 * |
| 房屋价值：5 万元以下 | | | | | | |
| 　5 万元及以上 | - 0.165 | - 0.183 | - 0.159 | 32.285 | 23.659 | 26.589 |

| | 非农经营参与 | | | 非农经营时间 | | |
|---|---|---|---|---|---|---|
| | 模型 A4 | 模型 A5 | 模型 A6 | 模型 B4 | 模型 B5 | 模型 B6 |
| 家庭储蓄：8000 元及以下 | | | | | | |
| 8000 元以上 | 0.165 | 0.105 | 0.085 | 14.443 | 10.567 | 10.350 |
| 金融可及性 | 1.103 * | 1.374 ** | 1.353 ** | 251.275 ** | 260.676 ** | 278.658 ** |
| 外部环境 | | | | | | |
| 产量波动：否 | | | | | | |
| 是 | | 0.539 * | 0.579 * | | 76.011 + | 76.827 + |
| 生产资料价格上涨 | | − 0.022 | − 0.014 | | − 15.653 + | − 16.453 + |
| 作物或家畜疫病：否 | | | | | | |
| 是 | | − 0.262 | − 0.254 | | − 50.403 | − 55.245 |
| 重大疾病：否 | | | | | | |
| 是 | | − 0.408 | − 0.422 | | 62.101 | 62.874 |
| 消费品价格上涨 | | 0.063 | 0.061 | | 17.530 + | 17.517 + |
| 农村妇女类别：农村非留守妇女 | | | | | | |
| 农村准留守妇女 | | | 0.256 | | | 41.362 |
| 农村留守妇女 | | | − 0.251 | | | 79.283 + |
| − 2Log Likelihood | 898.415 | 790.769 | 784.341 | | | |
| Cox & Snell $R^2$ | 0.144 | 0.157 | 0.165 | | | |
| Nagelkerke $R^2$ | 0.194 | 0.212 | 0.223 | | | |
| Log Likelihood | | | | − 1867.888 | − 1634.171 | − 1632.481 |
| Pseudo $R^2$ | | | | 0.0276 | 0.0321 | 0.0331 |

续表

| | 家庭再生产参与 | | | 家庭再生产时间 | | |
|---|---|---|---|---|---|---|
| | 模型 A7 | 模型 A8 | 模型 A9 | 模型 B7 | 模型 B8 | 模型 B9 |
| 生计资本 | | | | | | |
| 年龄：20～35 岁 | | | | | | |
| 　　36～45 岁 | - 0. 124 | - 0. 079 | - 0. 075 | 0. 297 | 0. 294 | 0. 308 |
| 　　46～60 岁 | - 0. 906 ** | - 1. 057 ** | - 1. 041 ** | 0. 158 | 0. 162 | 0. 212 |
| 受教育程度：小学及<br>　　　　　　以下 | | | | | | |
| 　　　　初中及<br>　　　　以上 | - 0. 239 | - 0. 028 | - 0. 030 | - 0. 049 | - 0. 212 | - 0. 221 |
| 非农经验 | - 0. 654 + | - 0. 660 | - 0. 666 | - 0. 123 | - 0. 044 | - 0. 041 |
| 情感支持网 | - 0. 083 | - 0. 089 | - 0. 089 | 0. 025 | 0. 015 | 0. 013 |
| 实际支持网 | 0. 017 | - 0. 060 | - 0. 059 | 0. 057 | 0. 005 | 0. 007 |
| 社会交往支持网 | - 0. 026 | 0. 049 | 0. 051 | 0. 044 | 0. 077 | 0. 078 |
| 耕地面积 | 0. 018 | - 0. 012 | - 0. 012 | 0. 014 | 0. 015 | 0. 015 |
| 生产工具耐用品数量 | - 0. 029 | - 0. 045 | - 0. 044 | 0. 040 | 0. 021 | 0. 022 |
| 房屋价值：5 万元以下 | | | | | | |
| 　　5 万元及以上 | - 0. 215 | 0. 005 | 0. 010 | - 0. 110 | - 0. 151 | - 0. 145 |
| 家庭储蓄：8000 元及<br>　　　　　以下 | | | | | | |
| 　　　　8000 元<br>　　　　以上 | 0. 231 | 0. 240 | 0. 240 | 0. 059 | 0. 038 | 0. 036 |
| 金融可及性 | 0. 003 | 0. 382 | 0. 406 | 0. 402 | 0. 179 | 0. 218 |
| 外部环境 | | | | | | |
| 产量波动：否 | | | | | | |
| 　　　　是 | | 0. 223 | 0. 227 | | 0. 749 * | 0. 755 * |
| 生产资料价格上涨 | | 0. 141 + | 0. 140 + | | 0. 063 | 0. 063 |
| 作物或家畜疫病：否 | | | | | | |
| 　　　　　　是 | | - 0. 128 | - 0. 138 | | 0. 519 * | 0. 501 + |
| 重大疾病：否 | | | | | | |
| 　　　　是 | | - 0. 603 | - 0. 603 | | 0. 253 | 0. 237 |

| | 家庭再生产参与 | | | 家庭再生产时间 | | |
| --- | --- | --- | --- | --- | --- | --- |
| | 模型 A7 | 模型 A8 | 模型 A9 | 模型 B7 | 模型 B8 | 模型 B9 |
| 消费品价格上涨 | | 0.045 | 0.045 | | −0.020 | −0.021 |
| 农村妇女类别：农村非留守妇女 | | | | | | |
| 农村准留守妇女 | | | 0.084 | | | 0.288 |
| 农村留守妇女 | | | 0.079 | | | −0.134 |
| −2Log Likelihood | 547.277 | 459.813 | 459.733 | | | |
| Cox & Snell $R^2$ | 0.029 | 0.040 | 0.040 | | | |
| Nagelkerke $R^2$ | 0.054 | 0.077 | 0.077 | | | |
| Log Likelihood | | | | −1638.996 | −1477.584 | −1477.105 |
| Pseudo $R^2$ | | | | 0.002 | 0.008 | 0.008 |

注：$^+ p < 0.1$，$^* p < 0.05$，$^{**} p < 0.01$，$^{***} p < 0.001$。

### 6.2.3.2 生计策略多样化的影响因素分析

表 6−16 给出了生计资本、外部环境对不同类别农村妇女生计策略多样化影响的回归结果。模型 C1 中，非农经验、房屋价值对生计策略多样化均有显著影响。当在模型 C2 中加入外部环境后，受生产资料价格上涨的作用，金融可及性对生计策略多样化的影响变得显著，同时，非农经验、房屋价值对生计策略多样化均保持显著影响。当在模型 C3 中加入农村妇女类别后，与模型 C2 相比，非农经验、房屋价值、金融可及性、生产资料价格上涨等对生计策略多样化的影响均未发生实质变化。具体分析，非农经验对生计策略多样化的影响方面，非农经验越多，生计策略多样化的程度越高，这与 Fabusoro 等（2010）的研究一致，可能是因为

非农经验越多表明掌握的知识和技术越多，从而可以为非农经营活动的参与提供条件和可能。房屋价值对生计策略多样化的影响方面，相较于房屋价值在 5 万元以下的，房屋价值在 5 万元及以上的农村妇女的生计策略多样化程度较低。可能的原因是受传统观念的支配和影响，农村家庭常常愿意在住房上投入大量财力（于静波，1996）。对于房屋价值在 5 万元以下的农村妇女而言，这可能意味着其需要改建或新建房屋，因而需要参与较多的生计活动，以获取更多收入。金融可及性对生计策略多样化的影响方面，金融可及性越高，意味着农村妇女获取可用资金的机会越多，在参与一些资金投入较大的生计策略时，受到的资金约束相对较小，因而从事多样化生计策略的可能性也越高（Dolan，2002；苏芳等，2009）。生产资料价格上涨对生计策略多样化的影响方面，生产资料价格上涨对农村妇女参与多样化的生计策略有显著的促进作用，原因可能是尽管生产资料价格上涨会促使农村妇女参与农业生产，但长期而言，生产资料价格持续上涨，最终仍然会减少农业生产收入，从而加剧家庭资金的供需矛盾，迫使农村妇女参与一些非农经营活动，如打工、家庭经营等（Fabusoro et al.，2010）。

表 6 - 16　生计策略多样化影响因素的回归结果

| | 生计策略多样化 | | |
| --- | --- | --- | --- |
| | 模型 C1 | 模型 C2 | 模型 C3 |
| 生计资本 | | | |
| 年龄：20 ~ 35 岁 | | | |
| 　　36 ~ 45 岁 | 0. 162 | 0. 248 | 0. 238 |
| 　　46 ~ 60 岁 | 0. 022 | - 0. 073 | - 0. 071 |
| 受教育程度：小学及以下 | | | |
| 　　　　初中及以上 | 0. 077 | 0. 254 | 0. 251 |
| 非农经验 | 1. 053 *** | 1. 000 *** | 0. 982 *** |
| 情感支持网 | 0. 041 | 0. 034 | 0. 034 |
| 实际支持网 | - 0. 031 | - 0. 062 | - 0. 064 |

续表

| | 生计策略多样化 | | |
|---|---|---|---|
| | 模型 C1 | 模型 C2 | 模型 C3 |
| 社会交往支持网 | − 0.004 | − 0.009 | − 0.010 |
| 耕地面积 | 0.028 | − 0.020 | − 0.022 |
| 生产工具耐用品数量 | 0.119 ** | 0.097 * | 0.091 + |
| 房屋价值：5 万元以下 | | | |
|    5 万元及以上 | − 0.396 * | − 0.314 + | − 0.302 + |
| 家庭储蓄：8000 元及以下 | | | |
|    8000 元以上 | 0.177 | 0.123 | 0.112 |
| 金融可及性 | 0.653 | 0.871 + | 0.846 + |
| 外部环境 | | | |
| 产量波动：否 | | | |
|    是 | | 0.351 + | 0.375 + |
| 生产资料价格上涨 | | 0.130 ** | 0.134 ** |
| 作物或家畜疫病：否 | | | |
|     是 | | − 0.107 | − 0.101 |
| 重大疾病：否 | | | |
|    是 | | − 0.457 | − 0.462 |
| 消费品价格上涨 | | − 0.003 | − 0.004 |
| 农村妇女类别：农村非留守妇女 | | | |
|     农村准留守妇女 | | | 0.110 |
|     农村留守妇女 | | | − 0.172 |
| − 2Log Likelihood | 1382.992 | 1167.275 | 1164.935 |
| Cox & Snell $R^2$ | 0.056 | 0.080 | 0.083 |
| Nagelkerke $R^2$ | 0.066 | 0.095 | 0.099 |

注：+ $p < 0.1$，* $p < 0.05$，** $p < 0.01$，*** $p < 0.001$。

## 6.3　农村留守妇女外出务工意愿的影响因素

在未来的发展意愿方面，希望改变现状的农村妇女，最希望的就是能够外出打工。尤其是留守妇女，其外出务工的意愿明显强于非留守妇女和准留守妇女。目前，关于农村留守妇女外出务工选择解释的研究较少，主要集中在农业比较利益下降、户籍制度松动、城市化进程加快和产业结构调整等宏观层面和家庭内部分工模式、"关系"和城市文明内化等微观层面的描述，缺少基于微观禀赋差异的深入发现（潘振飞、黄爱先，2005；胡艳艳，2011）。按照可持续生计分析框架的解释，生计资本是决定生计策略的直接因素。因而，本节尝试从生计资本的角度探讨农村留守妇女选择外出务工的内在动力。

### 6.3.1　分析设计

#### 6.3.1.1　模型

本节将农村妇女的外出务工意愿作为因变量，用"未来一年内是否打算外出务工"来体现，回答分为"否"和"是"两类并以"否"为参照类，从而形成典型的二项分类变量。因而，最终选用二项分类 Logistic 回归模型分析生计资本对外出务工意愿的影响，具体形式为：

$$p = \frac{1}{1 + e^{-g(x)}} = \frac{1}{1 + e^{-(\beta_0 + \sum \beta_j x_j)}} \tag{6-4}$$

（6-4）式中 $j = 1, 2, \cdots, m$，$x_j$ 代表农村妇女拥有的各种生计资本，（6-4）式最终线性转换后为：

$$\ln\left(\frac{p}{1-p}\right) = g(x) = \beta_0 + \sum \beta_j x_j \tag{6-5}$$

#### 6.3.1.2　变量设置

生计资本为本节的自变量，包括人力资本、社会资本、自然资本、物质资本和金融资本。其中，人力资本用技能培训、受教育程度、工作经历和健康自评等来度量。在本节，受教育程度分为"文盲、小学、初中、高中及以上"四类并以"文盲"为参照类；是否接受过种养、手工、家政等技能培训和有否二、三产业从业经历分别反映了农村妇女的技能和劳动能力水平，两者均为二分类变量并以"否"或"没有"为参照类；对自身健康的评价则反映了农村妇女的总体健康状况，答案采用 Likert 5 级度量，为连续变量。

社会资本，在本节用情感、经济、生产、生病和交往支持等网络的规模来度量。情绪不好时可倾诉人数反映了农村妇女的情感支持网络规模；急需开支时可借钱人数反映了农村妇女的经济支持网络规模；生产困难时可求助人数反映了农村妇女的生产支持网络规模；生病需要照顾时可求助人数反映了农村妇女的生病支持网络规模；日常一起放松、娱乐人数则反映了农村妇女的社会交往支持网络规模。五个变量均为连续变量。

自然资本，在本节用农村妇女可使用的耕地、园地、林地、草地和水面的总面积来度量，为连续变量。

物质资本，在本节用工具、设备数量及房屋数量和价值来度量（鲜开林、刘晓亮，2012）。生产和消费型工具（设备）数量反映了农村妇女拥有的生产资料，为连续变量；房屋套数和价值则反映了农村妇女拥有的基础设施的数量和质量，其中，房屋套数为连续变量，房屋价值分为"3 万元以下、3 万 ~ 5 万元、5 万 ~ 10 万元、10 万元以上"四类并以"3 万元以下"为参照类。

金融资本，在本节用存款和贷款来度量，分别用自身名下是否有存款和近三年内是否获得过银行、信用社贷款来测量，两者均为二分类变量并以"否"为参照类。

因变量和自变量的描述信息见表 6 – 17。

表 6 – 17　变量的描述信息

| 变量 | | | 赋值 |
|---|---|---|---|
| 因变量 | 是否打算外出务工 | | 否 = 0，是 = 1 |
| 自变量 | 人力资本 | 受教育程度 | 文盲 = 1，小学 = 2，初中 = 3，高中及以上 = 4 |
| | | 是否接受过技能培训 | 否 = 0，是 = 1 |
| | | 有否工作经历 | 没有 = 0，有 = 1 |

| 变量 | | | 赋值 |
|---|---|---|---|
| 自变量 | 人力资本 | 自身健康评价 | 非常不好 = 1，不好 = 2，一般 = 3，好 = 4，非常好 = 5 |
| | 社会资本 | 情绪不好时可倾诉人数 | 连续变量，整数计量 |
| | | 急需开支时可借钱人数 | 连续变量，整数计量 |
| | | 生产困难时可求助人数 | 连续变量，整数计量 |
| | | 生病需要照顾时可求助人数 | 连续变量，整数计量 |
| | | 平时一起放松、娱乐人数 | 连续变量，整数计量 |
| | 自然资本 | 土地总面积 | 连续变量 |
| | 物质资本 | 生产和消费型工具（设备）数量 | 连续变量，整数计量 |
| | | 房屋套数 | 连续变量，整数计量 |
| | | 房屋价值 | 3 万元以下 = 1，3 万~5 万元 = 2，5 万~10 万元 = 3，10 万元以上 = 4 |
| | 金融资本 | 名下是否有存款 | 否 = 0，是 = 1 |
| | | 是否获得过贷款 | 否 = 0，是 = 1 |

## 6.3.2 生计资本对未来外出务工意愿的影响

利用二项分类 Logistic 回归分析的生计资本对农村妇女外出务工意愿影响的结果如表 6 – 18 所示。为便于比较，表 6 – 18 中第二列列出了非留守妇女生计资本对外出务工意愿的影响，第三列则为留守妇女生计资本对外出务工意愿的影响。非留守妇女和留守妇女模型的 – 2Log Likelihood 值分别为 76. 309 和 430. 516，似然比卡方检验结果在 5% 水平上显著，模型系数通过全局性检验。

表 6 – 18　生计资本对未来外出务工意愿的影响

| 变量 | 非留守妇女 | | 留守妇女 | |
|---|---|---|---|---|
| | 系数 | 优势比 | 系数 | 优势比 |
| 受教育程度（小学） | - 0.933 | 0.393 | 0.346 | 1.413 |
| 受教育程度（初中） | - 2.402 * | 0.091 | 0.381 | 1.464 |
| 受教育程度（高中及以上） | - 1.837 * | 0.159 | 0.064 | 1.066 |
| 是否接受过技能培训（是） | - 0.279 | 0.757 | 0.778 ** | 2.177 |
| 有否工作经历（有） | 0.250 | 1.284 | - 0.747 *** | 0.474 |
| 自身健康评价 | - 0.042 | 0.958 | - 0.095 | 0.909 |
| 情绪不好时可倾诉人数 | - 0.029 | 0.971 | - 0.030 | 0.971 |
| 急需开支时可借钱人数 | - 0.088 | 0.916 | - 0.031 | 0.969 |
| 生产困难时可求助人数 | - 0.286 | 0.751 | - 0.017 | 0.983 |
| 生病需要照顾时可求助人数 | 0.264 | 1.302 | 0.203 * | 1.225 |
| 平时一起放松、娱乐人数 | 0.431 ** | 1.540 | - 0.049 | 0.952 |
| 土地总面积 | - 0.038 | 0.962 | 0.001 | 1.001 |
| 生产和消费型工具（设备）数量 | - 0.434 * | 0.648 | 0.013 | 1.013 |
| 房屋套数 | 2.322 ** | 10.198 | - 0.043 | 0.958 |
| 房屋价值（3 万 ~ 5 万元） | 0.743 | 2.103 | 0.447 | 1.564 |
| 房屋价值（5 万 ~ 10 万元） | 1.241 | 3.461 | - 0.194 | 0.824 |
| 房屋价值（10 万元以上） | 1.905 * | 6.718 | 0.030 | 1.031 |
| 名下是否有存款（是） | - 0.395 | 0.674 | 0.013 | 1.013 |
| 是否获得过贷款（是） | - 0.264 | 0.768 | - 0.984 * | 0.374 |
| 常数 | - 2.604 | 0.074 | - 1.299 | 0.273 |
| - 2Log Likelihood | 76.309 ** | | 430.516 ** | |

注：***、** 和 * 分别表示变量在1%、5%和10%统计水平上显著。

　　受教育程度、是否接受过技能培训和有否工作经历对留守妇女和非留守妇女的外出务工意愿表现出了不同的影响，受教育程度对留守妇女外出务工意愿未表现出显著影响，而对非留守妇女外出务工意愿则表现出显著影响。与文盲相比，受教育程度为初中的非留守妇女外出务工的可能性减少 0.091，受教育程度为高中及以上的非留守妇女外出务工的可能性减少 0.159，受教育程度越高的非留守妇女表现出越低的外出务工意愿。是否接受过技能培训对留守妇女外出务工意愿表现出显著影响，而对非留守妇女外出务工意愿则未表现出显著影响。与没有接受过种养、手工、家政等技能培训的留守妇女相比，接受过技能培训的留守妇女外出务工的可能性增加 2.177 倍。有否工作经历对留守妇女外出务工意愿表现出显著影响，而对非留守妇女外出务工意愿则未表现出显著影响。与没有二、三产业从业经历的留守妇女相比，曾有过工作经历的留守妇女外出务工的可能性减少了 0.474。此外，自身健康评价无论对留守妇女还是非留守妇女的外出务工意愿均未表现出显著影响。

上述结果说明，技能培训和工作经历是影响留守妇女外出务工意愿的主要人力资本因素，而受教育程度则是影响非留守妇女外出务工意愿的主要人力资本因素。传统的"男强女弱"性别观念使农村妇女表现出较强的"从夫"倾向（吴惠芳、饶静，2009），留守妇女主观上更愿意外出务工从而实现与丈夫的团聚，非留守妇女则在外出务工意愿上表现出某种程度的"懈怠"。因而留守妇女在外出务工抉择时似乎更多考虑技能培训等短期和相对容易获得的人力资本。另外，边际效用递减和农业生产、照顾小孩和赡养老人等现实生活压力又迫使有过务工经历的留守妇女更不愿外出务工。与此同时，非留守妇女外出务工抉择时则似乎更多考虑受教育程度等长期和相对较难获得的人力资本，并且受教育程度的提高往往意味着生计选择多样性的提高，因而其外出务工意愿不断弱化。

生病需要照顾时可求助人数和平时一起放松、娱乐人数对留守妇女和非留守妇女的外出务工意愿表现出了不同的影响，生病需要照顾时可求助人数对留守妇女外出务工意愿表现出显著影响，而对非留守妇女外出务工意愿则未表现出显著影响。留守妇女的生病支持网络规模每增加 1 人，其外出务工的可能性将增加 1.225 倍。平时一起放松、娱乐人数对留守妇女外出务工意愿未表现出显著影响，而对非留守妇女外出务工意愿则表现出显著影响。非留守妇女的社会交往支持网络规模每增加 1 人，其外出务工的可能性将增加 1.540 倍。此外，情绪不好时可倾诉人数、急需开支时可借钱人数和生产困难时可求助人数对留守妇女和非留守妇女的外出务工意愿均未表现出显著影响。

上述结果充分说明了社会支持网络等社会资本对农村妇女外出务工意愿的促进作用，同时也暗示了对自身生病后社会支持网络的担忧是留守妇女面临的精神、经济和抚养赡养压力的交会点和核心部分（许传新，2010），生病支持网络规模的扩大将有效减小其面临的各种压力和后顾之忧，从而强化其外出务工的意愿；与此同时，由于丈夫没有外出，非留守妇女面临的社会支持网络相对更为全面和明确，闲暇、娱乐等社会交往成为其更为看重的方面，社会交往支持网络规模的扩大将有效促进其外出务工意愿的形成。

土地总面积无论对留守妇女还是非留守妇女的外出务工意愿均未表现出显著影响，这一发现与许多研究结果类似（李聪等，2010），说明土地等自然资本并没有直接影响农村妇女的外出务工意愿。

生产和消费型工具（设备）数量、房屋套数和房屋价值均对非留守妇女的外出务工意愿表现出显著影响，而对留守妇女的外出务工意愿未表现出显著影响。非留守妇女拥有的生产工具（设备）等生产资料每增加 1 件，其外出务工的可能性将减少 0.648；非留守妇女拥有的房屋等基础设施每增加 1 套，其外出务工的可能性将增加 10.198 倍；与房屋价值在 3 万元以下的非留守妇女相比，房屋价值在 10 万元以上的非留守妇女外出务工的可能性增加 6.718 倍。

上述结果说明，生产和消费型工具（设备）数量、房屋套数和房屋价值是影响非留守妇女外出务工意愿的物质资本因素，而非影响留守妇女外出务工意愿的物质资本因素。留守农户参与农业生产的比例显著低于非留守农户（李聪，2010），因而主要代表农业生产资料的生产和消费型工具（设备）数量对非留守妇女外出务工意愿产生了显著影响。此外，外出务工将可能使已经投入的生产和消费型工具（设备）成为"沉没成本"，因此，生产和消费型工具（设备）数量对非留守妇女外出务工意愿产生了显著的消极影响；与此同时，基础设施的数量越多、质量越高意味着越多的资金投入，而相对于总收入更高的留守农户（李聪，2010），非留守农户将会更加感受到这种压力，并可能转向从事收入更高的外出务工等非农生产或经营。因此，房屋套数和房屋价值对非留守妇女的外出务工意愿表现出积极的促进作用。

是否获得过贷款对留守妇女外出务工意愿表现出显著影响，而对非留守妇女外出务工意愿则未表现出显著影响。与未从银行、信用社获得贷款的留守妇女相比，近三年内从银行、信用社获得过贷款等流入资金的留守妇女外出务工的可能性减少了 0.374；此外，名下是否有存款无论对留守妇女还是非留守妇女的外出务工意愿均未表现出显著影响。

上述结果说明相对于可用储蓄，贷款等流入资金对农村妇女的外出务工意愿有着更为显著的影响。由于留守农户中获取贷款的比例显著高于非留守农户（李聪，2010），这可能暗示了受收入来源相对单一的限制，非留守妇女在向银行、信用社获取贷款时表现得更为消极，因而是否获得过贷款并未对其外出务工意愿表现出显著影响。另外，贷款等流入资金的获得，抑制了留守妇女通过外出务工等方式缓解家庭资金需求的冲动，同时，丈夫外出务工、经商或从事其他生产经营，也使家庭有了稳定的收入来源和还贷的保证。因此，相对于未获得贷款的留守妇女，获得过贷款的留守妇女表现出更消极的外出务工意愿。

## 6.4　小结

本章通过对生计策略的描述性分析及对其影响因素的探讨，主要得出以下结论。

第一，在劳动力外流背景下，农业女性化是一个普遍的现象。无论是否留守，从事农业性生产经营仍然是农村妇女生产策略当中的最主要组成，而其中传统农业生产又是重中之重。同时，丈夫外出，家庭收入增加，留守妇女比非留守和准留守妇女更容易获得外出务工的机会，实现自身的劳动力转移，使得外出务工成为她们的生计策略的重要组成部分。另外，与非留守和准留守妇女相比，留守妇女在从事家务劳动、辅导孩子学习、照料老人的时间上均无显著差异。家务劳动仍然是占用时间最长的；妇女们在辅导孩子和照料老人方面的时间相对较短。这表明，无论是否留守，现阶段中国农村妇女未能突破其自身的传统再生产角色，她们所承担的再生产活动仍然是其主要的生计策略之一。

第二，生计资本、外部环境、农村妇女类别对农业生产参与及时间配置的影响方面，耕地面积、生产资料价格上涨对三类妇女的农业生产参与均具有显著的正向影响，而房屋价值、消费品价格上涨对三类妇女的农业生产参与则均具有显著的负向影响；年龄、情感支持网、耕地面积、生产资料价格上涨、作物或家畜疫病、重大疾病对三类妇女的农业生产时间具有显著的正向影响，而受教育程度、消费品价格上涨对三类妇女的农业生产时间具有显著的负向影响。另外，金融可及性对农业生产时间的影响在三类妇女之间存在差异，相较于农村准留守妇女和留守妇女，非留守妇女的金融可及性对农业生产时间具有明显的负向影响。

第三，生计资本、外部环境、农村妇女类别对非农经营参与及时间配置的影响方面，受教育程度、非农经验、情感支持网、生产工具耐用品数量、金融可及性、产量波动均对三类妇女的非农经营参与有显著的促进作用，而耕地面积对三类妇女的非农经营参与有显著的负向影响；受教育程度、非农经验、生产工具耐用品数量、金融可及性、产量波动、消费品价格上涨对三类妇女的非农经营时间均具有显著的正向影响，而耕地面积、生产资料价格上涨对三类妇女的非农经营时间均具有显著的负向影响。此外，相比农村非留守妇女，留守妇女在非农经营中投入的时间更多。

第四，生计资本、外部环境、农村妇女类别对家庭再生产参与及时间配置的影响方面，与 20～35 岁年龄段的农村妇女相比，46～60 岁的农村妇女的家庭再生产参与程度较低。同时，生产资料价格上涨会促使农村妇女参与家庭再生产；而产量波动、作物或家畜疫病均对三类妇女的家庭再生产时间有显著的促进作用。

第五，生计资本、外部环境、农村妇女类别对生计策略多样化的影响方面，非农经验、金融可及性、生产资料价格上涨均对生计策略多样化有显著的促进作用，而房屋价值对生计策略多样化具有显著的负向影响。

第六，人力资本、社会资本和金融资本影响了留守妇女的外出务工意愿，人力资本、社会资本和物质资本影响了非留守妇女的外出务工意愿。其中，影响留守妇女外出务工意愿的人力资本因素有技能培训和工作经历，社会资本因素有生病支持网络规模，金融资本因素有贷款的可及性；影响非留守妇女的人力资本因素有受教育程度，社会资本因素有社会交往支持网络规模，物质资本因素有生产和消费型工具（设备）数量、房屋套数和房屋价值。具体就影响效应而言，技能培训、生病支持网络规模正向影响留守妇女外出务工意愿，而工作经历、贷款的可及性负向影响留守妇女外出务工意愿；社会交往支持网络规模、房屋套数、房屋价值正向影响非留守妇女外出务工意愿，而受教育程度、生产和消费型工具（设备）数量负向影响非留守妇女外出务工意愿。

# 7 家庭福利效应：大家好
## 才是真的好

本章旨在：第一，通过对农村非留守妇女、准留守妇女以及留守妇女的家庭福利效应的描述性分析，了解目前农村准留守妇女和留守妇女的家庭福利现状，同时了解丈夫外出务工给准留守妇女和留守妇女的家庭福利所带来的影响；第二，依据第三章中的农村留守妇女生计策略及家庭福利效应分析框架，分析生计策略和外部环境对农村留守妇女家庭福利效应的影响；第三，分析生计策略对农村留守妇女婚姻满意度的影响，补充农村留守妇女生计策略与家庭福利效应框架的不足。

## 7.1 家庭福利的分类描述

### 7.1.1 经济收入

表7-1表明，就汇款收入而言，农村留守妇女的汇款收入明显高于准留守妇女。而在当地收入上，非留守妇女的农、林作物总收入，畜牧养殖总收入，水产养殖收入，每月务工所得总收入以及庭经营活动总收入均明显高于准留守妇女，远高于留守妇女。

表7-1 经济收入

| 项目 | 总数<br>（890） | 非留守妇女<br>（219） | 准留守妇女<br>（370） | 留守妇女<br>（301） | LR 检验 |
|---|---|---|---|---|---|
| 118. 2011 年 12 月至今，您丈夫给家里的汇款大约是多少 | 8325. 94 | 0. 00 | 6657. 18 | 10387. 95 | ** |

| 项目 | 总数<br>（890） | 非留守妇女<br>（219） | 准留守妇女<br>（370） | 留守妇女<br>（301） | LR 检验 |
|---|---|---|---|---|---|
| 204. 2011 年 12 月至今，您家种植的农、林作物总收入是多少 | 8009.09 | 10928.95 | 8170.42 | 5722.18 | + |
| 207. 2011 年 12 月至今，您家饲养和出售牲畜（包括畜产品如肉、蛋、奶等）的总收入是多少 | 4394.53 | 9747.31 | 2779.67 | 1239.47 | ** |
| 210. 2011 年 12 月至今，您家水产品的总收入是多少 | 4869.57 | 6631.25 | 4094.12 | 3715.38 | NS |
| 217. 您目前每月务工总收入大概为多少元 | 1556.38 | 1672.00 | 1561.96 | 1454.85 | NS |
| 222. 2011 年 12 月至今，您所从事的家庭经营活动的纯收入（除去成本费、税费及相关支出）是多少 | 22533.56 | 40979.81 | 17325.53 | 11740.00 | + |

注：第 1 列中的 118、204 等为调查问卷中的问题编号；NS 代表不显著，+、** 分别表示显著性水平为 $p<0.1$、$p<0.01$。下同。另外，第 2～5 列中的数字为均值（元）。

## 7.1.2　个人福利

### 7.1.2.1　生理健康

表 7-2 表明，三类妇女在个人身体健康方面虽不存在明显差异，整体呈现趋于一般状态，但仍存在些细微区别，如：在身体功能方面，农村准留守妇女和农村留守妇女的视力、听力、食欲以及胃肠部舒适情况较农村非留守妇女来说相对较差；同时，农村留守妇女的睡眠质量也相对较差，但相反的是，其在过去一个月里最不容易感觉到累，这可能与其年龄有关；三类妇女的身体在过去一个月里均倾向于偶尔会有不同程度的疼痛，尤以农村非留守妇女为最；相一致的是，三类妇女在吃饭、穿衣、梳理、日常活动及参加能量消耗较大的活动方面的困难均较少，其中农村留守妇女在吃饭、穿衣、自行梳理、承担日常家务劳动、弯腰屈膝、上下楼梯及参加能量消耗较大的活动方面的情况要相对好于农村准留守妇女和农村非留守妇女。

表 7 – 2　个人身体健康状况

| 项目 | 总数（890） | 非留守妇女（219） | 准留守妇女（370） | 留守妇女（301） | LR 检验 |
|---|---|---|---|---|---|
| 301A. 过去一个月里，您的视力如何 | | | | | |
| 1. 非常不好 | 3.72 | 2.75 | 4.89 | 2.99 | |
| 2. 不好 | 17.47 | 19.27 | 18.21 | 15.28 | |
| 3. 一般 | 45.32 | 48.17 | 45.38 | 43.19 | NS |
| 4. 好 | 29.76 | 25.23 | 28.80 | 34.22 | |
| 5. 非常好 | 3.72 | 4.59 | 2.72 | 4.32 | |
| 301B. 过去一个月里，您的听力如何 | | | | | |
| 1. 非常不好 | 4.28 | 2.74 | 6.27 | 2.99 | |
| 2. 不好 | 3.49 | 1.83 | 3.27 | 4.98 | |
| 3. 一般 | 43.29 | 45.66 | 42.51 | 42.52 | + |
| 4. 好 | 41.94 | 43.38 | 39.24 | 44.19 | |
| 5. 非常好 | 6.99 | 6.39 | 8.72 | 5.32 | |
| 301C. 过去一个月里，您的食欲如何 | | | | | |
| 1. 非常不好 | 3.16 | 2.28 | 4.09 | 2.66 | |
| 2. 不好 | 3.27 | 1.83 | 4.09 | 3.32 | |
| 3. 一般 | 51.41 | 53.88 | 50.14 | 51.16 | NS |
| 4. 好 | 35.85 | 31.96 | 36.51 | 37.87 | |
| 5. 非常好 | 6.20 | 10.05 | 4.90 | 4.98 | |
| 301D. 过去一个月里，您的胃肠部有不适感吗（如腹胀、拉肚子、便秘等） | | | | | |
| 1. 从没有 | 25.48 | 25.23 | 25.82 | 25.25 | |
| 2. 很少有 | 27.85 | 27.98 | 26.90 | 28.90 | |
| 3. 偶尔有 | 36.87 | 36.24 | 38.32 | 35.55 | NS |
| 4. 经常有 | 8.00 | 8.26 | 6.52 | 9.63 | |
| 5. 总是有 | 1.69 | 2.29 | 2.17 | 0.66 | |

续表

| 项目 | 总数<br>（890） | 非留守妇女<br>（219） | 准留守妇女<br>（370） | 留守妇女<br>（301） | LR 检验 |
|---|---|---|---|---|---|
| 301E. 过去一个月里，您容易感到累吗 | | | | | |
| 1. 从没有 | 12.23 | 13.36 | 11.20 | 12.67 | |
| 2. 很少有 | 19.25 | 16.13 | 20.77 | 19.67 | NS |
| 3. 偶尔有 | 40.66 | 43.32 | 41.80 | 37.33 | |
| 4. 经常有 | 23.78 | 23.50 | 21.58 | 26.67 | |
| 5. 总是有 | 3.96 | 3.69 | 4.37 | 3.67 | |
| 301F. 过去一个月里，您的睡眠质量如何 | | | | | |
| 1. 非常不好 | 3.16 | 4.13 | 2.45 | 3.33 | |
| 2. 不好 | 16.14 | 14.68 | 15.76 | 17.67 | NS |
| 3. 一般 | 47.52 | 48.62 | 48.10 | 46.00 | |
| 4. 好 | 28.78 | 29.36 | 27.99 | 29.33 | |
| 5. 非常好 | 4.40 | 3.21 | 5.71 | 3.67 | |
| 301G. 过去一个月里，您的身体有不同程度的疼痛吗 | | | | | |
| 1. 从没有 | 25.40 | 24.20 | 25.89 | 25.67 | |
| 2. 很少有 | 18.51 | 14.16 | 17.71 | 22.67 | |
| 3. 偶尔有 | 36.57 | 38.36 | 37.87 | 33.67 | NS |
| 4. 经常有 | 16.14 | 19.63 | 14.17 | 16.00 | |
| 5. 总是有 | 3.39 | 3.65 | 4.36 | 2.00 | |
| 301H. 过去一个月里，您自己穿衣服有困难吗 | | | | | |
| 1. 从没有 | 81.26 | 81.28 | 78.42 | 84.72 | |
| 2. 很少有 | 10.95 | 11.87 | 11.00 | 9.97 | * |
| 3. 偶尔有 | 5.76 | 6.39 | 6.83 | 3.99 | |
| 4. 经常有 | 1.58 | 0.00 | 3.01 | 1.00 | |
| 5. 总是有 | 0.45 | 0.46 | 0.55 | 0.33 | |

续表

| 项目 | 总数<br>（890） | 非留守妇女<br>（219） | 准留守妇女<br>（370） | 留守妇女<br>（301） | LR 检验 |
|---|---|---|---|---|---|
| 301I. 过去一个月里，您自己梳理有困难吗 | | | | | |
| 1. 从没有 | 84.97 | 82.19 | 83.56 | 88.70 | |
| 2. 很少有 | 9.27 | 10.50 | 10.68 | 6.64 | NS |
| 3. 偶尔有 | 4.41 | 5.94 | 4.11 | 3.65 | |
| 4. 经常有 | 0.90 | 0.91 | 0.82 | 1.00 | |
| 5. 总是有 | 0.34 | 0.00 | 0.82 | 0.00 | |
| 301J. 过去一个月里，您承担日常的家务劳动有困难吗 | | | | | |
| 1. 从没有 | 53.78 | 52.97 | 53.95 | 54.15 | |
| 2. 很少有 | 21.31 | 19.63 | 21.25 | 22.59 | NS |
| 3. 偶尔有 | 17.47 | 21.46 | 15.53 | 16.94 | |
| 4. 经常有 | 4.96 | 5.48 | 5.45 | 3.99 | |
| 5. 总是有 | 2.48 | 0.46 | 3.81 | 2.33 | |
| 301K. 过去一个月里，您经常独自上街购买一般物品吗 | | | | | |
| 1. 从没有 | 13.56 | 16.51 | 10.90 | 14.67 | |
| 2. 很少有 | 17.87 | 19.72 | 15.80 | 19.00 | NS |
| 3. 偶尔有 | 24.97 | 22.02 | 28.34 | 23.00 | |
| 4. 经常有 | 37.97 | 36.24 | 38.69 | 38.33 | |
| 5. 总是有 | 5.65 | 5.50 | 6.27 | 5.00 | |
| 301L. 过去一个月里，您自己吃饭有困难吗 | | | | | |
| 1. 从没有 | 87.70 | 86.24 | 86.92 | 89.70 | |
| 2. 很少有 | 8.47 | 9.17 | 9.26 | 6.98 | NS |
| 3. 偶尔有 | 3.16 | 4.13 | 3.27 | 2.33 | |
| 4. 经常有 | 0.56 | 0.46 | 0.54 | 0.66 | |
| 5. 总是有 | 0.00 | 0.00 | 0.00 | 0.00 | |

| 项目 | 总数<br>（890） | 非留守妇女<br>（219） | 准留守妇女<br>（370） | 留守妇女<br>（301） | LR 检验 |
|---|---|---|---|---|---|
| 301M. 过去一个月里，您弯腰、屈膝有困难吗 | | | | | |
| 1. 从没有 | 54.97 | 51.60 | 53.68 | 59.00 | |
| 2. 很少有 | 13.77 | 15.98 | 13.90 | 12.00 | NS |
| 3. 偶尔有 | 16.48 | 15.53 | 17.44 | 16.00 | |
| 4. 经常有 | 11.40 | 12.33 | 11.72 | 10.33 | |
| 5. 总是有 | 3.27 | 4.57 | 3.27 | 2.33 | |
| 301N. 过去一个月里，您上下楼梯（至少一层楼梯）有困难吗 | | | | | |
| 1. 从没有 | 73.50 | 74.07 | 71.31 | 75.75 | |
| 2. 很少有 | 13.36 | 10.65 | 14.48 | 13.95 | NS |
| 3. 偶尔有 | 7.93 | 8.33 | 9.84 | 5.32 | |
| 4. 经常有 | 3.96 | 4.63 | 3.55 | 3.99 | |
| 5. 总是有 | 1.13 | 2.31 | 0.82 | 0.66 | |
| 301O. 过去一个月里，您步行半里路有困难吗 | | | | | |
| 1. 从没有 | 74.12 | 77.63 | 69.95 | 76.67 | |
| 2. 很少有 | 13.67 | 10.50 | 15.30 | 14.00 | NS |
| 3. 偶尔有 | 7.57 | 8.68 | 9.02 | 5.00 | |
| 4. 经常有 | 3.62 | 1.83 | 4.64 | 3.67 | |
| 5. 总是有 | 0.90 | 1.37 | 1.09 | 0.33 | |
| 301P. 过去一个月里，您步行三里路有困难吗 | | | | | |
| 1. 从没有 | 61.54 | 70.05 | 57.22 | 60.67 | |
| 2. 很少有 | 15.38 | 11.98 | 16.62 | 16.33 | NS |
| 3. 偶尔有 | 13.69 | 11.52 | 15.26 | 13.33 | |
| 4. 经常有 | 5.09 | 3.23 | 5.72 | 5.67 | |
| 5. 总是有 | 4.19 | 3.23 | 5.18 | 3.67 | |

| 项目 | 总数<br>（890） | 非留守妇女<br>（219） | 准留守妇女<br>（370） | 留守妇女<br>（301） | LR 检验 |
|---|---|---|---|---|---|
| 301Q. 过去一个月里，您参加能量消耗较大的活动（如田间体力劳动）有困难吗 | | | | | |
| 1. 从没有 | 39.95 | 37.90 | 40.33 | 41.00 | |
| 2. 很少有 | 18.06 | 17.81 | 17.98 | 18.33 | NS |
| 3. 偶尔有 | 23.81 | 26.03 | 22.34 | 24.00 | |
| 4. 经常有 | 14.00 | 12.33 | 15.53 | 13.33 | |
| 5. 总是有 | 4.06 | 5.48 | 3.81 | 3.33 | |

注：＊表示显著性水平为 $p<0.05$，下同。第 2～5 列中的数字为百分比（%）。

### 7.1.2.2 主观幸福感

表 7－3 表明，三类农村妇女在个人主观幸福感方面基本不存在明显的差异，整体趋于较好的状态。但其中农村留守妇女和农村准留守妇女的总体感觉要相对差于农村非留守妇女。在情绪感知方面，过去的一个月里，农村非留守妇女的情绪最为稳定且能够控制自己的情绪和行为，同时准留守妇女的情绪稳定性要高于农村留守妇女，且二者大都可以控制自己的情绪与行为；在愉悦感方面，大多数农村妇女认为生活很有意思，感觉精力充沛，生活压力不大，且能够放松自己，很少感到沮丧、忧郁和紧张，尤以农村留守妇女为最；在自我身体状况感知方面，三类妇女均表现出记忆力良好，且大都不太担心自己的身体状况，尤其是农村留守妇女，较农村准留守妇女和农村非留守妇女来说更加不担心自己的身体状况，可能与她们的年龄和实际身体健康状况有关；在情绪的宣泄方面，绝大多数的农村妇女没有不想活下去的念头，且未曾尝试过自杀或伤害自己的手段，尤其是农村留守妇女，同时半数以上的农村妇女在遇到自己想不通的问题时会与家庭成员或者朋友谈论自己的问题，尤其是农村非留守妇女，其比例明显高于农村留守妇女和农村准留守妇女，这可能与农村非留守妇女精神状况相对较好有关。

表 7 - 3  个人主观幸福感

| 项目 | 总数（890） | 非留守妇女（219） | 准留守妇女（370） | 留守妇女（301） | LR检验 |
|---|---|---|---|---|---|
| 302A. 过去一个月里，您的总体感觉怎么样 | | | | | |
| 1. 非常好 | 11.05 | 14.16 | 11.41 | 8.33 | |
| 2. 好 | 34.27 | 32.88 | 33.97 | 35.67 | NS |
| 3. 一般 | 49.27 | 47.49 | 48.10 | 52.00 | |
| 4. 不好 | 4.17 | 4.11 | 5.43 | 2.67 | |
| 5. 非常不好 | 1.24 | 1.37 | 1.09 | 1.33 | |
| 301B. 过去一个月里，您情绪波动很大吗 | | | | | |
| 1. 从没有 | 21.98 | 18.35 | 24.73 | 21.26 | |
| 2. 很少有 | 31.68 | 36.70 | 28.80 | 31.56 | NS |
| 3. 偶尔有 | 33.15 | 32.11 | 33.70 | 33.22 | |
| 4. 经常有 | 11.50 | 11.01 | 11.41 | 11.96 | |
| 5. 总是有 | 1.69 | 1.83 | 1.36 | 1.99 | |
| 302C. 过去一个月里，您能很好地控制自己的情绪和行为吗 | | | | | |
| 1. 从没有 | 10.62 | 9.59 | 11.78 | 9.97 | |
| 2. 很少有 | 19.32 | 22.37 | 18.90 | 17.61 | NS |
| 3. 偶尔有 | 23.39 | 27.40 | 21.64 | 22.59 | |
| 4. 经常有 | 32.20 | 29.22 | 33.42 | 32.89 | |
| 5. 总是有 | 14.46 | 11.42 | 14.25 | 16.94 | |
| 302D. 过去一个月里，您对什么都提不起兴趣，感到活着没意思吗 | | | | | |
| 1. 从没有 | 61.47 | 58.90 | 60.22 | 64.88 | |
| 2. 很少有 | 19.10 | 17.35 | 20.71 | 18.39 | NS |
| 3. 偶尔有 | 14.69 | 17.35 | 14.99 | 12.37 | |
| 4. 经常有 | 2.94 | 4.11 | 2.72 | 2.34 | |
| 5. 总是有 | 1.69 | 1.83 | 1.36 | 2.01 | |

| 项目 | 总数<br>（890） | 非留守妇女<br>（219） | 准留守妇女<br>（370） | 留守妇女<br>（301） | LR<br>检验 |
|---|---|---|---|---|---|
| 302E. 过去一个月里，您感到难以放松、很有压力吗 | | | | | |
| 1. 从没有 | 27.57 | 29.68 | 29.16 | 24.08 | |
| 2. 很少有 | 27.57 | 28.77 | 24.52 | 30.43 | NS |
| 3. 偶尔有 | 27.23 | 26.03 | 27.52 | 27.76 | |
| 4. 经常有 | 13.67 | 13.24 | 12.81 | 15.05 | |
| 5. 总是有 | 3.95 | 2.28 | 5.99 | 2.68 | |
| 302F. 过去一个月里，您感到过幸福、满足或愉快吗 | | | | | |
| 1. 从没有 | 5.89 | 6.88 | 5.21 | 6.00 | |
| 2. 很少有 | 13.02 | 10.09 | 15.62 | 12.00 | NS |
| 3. 偶尔有 | 19.93 | 21.56 | 18.36 | 20.67 | |
| 4. 经常有 | 50.06 | 50.00 | 49.32 | 51.00 | |
| 5. 总是有 | 11.10 | 11.47 | 11.51 | 10.33 | |
| 302G. 过去一个月里，您发现过自己爱忘事、记忆力下降吗 | | | | | |
| 1. 从没有 | 17.00 | 12.79 | 19.29 | 17.28 | |
| 2. 很少有 | 17.45 | 16.89 | 17.12 | 18.27 | NS |
| 3. 偶尔有 | 29.39 | 27.85 | 30.98 | 28.57 | |
| 4. 经常有 | 29.05 | 35.16 | 25.54 | 28.90 | |
| 5. 总是有 | 6.98 | 6.85 | 7.07 | 6.98 | |
| 302H. 过去一个月里，您感到自己焦虑、担心或不安吗 | | | | | |
| 1. 从没有 | 25.90 | 25.11 | 24.46 | 28.24 | |
| 2. 很少有 | 25.23 | 20.55 | 27.99 | 25.25 | NS |
| 3. 偶尔有 | 30.97 | 33.33 | 29.35 | 31.23 | |
| 4. 经常有 | 14.98 | 19.18 | 14.13 | 12.96 | |
| 5. 总是有 | 2.93 | 1.83 | 4.08 | 2.33 | |

续表

| 项目 | 总数（890） | 非留守妇女（219） | 准留守妇女（370） | 留守妇女（301） | LR 检验 |
|------|------|------|------|------|------|
| 302I. 过去一个月里，您睡醒之后感到头脑清晰和精力充沛吗 | | | | | |
| 1. 从没有 | 11.63 | 10.50 | 14.21 | 9.30 | |
| 2. 很少有 | 14.79 | 16.89 | 14.75 | 13.29 | NS |
| 3. 偶尔有 | 18.62 | 20.09 | 16.67 | 19.93 | |
| 4. 经常有 | 43.79 | 42.01 | 43.72 | 45.18 | |
| 5. 总是有 | 11.17 | 10.50 | 10.66 | 12.29 | |
| 302J. 过去一个月里，您觉得自己可能得了什么病吗 | | | | | |
| 1. 从没有 | 56.14 | 57.08 | 55.86 | 55.81 | |
| 2. 很少有 | 18.38 | 17.81 | 17.71 | 19.60 | NS |
| 3. 偶尔有 | 18.26 | 16.89 | 18.80 | 18.60 | |
| 4. 经常有 | 5.64 | 6.39 | 6.54 | 3.99 | |
| 5. 总是有 | 1.58 | 1.83 | 1.09 | 1.99 | |
| 302K. 过去一个月里，您感到每天的生活都很有意思吗 | | | | | |
| 1. 从没有 | 10.08 | 9.17 | 11.78 | 8.67 | |
| 2. 很少有 | 12.34 | 10.09 | 13.42 | 12.67 | NS |
| 3. 偶尔有 | 15.52 | 16.97 | 15.07 | 15.00 | |
| 4. 经常有 | 45.19 | 47.25 | 43.84 | 45.33 | |
| 5. 总是有 | 16.87 | 16.51 | 15.89 | 18.33 | |
| 302L. 过去一个月里，您感到沮丧和忧郁吗 | | | | | |
| 1. 从没有 | 41.24 | 40.64 | 43.05 | 39.46 | |
| 2. 很少有 | 25.24 | 23.74 | 22.62 | 30.43 | NS |
| 3. 偶尔有 | 25.99 | 28.77 | 26.43 | 23.41 | |
| 4. 经常有 | 5.88 | 6.39 | 5.72 | 5.69 | |
| 5. 总是有 | 1.36 | 0.46 | 2.18 | 1.00 | |

续表

| 项目 | 总数<br>（890） | 非留守妇女<br>（219） | 准留守妇女<br>（370） | 留守妇女<br>（301） | LR<br>检验 |
|---|---|---|---|---|---|
| 302M. 过去一个月里，您总是情绪稳定吗 | | | | | |
| 1. 从没有 | 8.37 | 5.96 | 10.08 | 8.03 | |
| 2. 很少有 | 11.76 | 11.93 | 12.26 | 11.04 | NS |
| 3. 偶尔有 | 15.61 | 18.35 | 15.80 | 13.38 | |
| 4. 经常有 | 47.06 | 41.74 | 48.23 | 49.50 | |
| 5. 总是有 | 17.19 | 22.02 | 13.62 | 18.06 | |
| 302N. 过去一个月里，您曾经感到很累吗 | | | | | |
| 1. 从没有 | 15.80 | 16.97 | 14.44 | 16.61 | |
| 2. 很少有 | 19.98 | 16.97 | 23.16 | 18.27 | NS |
| 3. 偶尔有 | 38.26 | 40.37 | 34.60 | 41.20 | |
| 4. 经常有 | 21.44 | 22.02 | 23.16 | 18.94 | |
| 5. 总是有 | 4.51 | 3.67 | 4.63 | 4.98 | |
| 302O. 过去一个月里，您曾经担心过自己的健康状况吗 | | | | | |
| 1. 从没有 | 27.34 | 28.44 | 29.70 | 23.67 | |
| 2. 很少有 | 21.24 | 19.72 | 19.35 | 24.67 | + |
| 3. 偶尔有 | 31.98 | 28.44 | 32.15 | 34.33 | |
| 4. 经常有 | 15.03 | 20.18 | 13.08 | 13.67 | |
| 5. 总是有 | 4.41 | 3.21 | 5.72 | 3.67 | |
| 302P. 过去一个月里，您感觉自己放松或紧张的状态如何 | | | | | |
| 1. 非常放松 | 11.17 | 13.76 | 11.72 | 8.64 | |
| 2. 放松 | 34.20 | 34.40 | 33.24 | 35.22 | NS |
| 3. 说不清 | 46.28 | 46.33 | 44.69 | 48.17 | |
| 4. 紧张 | 6.32 | 4.59 | 7.08 | 6.64 | |
| 5. 非常紧张 | 2.03 | 0.92 | 3.27 | 1.33 | |

续表

| 项目 | 总数<br>（890） | 非留守妇女<br>（219） | 准留守妇女<br>（370） | 留守妇女<br>（301） | LR<br>检验 |
|---|---|---|---|---|---|
| 302Q. 过去一个月里，您感觉自己的活力、精力如何 | | | | | |
| 1. 经常无精打采 | 4.40 | 6.39 | 3.54 | 4.00 | |
| 2. 有时无精打采 | 24.27 | 24.20 | 23.98 | 24.67 | |
| 3. 说不清 | 31.94 | 36.07 | 29.97 | 31.33 | NS |
| 4. 精力充沛 | 37.25 | 32.42 | 39.78 | 37.67 | |
| 5. 总是精力充沛 | 2.14 | 0.91 | 2.72 | 2.33 | |
| 302R. 过去一个月里，您感到忧郁或快乐的程度如何 | | | | | |
| 1. 非常忧郁 | 1.47 | 0.46 | 2.45 | 1.00 | |
| 2. 忧郁 | 6.99 | 8.22 | 6.81 | 6.31 | |
| 3. 说不清 | 42.16 | 44.29 | 39.78 | 43.52 | NS |
| 4. 快乐 | 45.55 | 42.92 | 46.32 | 46.51 | |
| 5. 非常快乐 | 3.72 | 4.11 | 4.36 | 2.66 | |
| 302S. 过去一年里，您曾感觉自己有些想不通的事情需要有人帮助吗 | | | | | |
| 1. 从没有 | 19.98 | 18.81 | 20.38 | 20.33 | |
| 2. 很少有 | 27.65 | 27.06 | 27.45 | 28.33 | |
| 3. 偶尔有 | 38.71 | 35.78 | 37.50 | 42.33 | NS |
| 4. 经常有 | 11.17 | 15.60 | 11.96 | 7.00 | |
| 5. 总是有 | 2.03 | 2.75 | 1.90 | 1.67 | |
| 302T. 过去一年里，您曾有不想活下去的念头吗 | | | | | |
| 1. 从没有 | 81.17 | 80.73 | 78.80 | 84.39 | |
| 2. 很少有 | 9.70 | 7.34 | 12.50 | 7.97 | |
| 3. 偶尔有 | 7.44 | 10.09 | 6.79 | 7.44 | NS |
| 4. 经常有 | 1.47 | 1.38 | 1.90 | 1.47 | |
| 5. 总是有 | 0.23 | 0.46 | 0.00 | 0.23 | |

| 项目 | 总数<br>（890） | 非留守妇女<br>（219） | 准留守妇女<br>（370） | 留守妇女<br>（301） | LR<br>检验 |
|---|---|---|---|---|---|
| 302U. 过去一年里，您曾经尝试过自杀或伤害自己吗 | | | | | |
| 1. 从没有 | 90.63 | 89.91 | 89.10 | 93.02 | |
| 2. 很少有 | 4.18 | 4.59 | 4.09 | 3.99 | * |
| 3. 偶尔有 | 4.06 | 5.50 | 5.45 | 1.33 | |
| 4. 经常有 | 0.79 | 0.00 | 0.82 | 1.33 | |
| 5. 总是有 | 0.34 | 0.00 | 0.54 | 0.22 | |
| 302V. 您曾经与家庭成员或朋友谈论过自己的问题吗 | | | | | |
| 1. 从没有 | 16.35 | 15.14 | 16.58 | 16.94 | |
| 2. 很少有 | 24.80 | 18.81 | 25.27 | 28.57 | + |
| 3. 偶尔有 | 32.81 | 34.86 | 33.97 | 29.90 | |
| 4. 经常有 | 24.69 | 27.98 | 23.64 | 23.59 | |
| 5. 总是有 | 1.24 | 3.21 | 0.54 | 0.66 | |

注：第2~5列中的数字为百分比（%）。

### 7.1.2.3 生殖健康

表7-4表明，三类农村妇女在生殖健康状况方面的差异并不明显。但比较看来，农村准留守妇女和农村非留守妇女的流产经历相对高于农村留守妇女，这可能与她们的丈夫经常在家有关。同时在有流产经历的三类妇女群体中，流产次数不存在差异，大都为1~2次，且大都通过手术流产的方式，尤以农村留守妇女和农村准留守妇女的次数最多。与之一致的是，在最近一次的流产方式中，农村留守妇女和农村准留守妇女通过手术进行流产的人数比例最高，而导致流产的原因主要是避孕失败，其中农村准留守妇女和农村非留守妇女的比例明显高于农村留守妇女。这与三类妇女的各自流产经历相一致，在选择流产或引产的地点上，医疗技术相对较好的市级医院及拥有地理优势的乡医院是三类农村妇女的主要选择。同时，在做完流产或者引产手术后开始过性生活的时间间隔上，

除了占多数的记不清时间，较多的农村妇女都选择 1~2 个月或 2 个月以上，其中农村准留守妇女和农村留守妇女更多的是在 1~2 个月后开始过性生活，农村非留守妇女则更多的是在 2 个月以后开始过性生活。在生殖道感染疾病方面，超过 1/3 的农村妇女都患有生殖道感染疾病，其中农村留守妇女和农村准留守妇女患疾病的概率相对高于农村非留守妇女。其疾病症状多为白带增多、有腥臭味及腰背痛等，但一半以上的农村妇女对自己患有何种感染疾病表示不清楚，尤以农村非留守妇女为最。同时，在知晓自己患何种感染疾病的妇女人群中，患有宫颈炎、盆腔炎、滴虫性阴道炎的占多数，大都是通过自己到医院检查得知，尤其是农村准留守妇女，也有部分是根据症状自己判断的，尤其是农村非留守妇女和农村留守妇女。在性生活方面，三类妇女在最近一次的性生活时间方面存在显著的差异，这可能是因为丈夫的居家状态不同，农村非留守妇女多选择一周以前，农村准留守妇女则多选择一个月以前，农村留守妇女相对多选择半年以前。同时，绝大多数农村妇女在避孕措施的采取上都是上环、结扎，这是由所处的时代及计划生育政策导致的。在最近一年对性生活的满意度上，一半的农村妇女对性生活是满意的，同时也有一半的农村妇女在进行性生活时是有性高潮的。总体而言，绝大多数的农村妇女对自己的夫妻关系是相当满意的，尤其是农村准留守妇女和农村留守妇女。

表 7-4　个人生殖健康状况

| 项目 | 总数 | 非留守妇女 | 准留守妇女 | 留守妇女 | LR检验 |
|---|---|---|---|---|---|
| 304A. 您是否流产过（包括引产、自然流产、手术或药物流产） | 890（样本量） | 219（样本量） | 370（样本量） | 301（样本量） | NS |
| 1. 是 | 24.97 | 25.11 | 27.30 | 22.00 | |
| 2. 否 | 75.03 | 74.89 | 72.70 | 78.00 | |
| 304B. 您共流产过几次 | 221（样本量） | 55（样本量） | 101（样本量） | 65（样本量） | NS |
| 流产总数 | 1.37 | 1.36 | 1.35 | 1.40 | |

| 项目 | 总数 | 非留守妇女 | 准留守妇女 | 留守妇女 | LR检验 |
|---|---|---|---|---|---|
| 其中：1. 手术流产 | 0.80 | 0.69 | 0.78 | 0.91 | NS |
| 2. 药物流产 | 0.21 | 0.23 | 0.23 | 0.18 | NS |
| 3. 自然流产 | 0.27 | 0.32 | 0.27 | 0.23 | NS |
| 4. 引产 | 0.08 | 0.13 | 0.04 | 0.08 | NS |
| 304C. 您最近一次流产的方式是怎样的 | 221（样本量） | 55（样本量） | 101（样本量） | 65（样本量） | |
| 1. 自然流产 | 20.81 | 30.91 | 18.81 | 15.38 | NS |
| 2. 手术流产 | 53.39 | 45.45 | 54.46 | 58.46 | |
| 3. 药物流产 | 16.29 | 12.73 | 16.83 | 18.46 | |
| 4. 引产 | 5.43 | 9.09 | 3.96 | 4.62 | |
| 304D. 导致您最近一次人流或引产的原因是什么（选择最主要的一项） | 221（样本量） | 55（样本量） | 101（样本量） | 65（样本量） | |
| 1. 避孕失败 | 43.89 | 43.64 | 46.53 | 40.00 | |
| 2. 未避孕 | 8.60 | 5.45 | 8.91 | 10.77 | |
| 3. 无生育指标 | 11.31 | 12.73 | 7.92 | 15.38 | |
| 4. 选择性别 | 0.00 | 0.00 | 0.00 | 0.00 | + |
| 5. 患病 | 5.43 | 9.09 | 0.00 | 10.77 | |
| 6. 经济状况不允许 | 1.81 | 3.64 | 1.98 | 0.00 | |
| 7. 怀疑胎儿不健康 | 0.45 | 1.82 | 0.00 | 0.00 | |
| 8. 其他 | 21.27 | 16.36 | 27.73 | 16.92 | |
| 304E. 您最近一次人流或引产的地点是哪里 | 221（样本量） | 55（样本量） | 101（样本量） | 65（样本量） | |
| 1. 市级医院 | 22.17 | 25.45 | 18.81 | 24.62 | |
| 2. 市级指导站 | 6.33 | 9.09 | 5.94 | 4.62 | |
| 3. 县、区级医院 | 11.76 | 12.73 | 12.87 | 9.23 | NS |
| 4. 县指导站 | 4.52 | 5.45 | 5.94 | 1.54 | |
| 5. 乡医院 | 21.27 | 23.64 | 22.77 | 16.92 | |
| 6. 乡镇服务站 | 18.10 | 9.09 | 18.81 | 24.62 | |
| 7. 其他 | 8.60 | 5.45 | 7.92 | 12.31 | |

续表

| 项目 | 总数 | 非留守妇女 | 准留守妇女 | 留守妇女 | LR检验 |
|---|---|---|---|---|---|
| 304F. 您做完这次人流或引产手术后多久开始过性生活 | 221（样本量） | 55（样本量） | 101（样本量） | 65（样本量） | |
| 1. 不足 2 周 | 2.71 | 0.00 | 3.96 | 3.08 | NS |
| 2. 大于 2 周小于 1 个月 | 5.88 | 1.82 | 8.91 | 4.62 | |
| 3. 1~2 个月 | 25.34 | 20.00 | 28.71 | 24.62 | |
| 4. 大于 2 个月 | 21.72 | 25.45 | 20.79 | 20.00 | |
| 5. 记不清了 | 39.37 | 45.45 | 32.67 | 44.62 | |
| 304G. 您现在是否患有生殖道感染疾病（妇科炎症） | 890（样本量） | 219（样本量） | 370（样本量） | 301（样本量） | |
| 1. 是 | 35.10 | 32.88 | 35.50 | 36.21 | NS |
| 2. 否 | 64.90 | 67.12 | 64.50 | 63.79 | |
| 304H. 您现在都有哪些症状 | 310（样本量） | 72（样本量） | 129（样本量） | 109（样本量） | |
| 1. 白带增多、有腥臭味 | 48.71 | 54.17 | 51.94 | 41.28 | NS |
| 2. 外阴瘙痒、引导疼痛或烧灼感 | 20.00 | 26.39 | 17.05 | 19.27 | NS |
| 3. 外阴肿痛、破损或疱疹 | 0.97 | 1.39 | 0.00 | 1.83 | NS |
| 4. 小腹痛 | 36.77 | 31.94 | 32.56 | 44.95 | NS |
| 5. 腰背痛 | 47.10 | 44.44 | 44.96 | 51.38 | NS |
| 6. 阴部出现异生物 | 1.61 | 1.39 | 1.55 | 1.83 | NS |
| 7. 尿频、尿急、尿痛 | 9.68 | 12.50 | 8.53 | 9.17 | NS |
| 8. 性交痛 | 1.94 | 1.39 | 1.55 | 2.75 | NS |
| 9. 性交出血 | 1.29 | 1.39 | 0.78 | 1.83 | NS |
| 10. 其他 | 7.10 | 4.17 | 9.30 | 6.42 | NS |
| 304I. 您的这些症状属于何种感染 | 296（样本量） | 67（样本量） | 126（样本量） | 103（样本量） | |
| 1. 滴虫性阴道炎 | 14.53 | 16.42 | 12.70 | 15.53 | NS |
| 2. 霉菌性阴道炎 | 8.45 | 7.46 | 8.73 | 8.74 | NS |
| 3. 细菌性阴道炎 | 8.45 | 4.48 | 11.90 | 6.80 | NS |
| 4. 宫颈炎 | 19.93 | 17.91 | 19.84 | 21.36 | NS |

| 项目 | 总数 | 非留守妇女 | 准留守妇女 | 留守妇女 | LR检验 |
|---|---|---|---|---|---|
| 5. 盆腔炎 | 16.89 | 14.93 | 15.87 | 19.42 | NS |
| 6. 尖锐湿疣 | 0.34 | 0.00 | 0.79 | 0.00 | NS |
| 7. 疱疹病毒 | 0.68 | 1.49 | 0.79 | 0.00 | NS |
| 8. 淋病 | 0.34 | 0.00 | 0.79 | 0.00 | NS |
| 9. 衣原体 | 0.34 | 0.00 | 0.79 | 0.00 | NS |
| 10. 说不清 | 53.72 | 59.70 | 51.59 | 52.43 | NS |
| 304J. 上述疾病是怎样被发现的 | 312（样本量） | 72（样本量） | 133（样本量） | 107（样本量） | |
| 1. 自己到医院检查 | 47.76 | 45.83 | 50.38 | 45.79 | |
| 2. 普查发现 | 7.05 | 9.72 | 5.26 | 7.48 | NS |
| 3. 节育措施随访时发现 | 2.24 | 1.39 | 1.50 | 3.74 | |
| 4. 自己根据症状认为 | 30.77 | 33.33 | 26.32 | 34.58 | |
| 5. 其他 | 6.09 | 2.78 | 10.53 | 2.80 | |
| 304K. 您最近一次性生活是什么时候 | 866（样本量） | 214（样本量） | 355（样本量） | 297（样本量） | |
| 1. 几年以前 | 1.73 | 1.40 | 1.41 | 2.36 | |
| 2. 一年以前 | 2.89 | 1.87 | 1.41 | 5.39 | |
| 3. 半年以前 | 16.86 | 3.74 | 10.70 | 33.67 | *** |
| 4. 一个月以前 | 17.55 | 11.68 | 24.23 | 13.80 | |
| 5. 一周以前 | 16.86 | 28.97 | 16.90 | 8.08 | |
| 6. 几天以前 | 12.70 | 21.03 | 12.96 | 6.40 | |
| 7. 记不清了 | 29.79 | 28.97 | 30.42 | 29.63 | |
| 304L. 您最近一次性生活中采取了什么避孕措施 | 866（样本量） | 214（样本量） | 355（样本量） | 297（样本量） | |
| 1. 安全套 | 6.47 | 3.76 | 9.12 | 5.15 | * |
| 2. 口服避孕药 | 1.85 | 2.82 | 1.38 | 1.72 | NS |
| 3. 上环 | 50.92 | 44.60 | 52.21 | 53.95 | + |
| 4. 结扎 | 33.49 | 39.91 | 31.22 | 31.62 | + |
| 5. 皮埋 | 0.46 | 0.94 | 0.28 | 0.34 | NS |

| 项目 | 总数 | 非留守妇女 | 准留守妇女 | 留守妇女 | LR检验 |
|---|---|---|---|---|---|
| 6. 无措施 | 5.54 | 5.63 | 5.52 | 5.50 | NS |
| 7. 其他 | 1.62 | 2.35 | 1.10 | 1.72 | NS |
| 304M. 最近一年您对性生活满意吗 | 871（样本量） | 217（样本量） | 359（样本量） | 295（样本量） | |
| 1. 非常不满意 | 1.72 | 2.30 | 1.95 | 1.02 | |
| 2. 不满意 | 2.87 | 2.76 | 1.95 | 4.07 | NS |
| 3. 说不清 | 43.17 | 43.78 | 42.06 | 44.07 | |
| 4. 满意 | 49.60 | 47.93 | 52.09 | 47.80 | |
| 5. 非常满意 | 1.72 | 1.38 | 1.39 | 2.37 | |
| 304N. 最近一年您在进行性生活时有过性高潮吗 | 863（样本量） | 212（样本量） | 360（样本量） | 291（样本量） | |
| 1. 从来没有 | 5.56 | 3.77 | 6.11 | 6.19 | |
| 2. 很少 | 25.61 | 31.13 | 20.83 | 27.49 | NS |
| 3. 有时 | 49.36 | 44.34 | 52.50 | 49.14 | |
| 4. 经常 | 16.45 | 18.40 | 16.67 | 14.78 | |
| 5. 每次 | 1.97 | 0.94 | 2.78 | 1.72 | |
| 304O. 最近一年您对夫妻关系满意吗 | 873（样本量） | 214（样本量） | 359（样本量） | 300（样本量） | |
| 1. 非常不满意 | 1.95 | 2.80 | 1.95 | 1.33 | |
| 2. 不满意 | 2.63 | 4.21 | 1.39 | 3.00 | NS |
| 3. 说不清 | 14.32 | 15.42 | 14.48 | 13.33 | |
| 4. 满意 | 71.94 | 68.22 | 72.42 | 74.00 | |
| 5. 非常满意 | 9.05 | 8.88 | 9.75 | 8.33 | |

注：*** 表示显著性水平为 $p < 0.001$，下同。304B 题第 2~5 列中的数字为均值（次），其他题项为百分比（%）。

#### 7.1.2.4　闲暇

表7－5表明，看电视、打牌及串门聊天等消遣性娱乐活动仍是农村妇女闲暇娱乐的主要休闲活动。但上网、读书看报及参加培训等发展性的娱乐活动也开始成为农村妇女消闲娱乐的方式之

一，其中农村准留守妇女和农村非留守妇女选择上网和参加培训的比例明显高于农村留守妇女。而在读书看报方面，农村非留守妇女的比例低于农村留守妇女，同时明显低于农村准留守妇女。在对农村妇女闲暇时间的调查方面，三类农村妇女用于闲暇娱乐的时间没有明显差异，均在 2 ~ 3 个小时。其中农村留守妇女用于闲暇娱乐的时间相对高于农村准留守妇女和农村非留守妇女。这可能与丈夫外出，家庭中需要照料的人员数量减少有关。

表 7 - 5　闲暇

| 项目 | 总数<br>（890） | 非留守妇女<br>（219） | 准留守妇女<br>（370） | 留守妇女<br>（301） | LR<br>检验 |
|---|---|---|---|---|---|
| 236. 您闲暇时一般都做什么 | | | | | |
| 1. 看电视 | 89.59 | 89.95 | 89.62 | 89.30 | NS |
| 2. 上网 | 12.20 | 13.24 | 14.99 | 8.03 | * |
| 3. 逛街 | 28.02 | 26.94 | 31.61 | 24.41 | NS |
| 4. 打牌（麻将） | 32.43 | 35.16 | 32.15 | 30.77 | NS |
| 5. 串门聊天 | 57.85 | 57.08 | 57.22 | 59.20 | NS |
| 6. 读书看报 | 10.73 | 8.22 | 13.62 | 9.03 | + |
| 7. 参加培训 | 4.18 | 7.76 | 3.27 | 2.68 | * |
| 8. 其他 | 9.38 | 9.13 | 9.26 | 9.70 | NS |
| 238J. 每日放松娱乐的时间 | 2.66 | 2.58 | 2.66 | 2.72 | NS |

注：236 中第 2 ~ 5 列中的数字为百分比（％），238J 为均值（小时）。

### 7.1.2.5　家庭地位

表 7 - 6 表明，农村准留守妇女和农村留守妇女在丈夫外出后，其家庭决策权并没有明显的变化。其中，在重大事务决策方面，农村留守妇女对农业生产的自主决定比例显著高于农村准留守妇女和农村非留守妇女。同时，在对打工、家庭经营和投资及大项支出的决策方面，一半左右的农村妇女家庭选择双方共同商量决定，尤其是农村非留守妇女家庭和农村留守妇女家庭，但相对地，农村准留守妇女的自主决定比例较高。在日常事务决策方面，农村留守妇女和农村准留守妇女在家庭现金掌管、孩子教育和健康

问题及照料老人方面独自承担的比例相对高于非农村留守妇女，尤其是在孩子教育和健康问题及照料老人方面，农村留守妇女独自承担的比例高于农村准留守妇女，这与丈夫的居家状态有关。

表 7 - 6　家庭地位

| 项目 | 总数（890） | 非留守妇女（219） | 准留守妇女（370） | 留守妇女（301） | LR检验 |
|---|---|---|---|---|---|
| 237A. 您家里的农、林、牧、渔业生产（如种植作物种类、种植面积）由谁决定 | | | | | |
| 1. 自己 | 21.52 | 16.06 | 20.22 | 27.09 | |
| 2. 大多是自己，但与丈夫商量 | 12.91 | 13.76 | 15.03 | 9.70 | ** |
| 3. 双方共同商量决定 | 37.37 | 40.37 | 34.43 | 38.80 | |
| 4. 大多是丈夫，但与自己商量 | 7.36 | 10.09 | 8.20 | 4.35 | |
| 5. 丈夫 | 5.44 | 5.96 | 6.56 | 3.68 | |
| 6. 不适用 | 14.84 | 13.30 | 14.48 | 16.39 | |
| 237B. 如果您有机会外出或就近打工，打工的决策权最终由谁决定 | | | | | |
| 1. 自己 | 18.14 | 16.59 | 19.13 | 18.06 | |
| 2. 大多是自己，但与丈夫商量 | 18.25 | 16.13 | 20.77 | 16.72 | |
| 3. 双方共同商量决定 | 44.56 | 47.47 | 39.62 | 48.49 | NS |
| 4. 大多是丈夫，但与自己商量 | 5.56 | 4.15 | 7.10 | 4.68 | |
| 5. 丈夫 | 6.12 | 5.53 | 6.83 | 5.69 | |
| 6. 不适用 | 7.26 | 10.14 | 6.28 | 6.35 | |
| 237C. 您家里的经营和投资活动（如开商店、借钱给别人、土地出租）由谁决定 | | | | | |
| 1. 自己 | 8.51 | 9.68 | 6.85 | 9.70 | |
| 2. 大多是自己，但与丈夫商量 | 10.90 | 9.68 | 13.42 | 8.70 | |
| 3. 双方共同商量决定 | 57.32 | 57.14 | 56.44 | 58.53 | NS |
| 4. 大多是丈夫，但与自己商量 | 8.74 | 10.14 | 8.22 | 8.36 | |
| 5. 丈夫 | 6.24 | 7.37 | 4.93 | 7.02 | |
| 6. 不适用 | 8.17 | 5.99 | 9.86 | 7.69 | |

| 项目 | 总数<br>（890） | 非留守妇女<br>（219） | 准留守妇女<br>（370） | 留守妇女<br>（301） | LR<br>检验 |
|---|---|---|---|---|---|
| 237D. 您家里的大项支出（如盖房）由谁决定 | | | | | |
| 1. 自己 | 3.72 | 2.29 | 3.54 | 4.98 | |
| 2. 大多是自己，但与丈夫商量 | 10.95 | 11.01 | 12.26 | 9.30 | |
| 3. 双方共同商量决定 | 58.69 | 60.55 | 56.95 | 59.47 | NS |
| 4. 大多是丈夫，但与自己商量 | 13.88 | 14.68 | 13.35 | 13.95 | |
| 5. 丈夫 | 10.95 | 9.17 | 12.26 | 10.63 | |
| 6. 不适用 | 1.69 | 2.29 | 1.63 | 1.33 | |
| 237E. 您家里的现金一般由谁管 | | | | | |
| 1. 自己 | 36.79 | 32.88 | 38.42 | 37.67 | |
| 2. 大多是自己，但与丈夫商量 | 12.53 | 14.61 | 11.99 | 11.67 | |
| 3. 双方共同商量决定 | 32.96 | 33.33 | 31.88 | 34.00 | NS |
| 4. 大多是丈夫，但与自己商量 | 6.88 | 7.31 | 7.36 | 6.00 | |
| 5. 丈夫 | 9.37 | 10.96 | 8.72 | 9.00 | |
| 6. 不适用 | 1.35 | 0.91 | 1.36 | 1.67 | |
| 237F. 您家里关于孩子的教育、健康等问题（如孩子生病去哪儿看病）由谁决定 | | | | | |
| 1. 自己 | 21.86 | 16.06 | 21.64 | 26.33 | |
| 2. 大多是自己，但与丈夫商量 | 16.53 | 17.43 | 16.71 | 15.67 | |
| 3. 双方共同商量决定 | 48.47 | 51.83 | 47.67 | 47.00 | NS |
| 4. 大多是丈夫，但与自己商量 | 6.23 | 7.34 | 6.58 | 5.00 | |
| 5. 丈夫 | 5.32 | 5.50 | 6.30 | 4.00 | |
| 6. 不适用 | 1.59 | 1.83 | 1.10 | 3.00 | |
| 237G. 您家里照料老人、做家务等活动，主要由谁来完成 | | | | | |
| 1. 自己 | 53.85 | 48.62 | 53.55 | 58.00 | + |
| 2. 大多是自己，但与丈夫商量 | 13.46 | 14.68 | 15.30 | 10.33 | |
| 3. 双方共同商量决定 | 25.11 | 29.82 | 22.95 | 24.33 | |

| 项目 | 总数<br>（890） | 非留守妇女<br>（219） | 准留守妇女<br>（370） | 留守妇女<br>（301） | LR<br>检验 |
|---|---|---|---|---|---|
| 4. 大多是丈夫，但与自己商量 | 2.49 | 2.29 | 3.83 | 1.00 | |
| 5. 丈夫 | 1.36 | 0.92 | 1.09 | 2.00 | |
| 6. 不适用 | 3.62 | 3.21 | 3.28 | 4.33 | |

注：第 2~5 列中的数字为百分比（%）。

### 7.1.2.6 性别角色冲突

表 7-7 表明，在农业生产方面三类妇女表现出的性别角色冲突程度是存在明显差异的。其中，农村留守妇女认为"一般人都认为农业生产活动应该主要由男人承担，而在我家我承担了大部分"的情况与自己的实际情况相符比例明显高于农村准留守妇女，显著高于农村非留守妇女。而在"我在农业生产方面付出了很多劳动，却很难得到周围人的认可"的情况方面，农村非留守妇女和农村准留守妇女认为与自己实际情况不相符合的比例明显高于农村留守妇女。在"当需要承担大部分农业生产活动时，我经常感到自己力不从心"的情况方面，农村留守妇女和农村非留守妇女认为与自己情况相符的比例明显高于农村准留守妇女。在家庭决策方面三类农村妇女所表现出的性别角色冲突程度虽不存在明显差异，但农村非留守妇女认为自己的实际情况与"一般人都认为家里的大事都应该由男人拿主意，而我在家大事、小事都由我来决定""当我在一些大事上拿主意的时候，很难得到其他人的支持"等情况不相符合的比例相对高于农村准留守妇女和农村留守妇女；而在大事上拿主意时，农村留守妇女感到犹豫不决的比例则相对高于农村准留守妇女和农村非留守妇女。在子女养育方面，大部分农村妇女并不十分同意"生儿育女是女人的天职"的观点，同时农村非留守妇女认为"我觉得生儿子、生女儿都可以，但周围人更喜欢儿子""我觉得儿子女儿都应该能够继承财产，但大多数时候女儿并没有继承权"等观点与自己实际情况相符的比例明显高于农村留守妇女，显著高于农村准留守妇女。在子女教育方

面，农村留守妇女和农村准留守妇女认为自己的实际情况与"一般人都认为父亲应该承担教育孩子的责任，而在我家我又当爹又当妈"的状况相符的比例相对高于农村非留守妇女。与其相一致的是，农村留守妇女和农村准留守妇女认为自己在教育孩子时很难得到周围人的理解和支持的比例明显高于农村非留守妇女，同时多数妇女认为自己在教育孩子时，总感到力不从心，尤其是农村留守妇女。在政治活动的参与方面，农村留守妇女和农村准留守妇女参与村民大会的比例相对高于农村非留守妇女，同时多数妇女感觉自己参加村民大会时，有发言权，且所提意见也能够被重视，尤其是农村留守妇女和农村非留守妇女，明显高于农村准留守妇女。在权利赋予方面，多数农村妇女认为单由女人承担避孕节育责任以及村里土地只分给男人、不分给女人对女人不公平，尤其是农村留守妇女和农村非留守妇女。

表 7 - 7　性别角色冲突

| 项目 | 总数<br>（890） | 非留守妇女<br>（219） | 准留守妇女<br>（370） | 留守妇女<br>（301） | LR<br>检验 |
|---|---|---|---|---|---|
| 303A. 一般人都认为农、林、牧、渔业生产活动（如播种、田间管理、收割、养殖等）应该主要由男人承担，而在我家我承担了大部分 | | | | | |
| 1. 一点都不符合 | 10. 03 | 13. 49 | 9. 62 | 8. 05 | * |
| 2. 不符合 | 22. 46 | 27. 44 | 20. 33 | 21. 48 | |
| 3. 说不准 | 26. 00 | 25. 12 | 29. 12 | 22. 82 | |
| 4. 符合 | 34. 44 | 27. 91 | 34. 62 | 38. 93 | |
| 5. 非常符合 | 5. 13 | 3. 72 | 4. 40 | 7. 05 | |
| 303B. 我在农、林、牧、渔业生产方面（如播种、田间管理、收割、养殖等）付出了很多劳动，却很难得到周围人的认可 | | | | | *  |
| 1. 一点都不符合 | 12. 73 | 14. 81 | 12. 88 | 11. 04 | |
| 2. 不符合 | 41. 25 | 42. 13 | 42. 47 | 39. 13 | |
| 3. 说不准 | 25. 00 | 28. 24 | 25. 21 | 22. 41 | |

| 项目 | 总数（890） | 非留守妇女（219） | 准留守妇女（370） | 留守妇女（301） | LR检验 |
|---|---|---|---|---|---|
| 4. 符合 | 15.80 | 10.19 | 15.07 | 20.74 | |
| 5. 非常符合 | 2.95 | 1.85 | 2.47 | 4.35 | |
| 303C. 当需要承担大部分农、林、牧、渔业生产活动（如播种、田间管理、收割、养殖等）时，我经常感到自己力不从心 | | | | | |
| 1. 一点都不符合 | 8.20 | 9.26 | 7.16 | 8.70 | + |
| 2. 不符合 | 24.03 | 21.76 | 27.55 | 21.40 | |
| 3. 说不准 | 27.11 | 28.24 | 28.37 | 24.75 | |
| 4. 符合 | 34.97 | 36.11 | 31.96 | 37.79 | |
| 5. 非常符合 | 3.53 | 1.85 | 3.03 | 5.35 | |
| 303D. 一般人都认为家里的大事都应该由男人拿主意，而在我家大事小事都由我来决定 | | | | | |
| 1. 一点都不符合 | 6.59 | 9.35 | 6.30 | 4.98 | NS |
| 2. 不符合 | 37.73 | 38.79 | 36.99 | 37.87 | |
| 3. 说不准 | 28.98 | 28.50 | 30.68 | 27.24 | |
| 4. 符合 | 22.73 | 20.09 | 21.92 | 25.58 | |
| 5. 非常符合 | 3.52 | 2.34 | 3.56 | 4.32 | |
| 303E. 当我在一些大事上拿主意的时候，很难得到其他人的支持 | | | | | |
| 1. 一点都不符合 | 6.24 | 7.80 | 6.63 | 4.65 | NS |
| 2. 不符合 | 35.30 | 34.86 | 33.98 | 37.21 | |
| 3. 说不准 | 38.25 | 38.53 | 38.12 | 38.21 | |
| 4. 符合 | 17.48 | 17.43 | 18.51 | 16.28 | |
| 5. 非常符合 | 2.38 | 0.92 | 2.21 | 3.65 | |
| 303F. 当需要在一些大事上拿主意的时候，我总是感到犹豫不决 | | | | | NS |
| 1. 一点都不符合 | 4.43 | 5.53 | 3.58 | 4.65 | |
| 2. 不符合 | 20.09 | 20.28 | 20.11 | 19.93 | |

| 项目 | 总数<br>（890） | 非留守妇女<br>（219） | 准留守妇女<br>（370） | 留守妇女<br>（301） | LR<br>检验 |
|---|---|---|---|---|---|
| 3. 说不准 | 30.65 | 29.49 | 32.51 | 29.24 | |
| 4. 符合 | 40.86 | 43.32 | 38.02 | 42.52 | |
| 5. 非常符合 | 3.63 | 0.92 | 5.23 | 3.65 | |
| 303G. 一般人都认为生儿育女是女人的天职，而我并不十分同意 | | | | | |
| 1. 一点都不符合 | 8.70 | 8.26 | 7.92 | 9.97 | |
| 2. 不符合 | 24.29 | 27.06 | 21.04 | 26.25 | NS |
| 3. 说不准 | 17.97 | 16.51 | 19.95 | 16.61 | |
| 4. 符合 | 41.13 | 40.83 | 42.90 | 39.20 | |
| 5. 非常符合 | 7.57 | 6.42 | 7.97 | 7.97 | |
| 303H. 我觉得生儿子、生女儿都可以，但周围人更喜欢儿子 | | | | | |
| 1. 一点都不符合 | 7.26 | 8.29 | 6.32 | 7.64 | |
| 2. 不符合 | 24.60 | 21.20 | 24.73 | 26.91 | + |
| 3. 说不准 | 29.37 | 29.49 | 33.79 | 23.92 | |
| 4. 符合 | 31.29 | 35.94 | 28.30 | 31.56 | |
| 5. 非常符合 | 7.26 | 4.61 | 6.59 | 9.97 | |
| 303I. 我觉得儿子女儿都应该能够继承财产，但大多数时候女儿并没有继承权 | | | | | |
| 1. 一点都不符合 | 8.71 | 11.01 | 7.65 | 8.33 | |
| 2. 不符合 | 30.77 | 21.10 | 34.97 | 32.67 | *** |
| 3. 说不准 | 21.95 | 20.64 | 22.40 | 22.33 | |
| 4. 符合 | 32.69 | 44.04 | 28.69 | 29.33 | |
| 5. 非常符合 | 5.77 | 2.75 | 6.28 | 7.33 | |
| 303J. 一般人都认为父亲应该承担教育孩子的责任，而在我家我又当爹又当妈 | | | | | |
| 1. 一点都不符合 | 5.92 | 7.41 | 5.51 | 5.35 | NS |
| 2. 不符合 | 32.23 | 34.72 | 33.33 | 29.10 | |

续表

| 项目 | 总数<br>（890） | 非留守妇女<br>（219） | 准留守妇女<br>（370） | 留守妇女<br>（301） | LR<br>检验 |
|---|---|---|---|---|---|
| 3. 说不准 | 20.39 | 22.69 | 18.73 | 20.74 | |
| 4. 符合 | 33.94 | 30.56 | 35.43 | 34.45 | |
| 5. 非常符合 | 7.29 | 4.17 | 6.61 | 10.37 | |
| 303K. 当我教育孩子时，很难得到周围人的理解和支持 | | | | | |
| 1. 一点都不符合 | 9.19 | 12.90 | 7.67 | 8.36 | |
| 2. 不符合 | 40.41 | 41.47 | 41.37 | 38.46 | + |
| 3. 说不准 | 30.42 | 30.41 | 30.68 | 30.10 | |
| 4. 符合 | 17.37 | 14.29 | 16.44 | 20.74 | |
| 5. 非常符合 | 2.38 | 0.46 | 3.56 | 2.34 | |
| 303L. 当我教育孩子时，总是感到力不从心 | | | | | |
| 1. 一点都不符合 | 6.36 | 8.76 | 6.03 | 5.02 | |
| 2. 不符合 | 25.31 | 24.42 | 28.22 | 22.41 | NS |
| 3. 说不准 | 22.36 | 20.74 | 23.29 | 22.41 | |
| 4. 符合 | 40.86 | 42.40 | 37.26 | 44.15 | |
| 5. 非常符合 | 4.99 | 3.23 | 5.21 | 6.02 | |
| 303M. 一般人都认为应该由男人参与村民大会，但在我家是由我去参加 | | | | | |
| 1. 一点都不符合 | 6.00 | 4.61 | 6.83 | 6.00 | |
| 2. 不符合 | 25.82 | 27.65 | 23.22 | 27.67 | NS |
| 3. 说不准 | 26.16 | 29.49 | 28.42 | 21.00 | |
| 4. 符合 | 37.37 | 33.18 | 37.70 | 40.00 | |
| 5. 非常符合 | 4.19 | 4.15 | 3.55 | 5.00 | |
| 303N. 当我去参加村民大会时，总感到我的意见不被重视 | | | | | |
| 1. 一点都不符合 | 7.63 | 8.88 | 6.03 | 8.70 | NS |
| 2. 不符合 | 36.67 | 37.85 | 36.71 | 35.79 | |

续表

| 项目 | 总数<br>（890） | 非留守妇女<br>（219） | 准留守妇女<br>（370） | 留守妇女<br>（301） | LR<br>检验 |
|---|---|---|---|---|---|
| 3. 说不准 | 38.50 | 35.98 | 41.64 | 36.45 | |
| 4. 符合 | 14.35 | 15.42 | 13.15 | 15.05 | |
| 5. 非常符合 | 2.51 | 1.40 | 1.92 | 4.01 | |
| 303O. 当我去参加村民大会时，总感到自己没有什么发言权 | | | | | |
| 1. 一点都不符合 | 10.19 | 12.44 | 8.99 | 10.03 | |
| 2. 不符合 | 42.13 | 42.40 | 40.87 | 43.48 | * |
| 3. 说不准 | 28.88 | 25.35 | 30.79 | 29.10 | |
| 4. 符合 | 15.63 | 17.97 | 17.17 | 12.04 | |
| 5. 非常符合 | 2.94 | 1.84 | 1.63 | 5.35 | |
| 303P. 一般人都认为避孕节育都是女人的事情，而我感觉这对女人不公平 | | | | | |
| 1. 一点都不符合 | 6.23 | 7.83 | 5.46 | 6.00 | |
| 2. 不符合 | 17.21 | 16.13 | 15.57 | 20.00 | + |
| 3. 说不准 | 19.25 | 20.28 | 23.77 | 13.00 | |
| 4. 符合 | 46.21 | 45.16 | 44.54 | 49.00 | |
| 5. 非常符合 | 10.99 | 10.60 | 10.38 | 12.00 | |
| 303Q. 村里的土地一般只分给男人、不分给女人，而我认为这对女人不公平 | | | | | |
| 1. 一点都不符合 | 10.54 | 10.60 | 12.33 | 8.33 | |
| 2. 不符合 | 20.29 | 22.58 | 16.99 | 22.67 | * |
| 3. 说不准 | 12.47 | 9.22 | 15.62 | 11.00 | |
| 4. 符合 | 43.42 | 47.47 | 38.90 | 46.00 | |
| 5. 非常符合 | 13.15 | 10.14 | 15.89 | 12.00 | |

注：第2~5列中的数字为百分比（%）。

### 7.1.3　孩子福利

表 7-8 表明，目前三类妇女家庭中正在接受教育的虽基本上是子女一辈，但农村非留守妇女家庭正在接受教育的孙子女比例仍显著高于农村留守妇女家庭和农村准留守妇女家庭。这可能与农村非留守妇女的年龄较大有关。同时正在接受教育的子女或孙子女的年龄虽均为 13~14 岁，但农村非留守妇女家庭正在接受教育的孩子的年龄仍明显高于农村留守妇女家庭和农村准留守妇女家庭的孩子。在辅导孩子做作业方面，农村准留守妇女对孩子的辅导频率明显高于农村非留守妇女和农村留守妇女。这可能与农村准留守妇女的受教育程度相对较高有关。在与孩子交流谈心及与孩子老师联系的频率上，三类妇女虽无明显差异，但农村准留守妇女与孩子谈心及与孩子老师联系的频率均相对高于其他两类妇女。因此，虽然三类孩子的成绩及与孩子的关系方面不存在明显差异，但农村准留守妇女的孩子成绩仍相对高于其他两类妇女的孩子。同时，农村准留守妇女与孩子的关系也相对好于其他两类妇女。但无论如何，三类妇女在教育孩子时仍普遍面临文化程度太低的困境。

表 7-8　孩子教育

| 项目 | 总数（890） | 非留守妇女（219） | 准留守妇女（370） | 留守妇女（301） | LR 检验 |
|---|---|---|---|---|---|
| 231A. 性别 |  |  |  |  | NS |
| 1. 男 | 53.69 | 53.41 | 50.00 | 58.43 | |
| 2. 女 | 45.80 | 45.45 | 49.39 | 41.57 | |
| 231B. 年龄 | 13.37 | 14.43 | 13.00 | 13.10 | * |
| 231C. 是否有孙子（女） |  |  |  |  | *** |
| 1. 是 | 5.86 | 12.50 | 2.15 | 6.02 | |
| 2. 否 | 94.01 | 87.50 | 97.85 | 93.61 | |
| 231D. 您是否辅导这个孩子做作业 |  |  |  |  | + |
| 1. 总是 | 5.34 | 4.62 | 6.71 | 4.12 | |

续表

| 项目 | 总数<br>（890） | 非留守妇女<br>（219） | 准留守妇女<br>（370） | 留守妇女<br>（301） | LR<br>检验 |
|---|---|---|---|---|---|
| 2. 经常 | 33.98 | 35.84 | 35.67 | 30.71 | |
| 3. 偶尔 | 16.54 | 10.40 | 17.99 | 18.73 | |
| 4. 很少 | 14.97 | 18.50 | 14.33 | 13.48 | |
| 5. 从不 | 28.65 | 30.06 | 24.70 | 32.58 | |
| 231E. 您是否与这个孩子交流谈心 | | | | | |
| 1. 总是 | 11.67 | 11.93 | 12.50 | 10.49 | |
| 2. 经常 | 66.80 | 65.34 | 68.29 | 65.92 | |
| 3. 偶尔 | 9.34 | 6.82 | 8.84 | 11.61 | NS |
| 4. 很少 | 7.78 | 9.66 | 6.10 | 8.61 | |
| 5. 从不 | 4.28 | 6.25 | 4.27 | 3.00 | |
| 231F. 您是否与这个孩子的老师联系 | | | | | |
| 1. 总是 | 3.12 | 3.45 | 2.74 | 3.37 | |
| 2. 经常 | 33.81 | 33.33 | 36.28 | 31.09 | NS |
| 3. 偶尔 | 30.82 | 23.56 | 33.54 | 32.21 | |
| 4. 很少 | 18.60 | 22.41 | 17.07 | 17.98 | |
| 5. 从不 | 13.52 | 17.24 | 10.37 | 14.98 | |
| 231G. 您认为自己在教育这个孩子时存在的最主要困难是什么 | | | | | |
| 1. 和孩子无法沟通 | 3.4 | 2.3 | 4.9 | 2.3 | |
| 2. 没时间 | 8.5 | 6.4 | 9.8 | 8.3 | |
| 3. 文化程度不够 | 63.4 | 63.2 | 60.9 | 66.5 | NS |
| 4. 找不到合适的方法 | 15.8 | 19.9 | 17.1 | 11.7 | |
| 5. 自己的观念落后 | 2.7 | 2.3 | 2.4 | 3.4 | |
| 6. 不适用 | 5.9 | 5.8 | 4.6 | 7.5 | |
| 231H. 您和这个孩子的关系如何 | | | | | |
| 1. 非常亲近 | 47.73 | 51.70 | 48.94 | 43.61 | * |
| 2. 亲近 | 44.36 | 36.93 | 45.90 | 47.37 | |

续表

| 项目 | 总数<br>（890） | 非留守妇女<br>（219） | 准留守妇女<br>（370） | 留守妇女<br>（301） | LR<br>检验 |
|---|---|---|---|---|---|
| 3. 一般 | 6.87 | 10.23 | 4.86 | 7.14 | |
| 4. 不亲近 | 0.39 | 1.14 | 0.00 | 0.38 | |
| 5. 非常不亲近 | 0.52 | 0.00 | 0.30 | 1.13 | |
| 231I. 您这个孩子的成绩怎样 | | | | | |
| 1. 非常好 | 6.62 | 6.29 | 7.90 | 5.26 | |
| 2. 好 | 30.39 | 29.71 | 30.70 | 30.45 | |
| 3. 一般 | 58.44 | 60.00 | 57.45 | 58.65 | NS |
| 4. 差 | 2.60 | 2.86 | 1.82 | 3.38 | |
| 5. 非常差 | 0.26 | 0.57 | 0.30 | 0.00 | |
| 6. 不适用 | 1.43 | 0.57 | 0.57 | 1.88 | |

注：231B 中第 2 ~ 5 列为均值（岁），其余题项均为百分比（％）。

## 7.1.4  老人福利

表 7 - 9 表明，在与三类妇女共同居住的老人中女性所占比例相对较高，年龄平均在 70 岁以上。其中农村留守妇女家庭的老人年龄相对较大，因而农村留守妇女帮助老人做家务的频率也明显高于非留守妇女和准留守妇女。但在经常照料老人的频率上，非留守妇女的比例则明显高于留守妇女和准留守妇女，这可能与老人的身体健康状况有关。此外，在与老人聊天的频率上，三类妇女虽无明显差异，但农村留守妇女的比例仍相对高于农村非留守妇女和农村准留守妇女。因而，在与老人的关系状况方面，留守妇女明显好于准留守妇女和非留守妇女。

表 7 - 9  老人福利

| 项目 | 总数<br>（890） | 非留守妇女<br>（219） | 准留守妇女<br>（370） | 留守妇女<br>（301） | LR<br>检验 |
|---|---|---|---|---|---|
| 235A. 性别 | | | | | |

续表

| 项目 | 总数<br>(890) | 非留守妇女<br>(219) | 准留守妇女<br>(370) | 留守妇女<br>(301) | LR<br>检验 |
|---|---|---|---|---|---|
| 1. 男 | 44.93 | 43.00 | 45.18 | 45.86 | NS |
| 2. 女 | 53.96 | 56.00 | 53.30 | 53.50 | |
| 235B. 年龄 | 72.29 | 71.57 | 70.15 | 75.38 | NS |
| 235C. 您帮助这位老人做家务<br>吗（如做饭、洗衣、采买） | | | | | |
| 1. 没有 | 5.93 | 9.09 | 7.11 | 2.52 | * |
| 2. 很少 | 11.65 | 13.13 | 12.69 | 9.43 | |
| 3. 偶尔 | 18.90 | 12.12 | 23.35 | 17.61 | |
| 4. 经常 | 49.45 | 51.52 | 47.21 | 50.94 | |
| 5. 总是 | 14.07 | 14.14 | 9.64 | 19.50 | |
| 235D. 您经常照料这位老人吗<br>（如搀扶、活动、生病陪护） | | | | | |
| 1. 没有 | 8.13 | 9.09 | 9.64 | 5.66 | * |
| 2. 很少 | 15.82 | 11.11 | 15.23 | 19.50 | |
| 3. 偶尔 | 18.24 | 11.11 | 24.37 | 15.09 | |
| 4. 经常 | 46.59 | 58.59 | 42.13 | 44.65 | |
| 5. 总是 | 11.21 | 10.10 | 8.63 | 15.09 | |
| 235E. 您经常和这位老人聊天<br>吗 | | | | | |
| 1. 没有 | 5.29 | 7.07 | 6.12 | 3.14 | NS |
| 2. 很少 | 17.18 | 19.19 | 18.88 | 13.84 | |
| 3. 偶尔 | 27.97 | 26.26 | 28.57 | 28.30 | |
| 4. 经常 | 43.83 | 39.39 | 42.86 | 47.80 | |
| 5. 总是 | 5.73 | 8.08 | 3.57 | 6.92 | |
| 235F. 您和这位老人的关系怎<br>样 | | | | | |
| 1. 非常好 | 18.50 | 17.17 | 13.20 | 25.95 | ** |
| 2. 好 | 40.53 | 39.39 | 45.18 | 35.44 | |
| 3. 一般 | 39.21 | 43.43 | 40.61 | 34.81 | |

| 项目 | 总数<br>（890） | 非留守妇女<br>（219） | 准留守妇女<br>（370） | 留守妇女<br>（301） | LR<br>检验 |
|---|---|---|---|---|---|
| 4. 不好 | 0.66 | 0.00 | 1.02 | 0.63 | |
| 5. 非常不好 | 1.10 | 0.00 | 0.00 | 3.16 | |

注：235B 第 2~5 列为均值（岁），其余题项均为百分比（%）。

# 7.2 生计策略和外部环境对农村留守妇女家庭福利的影响

## 7.2.1 研究设计

对于农村留守妇女而言，丈夫外出后，尽管农业生产的经济回报率较低，但农业作为家庭食物供给来源的重要地位使得她们依然选择从事农业生产，并且投入大量的时间；同时，由于非农经营收入可以直接获得资金，对她们的家庭收入有着直接的贡献，因而农村留守妇女也会选择从事非农经营并投入较多的时间；另外，家庭再生产活动被固化为农村妇女的分内责任，尽管与丈夫外出务工没有显著的相关性，但丈夫收入的提高可能会增加她们的时间投入。上述生计策略在对农村留守妇女家庭的经济福利产生积极（消极）结果的同时，对农村留守妇女家庭的非经济福利，包括生理健康、主观幸福感、生殖健康、闲暇和家庭地位等自身福利，以及孩子福利、老人福利也有一定的影响。

外部环境分为生产环境和生活环境。近年来，农村居民长期处于农产品市场价格频繁波动、PPI 指数持续上涨、各种作物或畜禽疫病蔓延的生产环境中，这直接影响农村留守妇女参与农业生产、家庭经营等经济性活动的收入。同时，CPI 指数长期持续上涨，严重影响了农村留守妇女的实际购买力，对其消费数量和消费结构产生消极结果，从而影响她们的家庭福利。此外，近些年来，农村重大疾病发病率逐年攀升，不仅不利于患者自身健康，同时也加重了家庭的经济负担，导致因病返贫等现象频繁发生，从而促使家庭生产和消费结构发生变化并对家庭成员的福利状况产生影响。

正如第三章分析框架所展示的，农村留守妇女的家庭福利效应影响因素不仅包括生计策略，还包括外部环境。其中，生产环境和生活环境对不同的家庭福利有不同的影响。本节将对研究所涉及的变量及使用的方法和策略进行详细的介绍。

### 7.2.1.1 福利变量的信、效度检验

生理健康和主观幸福感等福利变量是以量表的形式测量的。尽管测量量表已经比较成熟，但因测量群体不同，仍有必要对其进行项目分析及信度、效度检验，以使测量项目更适当、更可靠（吴明隆，2000）。

7.2.1.1.1 生理健康、主观幸福感量表的项目分析

量表项目分析的判别指标有很多，最常用的是临界比值法（Critical Ration）和相关系数法（Item-Total Correlation），本书将使用此两种方法对生理健康和主观幸福感量表进行项目分析。

临界比值法的原理与独立样本 $t$ 检验相同，其具体操作步骤是：首先，对量表中的反向题重新编码，并算出量表的总得分；其次，按照量表总分的高低进行排序，并找出前27%得分的高分组，及后27%得分的低分组；最后，用 $t$ 检验的方法检验高低分组在每道题间的差异，并将 $t$ 值小于3.000 或未达到显著水平（$p < 0.05$）的题项删去，以保证量表的鉴别力（吴明隆，2010）。

表7-10给出了生理健康、主观幸福感量表各题项的独立样本 $t$ 检验结果。但由于在判断 $t$ 值之前要对样本进行方差齐次性检验，因而表7-10中的第五列和第六列分别提供了 $F$ 值和 $F$ 检验的显著性水平。如果 $F$ 检验的显著性水平小于0.05，表示高分组和低分组的方差不同质，反之则同质。具体分析，生理健康量表中，除301K题项（"过去一个月里，您经常独自上街购买一般物品吗？"）外，其余题项的 $t$ 值均大于3.000，同时其 $t$ 检验的显著性水平 Sig. = 0.817 > 0.05。因而生理健康量表中除301K题项删除

外，其余题项均予以保留。主观幸福感量表中，所有题项的 $t$ 值均大于 3.000，且所有题项的 $t$ 检验显著性水平 Sig. $= 0.000 < 0.05$，因而主观幸福感量表中的所有题项均予以保留。

表 7 - 10　生理健康、主观幸福感各题项的 $t$ 检验结果（$N = 890$）

| 变量 | 题项 | 低分组均值 | 高分组均值 | $F$ 值 | Sig. | $t$ 值 | Sig.（双尾） |
|---|---|---|---|---|---|---|---|
| 生理健康 | 301A | 2.700 | 3.630 | 0.253 | 0.615 | 13.512 | 0.000 |
| | 301B | 3.170 | 3.860 | 1.143 | 0.285 | 10.457 | 0.000 |
| | 301C | 3.140 | 3.830 | 2.460 | 0.117 | 11.378 | 0.000 |
| | 301D | 3.178 | 4.251 | 1.320 | 0.251 | 13.081 | 0.000 |
| | 301E | 2.430 | 3.814 | 7.795 | 0.005 | 17.013 | 0.000 |
| | 301F | 2.810 | 3.630 | 0.008 | 0.929 | 11.258 | 0.000 |
| | 301G | 2.630 | 4.346 | 0.539 | 0.463 | 21.078 | 0.000 |
| | 301H | 4.309 | 4.958 | 350.781 | 0.000 | 10.278 | 0.000 |
| | 301I | 4.426 | 4.973 | 457.815 | 0.000 | 9.337 | 0.000 |
| | 301J | 3.413 | 4.814 | 209.490 | 0.000 | 16.835 | 0.000 |
| | 301K | 3.040 | 3.020 | 9.804 | 0.002 | -0.232 | 0.817 |
| | 301L | 4.513 | 4.985 | 525.195 | 0.000 | 9.496 | 0.000 |
| | 301M | 2.783 | 1.147 | 181.810 | 0.000 | 25.194 | 0.000 |
| | 301N | 3.713 | 4.973 | 571.540 | 0.000 | 15.879 | 0.000 |
| | 301O | 3.778 | 4.977 | 519.473 | 0.000 | 15.446 | 0.000 |
| | 301P | 3.178 | 4.852 | 233.253 | 0.000 | 18.123 | 0.000 |
| | 301Q | 2.774 | 4.487 | 15.124 | 0.000 | 18.409 | 0.000 |
| 主观幸福感 | 302A | 3.057 | 3.955 | 1.823 | 0.178 | 14.595 | 0.000 |
| | 302B | 2.849 | 4.219 | 1.217 | 0.271 | 18.168 | 0.000 |
| | 302C | 3.110 | 3.502 | 2.664 | 0.103 | 3.731 | 0.000 |
| | 302D | 3.616 | 4.773 | 196.933 | 0.000 | 14.270 | 0.000 |
| | 302E | 2.612 | 4.383 | 7.945 | 0.005 | 22.579 | 0.000 |
| | 302F | 2.829 | 4.063 | 53.024 | 0.000 | 16.140 | 0.000 |
| | 302G | 2.400 | 3.848 | 4.948 | 0.027 | 15.541 | 0.000 |
| | 302H | 2.686 | 4.297 | 0.881 | 0.348 | 20.570 | 0.000 |

| 变量 | 题项 | 低分组均值 | 高分组均值 | F 值 | Sig. | t 值 | Sig.（双尾） |
|---|---|---|---|---|---|---|---|
| 主观幸福感 | 302I | 2.816 | 3.788 | 9.475 | 0.002 | 10.273 | 0.000 |
| | 302J | 3.437 | 4.829 | 288.004 | 0.000 | 17.520 | 0.000 |
| | 302K | 2.918 | 4.078 | 31.939 | 0.000 | 12.686 | 0.000 |
| | 302L | 3.114 | 4.606 | 19.269 | 0.000 | 20.874 | 0.000 |
| | 302M | 3.016 | 4.074 | 5.310 | 0.022 | 11.837 | 0.000 |
| | 302N | 2.469 | 4.015 | 0.426 | 0.514 | 19.775 | 0.000 |
| | 302O | 2.673 | 4.335 | 4.597 | 0.032 | 19.554 | 0.000 |
| | 302P | 2.841 | 4.033 | 2.470 | 0.117 | 19.346 | 0.000 |
| | 302Q | 2.547 | 3.654 | 12.349 | 0.000 | 15.001 | 0.000 |
| | 302R | 2.910 | 3.914 | 22.730 | 0.000 | 17.044 | 0.000 |

相关系数检验法实质上是求 Cronbach's Alpha 系数。具体做法是首先计算出各量表的 Cronbach's Alpha 系数，同时检验每个题项的项目－总分相关系数和项目删除后的 Alpha 系数，若项目－总分相关系数 <0.4 且项目删除后的 Alpha 系数高于原来的 Alpha 值，则代表该题项与其他题项的异质性较高，在后续的研究中应删除该题项。

表 7－11 给出了生理健康及主观幸福感量表的相关系数检验结果。

生理健康中，301B 题项（"过去一个月，您的视力如何？"）的项目－总分相关系数为 0.226，小于 0.4。同时，删除该题项后的 Alpha 系数为 0.827，大于 0.826，因此在后续的研究中将予以删除。

主观幸福感中，302C 和 302I 题项（"过去一个月里，您能很好地控制自己的情绪和行为吗？"和"过去一个月里，您睡醒之后感到头脑清晰和精力充沛吗？"）的项目－总分相关系数分别为 0.024 和 0.211，均小于 0.4。同时，删除其中一个题项后的 Alpha 系数分别为 0.849 和 0.838，均大于 0.834，因此在后续的研究中将删除此两个题项。

表 7 - 11  生理健康、主观幸福感的相关系数检验结果（N = 890）

| 变量 | 题项 | 变量的 Alpha 值 | 修正的项目 - 总分相关系数 | 项目删除后的 Alpha 系数 |
|------|------|------|------|------|
| 生理健康 | 301A | 0.826 | 0.339 | 0.821 |
| | 301B | | 0.226 | 0.827 |
| | 301C | | 0.272 | 0.824 |
| | 301D | | 0.334 | 0.822 |
| | 301E | | 0.462 | 0.814 |
| | 301F | | 0.291 | 0.824 |
| | 301G | | 0.526 | 0.810 |
| | 301H | | 0.376 | 0.820 |
| | 301I | | 0.399 | 0.819 |
| | 301J | | 0.479 | 0.813 |
| | 301L | | 0.431 | 0.819 |
| | 301M | | 0.641 | 0.800 |
| | 301N | | 0.586 | 0.807 |
| | 301O | | 0.559 | 0.809 |
| | 301P | | 0.560 | 0.807 |
| | 301Q | | 0.479 | 0.814 |
| 主观幸福感 | 302A | 0.834 | 0.433 | 0.826 |
| | 302B | | 0.528 | 0.821 |
| | 302C | | 0.024 | 0.849 |
| | 302D | | 0.477 | 0.824 |
| | 302E | | 0.557 | 0.819 |
| | 302F | | 0.401 | 0.827 |
| | 302G | | 0.432 | 0.826 |
| | 302H | | 0.542 | 0.820 |
| | 302I | | 0.211 | 0.838 |
| | 302J | | 0.514 | 0.821 |
| | 302K | | 0.304 | 0.833 |
| | 302L | | 0.551 | 0.820 |

| 变量 | 题项 | 变量的 Alpha 值 | 修正的项目-总分相关系数 | 项目删除后的 Alpha 系数 |
|------|------|------|------|------|
| 主观幸福感 | 302M | 0.834 | 0.303 | 0.833 |
| | 302N | | 0.539 | 0.820 |
| | 302O | | 0.540 | 0.819 |
| | 302P | | 0.546 | 0.821 |
| | 302Q | | 0.470 | 0.824 |
| | 302R | | 0.541 | 0.823 |

7.2.1.1.2  生理健康、主观幸福感量表的信度检验

信度代表量表的可靠性和稳定性。在社会科学领域的实证研究中，通常使用 Cronbach's Alpha 系数来衡量李克特量表的信度（吴明隆，2010）。因而本书将沿用以往研究的方法，继续使用 Cronbach's Alpha 系数来衡量生理健康和主观幸福感量表的信度。

表 7－12 给出了生理健康、主观幸福感量表的信度检验结果。一般而言，量表的 Cronbach's Alpha 系数为 0.6～0.7 表示可以接受，0.7～0.8 表示信度较好，大于 0.8 则表示信度非常好（吴明隆，2010）。本书中生理健康和主观幸福感的 Cronbach's Alpha 系数分别为 0.827 和 0.856，均大于 0.8，说明量表的可靠性和一致性很好，非常适合作为共同测度变量进行下一步的分析。

表 7－12  生理健康、主观幸福感的信度结果 （N＝890）

| 变量 | 项目数 | Cronbach's Alpha |
|------|------|------|
| 生理健康 | 15 | 0.827 |
| 主观幸福感 | 16 | 0.856 |

7.2.1.1.3  生理健康、主观幸福感量表的效度检验

效度代表了量表测量问题的准确程度，它包括内容效度、效标关联效度和建构效度。其中，建构效度又称构念效度，是一种最为关键的效度检验方法，其原理是通过因素分析抽取变量间的

共同因素，以潜在结构反映原来较为复杂的数据结构，它可以通过聚合效度和区分效度来判断。具体做法是：在 SPSS 20.0 中选择因子分析，同时采用最大方差正交旋转法，从中提取特征值大于 1 的因子。若每道题项在新因子上的因子载荷值都大于 0.5，则表明具有聚合效度。同时若每道题项仅在所有新因子中的某一个新因子上的因子载荷值大于 0.5，而在其他新因子上的因子载荷值均小于 0.5，就代表有区分效度（Price，1997）。

表 7–13 为生理健康、主观幸福感量表的因子分析结果。结果显示，在生理健康量表提取的四个公共因子中，每个题项总有载荷值大于 0.5 的公共因子，同时每个题项仅在一个因子上具有大于 0.5 的载荷，说明生理健康量表的聚合效度和区分效度都很好；在主观幸福感量表提取的三个公共因子中，除 302A 题项（"过去一个月里，您的总体感觉怎么样？"）没有载荷值大于 0.5 的公共因子外，其余题项均有载荷值大于 0.5 的公共因子，且仅在一个因子上具有大于 0.5 的载荷。然而，由于 302A 题项的共同度（0.315）大于 0.2，没有达到需要删除题项的标准，因而在后续的研究中将继续保留该题项。

表 7–13　生理健康、主观幸福感的因子分析结果（$N = 890$）

| 变量 | 题项 | 公共因子 | | | | 共同度 |
|------|------|------|------|------|------|------|
| | | 1 | 2 | 3 | 4 | |
| 生理健康 | 301A | 0.160 | 0.015 | 0.021 | 0.782 | 0.638 |
| | 301C | −0.023 | 0.106 | 0.031 | 0.817 | 0.681 |
| | 301D | 0.006 | 0.066 | 0.765 | 0.062 | 0.594 |
| | 301E | 0.191 | 0.064 | 0.749 | 0.105 | 0.612 |
| | 301F | 0.054 | −0.027 | 0.357 | 0.546 | 0.429 |
| | 301G | 0.269 | 0.142 | 0.717 | 0.085 | 0.614 |
| | 301H | 0.088 | 0.849 | 0.069 | 0.007 | 0.733 |
| | 301I | 0.100 | 0.879 | 0.047 | 0.038 | 0.786 |
| | 301J | 0.197 | 0.523 | 0.365 | 0.111 | 0.458 |
| | 301L | 0.380 | 0.571 | 0.025 | 0.013 | 0.472 |

| 变量 | 题项 | 公共因子 | | | | 共同度 |
|------|------|------|------|------|------|------|
| | | 1 | 2 | 3 | 4 | |
| 生理健康 | 301M | 0.649 | 0.267 | 0.300 | 0.113 | 0.596 |
| | 301N | 0.729 | 0.328 | 0.056 | 0.085 | 0.649 |
| | 301O | 0.828 | 0.154 | 0.042 | 0.050 | 0.714 |
| | 301P | 0.840 | 0.070 | 0.079 | 0.093 | 0.725 |
| | 301Q | 0.656 | 0.001 | 0.293 | -0.025 | 0.517 |
| 主观幸福感 | 302A | 0.275 | 0.478 | 0.108 | | 0.315 |
| | 302B | 0.597 | 0.321 | 0.060 | | 0.462 |
| | 302D | 0.634 | 0.112 | 0.217 | | 0.462 |
| | 302E | 0.664 | 0.312 | 0.046 | | 0.540 |
| | 302F | 0.071 | 0.286 | 0.666 | | 0.530 |
| | 302G | 0.398 | 0.515 | -0.209 | | 0.467 |
| | 302H | 0.697 | 0.281 | -0.061 | | 0.569 |
| | 302J | 0.685 | 0.150 | 0.121 | | 0.507 |
| | 302K | 0.037 | 0.059 | 0.772 | | 0.601 |
| | 302L | 0.726 | 0.177 | 0.133 | | 0.576 |
| | 302M | 0.144 | -0.045 | 0.727 | | 0.551 |
| | 302N | 0.422 | 0.598 | -0.045 | | 0.538 |
| | 302O | 0.448 | 0.581 | -0.088 | | 0.547 |
| | 302P | 0.370 | 0.594 | 0.074 | | 0.495 |
| | 302Q | 0.061 | 0.661 | 0.278 | | 0.518 |
| | 302R | 0.113 | 0.659 | 0.402 | | 0.608 |

注：表中两个变量的实际公共因子名称并不相同，因子载荷均为正交旋转后的载荷。

### 7.2.1.2 因变量

家庭福利效应分为经济福利效应和非经济福利效应。经济福利效应包括汇款收入和农村妇女的自身经济收入。其中，汇款收入为连续变量，通过询问最近一年，丈夫给家里的汇款数目进行测量；农村妇女的自身经济收入是指从农业生产、非农经营活动中所获得的收入。由于收入的波动性较强，故采用收入对数进行测量，为连续变量。其处理步骤为：首先，通过将问卷中"2011年12月至今，种植的农、林作物总收入""2011年12月至今，饲养和出售牲畜（包括畜产品如肉、蛋、奶等）的总收入""2011年12月至今，水产品的总收入"三道题项相加得到农业生产收入；其次，将"目前每月务工总收入"与月数相乘，得到全年务工总收入，然后再加上"2011年12月至今，所从事的家庭经营活动的纯收入（除去成本费、税费及相关支出）"得到非农经营收入；最后，将农业生产收入与非农经营收入相加得到自身经济收入并取其对数。

非经济福利效应包括农村妇女自身福利、孩子福利和老人福利。其中，农村妇女自身福利又分为生理健康、主观幸福感、生殖健康、闲暇、家庭地位。

通过询问农村妇女对以下15个问题的回答，获得生理健康指标：①"过去一个月里，您的视力如何？"②"过去一个月里，您的食欲如何？"③"过去一个月里，您的胃肠部有不适感吗（如腹胀、拉肚子、便秘等）？"④"过去一个月里，您容易感到累吗？"⑤"过去一个月里，您的睡眠如何？"⑥"过去一个月里，您的身体有不同程度的疼痛吗？"⑦"过去一个月里，您自己穿衣服有困难吗？"⑧"过去一个月里，您自己梳理有困难吗？"⑨"过去一个月里，您承担日常的家务劳动有困难吗？"⑩"过去一个月里，您自己吃饭有困难吗？"⑪"过去一个月里，您弯腰、屈膝有困难吗？"⑫"过去一个月里，您上下楼梯（至少一层楼梯）有困难吗？"⑬"过去一个月里，您步行半里路有困难吗？"⑭"过去一个月里，您步行三里路有困难吗？"⑮"过去一个月里，您参加能量消耗较大的活动（如田间体力劳动）有困难吗？"其中第3、4、6、7、8、9、10、11、12、13、14、15道题均采用反向记分。因而，问题的答案得分在原有问卷的基础上进行反转。所有问题均采用Likert 5级尺度度量，1表示非常不好或总是有，5表示非常好或从没有，各问题得分累加即为农村妇女的生理健康得分。取值范围为 15 ～ 75，得分越高表示农村妇女的生理健康状况越好。

通过询问农村妇女对以下 16 个问题的回答，获得主观幸福感指标：①"过去一个月里，您的总体感觉怎么样？"②"过去一个月里，您情绪波动大吗？"③"过去一个月里，您对什么都提不起兴趣，感到活着没意思吗？"④"过去一个月里，您感到难以放松、很有压力吗？"⑤"过去一个月里，您感到幸福、满足或愉快吗？"⑥"过去一个月里，您发现自己爱忘事，记忆力下降吗？"⑦"过去一个月里，您感到焦虑、担心或不安吗？"⑧"过去一个月里，您觉得自己可能得了什么病吗？"⑨"过去一个月里，您感觉每天的生活都很有意思吗？"⑩"过去一个月里，您感到沮丧和忧郁吗？"⑪"过去一个月里，您总是情绪稳定吗？"⑫"过去一个月里，您感到很累吗？"⑬"过去一个月里，您担心自己的健康状况吗？"⑭"过去一个月里，您感觉自己放松或紧张的状态如何？"⑮"过去一个月里，您感觉自己的活力、精力如何？"⑯"过去一个月里，您感到忧郁或快乐的程度如何？"其中，第 1、2、3、4、6、7、8、10、12、13、14 道题均采用反向记分。因而，问题的答案得分在原有问卷的基础上进行反转。所有问题均采用 Likert 5 级尺度度量，1 表示非常不好（总是有、非常紧张、经常无精打采、非常忧郁），5 表示非常好（从没有、非常放松、总是精力充沛、非常快乐），各问题得分累加即为农村妇女的主观幸福感得分。取值范围为 16 ～ 80，得分越高表示农村妇女的主观幸福感越强。

生殖健康是通过询问农村妇女是否患有生殖道感染疾病来测量的，分为是和否两类，为二分类变量。

闲暇主要用农村妇女每天大约花费在放松娱乐上的时间量来测量，为连续变量。

家庭地位依据农村留守妇女的生计策略分类，从三个方面对其进行测量：农业生产决策权、非农经营决策权、家庭再生产决策权。农业生产决策权是通过询问"家里的农、林、牧、渔业生产（如种植作物种类、种植面积）由谁决定"来测量。原有问卷的答案记分方式为"自己＝1；大多是自己，但与丈夫商量＝2；
双方共同商量决定＝3；大多是丈夫，但与自己商量＝4；丈夫＝
5；不适用＝6"。进行变量设置时，在原有答案的基础上进行处理
和反转，即"自己＝5；大多是自己，但与丈夫商量＝4；双方共
同商量决定＝3；大多是丈夫，但与自己商量＝2；丈夫＝1"，不
适用为缺失值。取值范围为1～5，分值越大，表明农村妇女的农
业生产决策权越大。非农经营决策权通过农村妇女对以下两个问
题的回答来测量：①"如果您有机会外出或就近打工，打工的决
策权最终由谁决定？"②"您家里的经营和投资活动（如开商店、
借钱给别人、土地出租）由谁决定？"采用与农业生产决策权相似
的记分方法，将两道问题的得分相加即为农村妇女的非农经营决
策权得分。取值范围为2～10，分值越大，表明农村妇女的非农经
营决策权越大。家庭再生产决策权通过农村妇女对以下两个问题
的回答来测量：①"您家里关于孩子的教育、健康等问题（如孩
子生病去哪儿看病）由谁决定？"②"您家里照料老人、做家务等
活动，主要由谁来完成？"同样采用与农业生产决策权相似的记分
方法，将两道问题的得分相加即为农村妇女的家庭再生产决策权
得分。取值范围为2～10，分值越大，表明农村妇女的家庭再生产
决策权越大。

　　孩子福利又分为子女成绩与亲子关系。子女成绩通过询问
"孩子的成绩怎样"来测量。原有问卷的答案记分方式为"非常
好＝1、好＝2、一般＝3、差＝4、非常差＝5、不适用＝6"。进
行变量设置时，在原有答案的基础上进行处理和反转，即"非常
好＝5、好＝4、一般＝3、差＝2、非常差＝1"，不适用为缺失
值。取值范围为1～5，分值越大，表明孩子的成绩越好。亲子
关系通过询问"和孩子关系如何"来测量，问题的答案得分在
原有问卷的基础上进行反转，采用 Likert 5 级尺度度量，1 表示
非常不亲近，5 表示非常亲近。取值范围为1～5，分值越大，表
明与孩子的关系越好。

　　老人福利主要通过询问农村妇女"与老人的关系怎样"来测

量，问题的答案得分在原有问卷的基础上进行了反转，采用 Likert 5 级尺度度量，1 表示非常不好，5 表示非常好。取值范围为 1~5，分值越大，表明与老人的关系越好。

### 7.2.1.3　自变量与控制变量

生计策略，包括农业生产、非农经营和家庭再生产。其中，农业生产、非农经营、家庭再生产分别从参与行为和时间配置两个方面进行测量。同时，为全面了解农村留守妇女生计策略对家庭福利的影响，生计策略多样化也是衡量生计策略的重要方面。具体测量与第六章中生计策略各变量的测量相同。

外部环境，分为生产环境和生活环境。其中，生产环境包括产量波动、生产资料价格上涨、作物或家畜疫病；生活环境包括重大疾病、消费品价格上涨。具体测量与第六章中外部环境各变量的测量相同。

为比较丈夫外出前后，农村留守妇女的家庭福利状况变化情况，本章仍然以农村妇女类别为控制变量。具体测量与第六章中农村妇女类别的测量相同。因此，自变量和控制变量的基本信息见表 6-13，本节不再赘述。同时，因变量的基本信息见表 7-14。

表 7-14　因变量的基本信息

| 家庭福利效应 | 变量描述 | 频数（百分比）/均值（标准差） |
|---|---|---|
| 经济福利效应 | | |
| 汇款收入 | 最近一年，丈夫给家里的汇款数目 | 8168.8（12330.44） |
| 自身经济收入 | 最近一年，农业生产收入与非农经营收入之和的对数 | 9.04（1.24） |
| 非经济福利效应 | | |
| 生理健康 | 包括 15 个问题，按 Likert 5 级量度 | 59.61（7.70） |
| 主观幸福感 | 包括 16 个问题，按 Likert 5 级量度 | 57.08（9.31） |
| 生殖健康 | 0 = 否 | 577（64.90） |
| | 1 = 是 | 312（35.10） |

| 家庭福利效应 | 变量描述 | 频数（百分比）/ 均值（标准差） |
|---|---|---|
| 闲暇 | 一天中用于放松娱乐的时间的对数 | 0.799（0.02） |
| 家庭地位 | 农业生产决策权，农业生产决策得分 | 3.45（1.15） |
| | 非农经营决策权，外出打工决策与家庭经营决策得分之和 | 6.79（2.14） |
| | 家庭再生产决策权，子女事项决策与家务事项决策得分之和 | 7.63（1.61） |
| 子女成绩 | 包括 1 个问题，Likert 5 级量度 | 3.40（0.67） |
| 亲子关系 | 包括 1 个问题，Likert 5 级量度 | 4.38（0.68） |
| 老人福利 | 包括 1 个问题，Likert 5 级量度 | 3.67（0.79） |

#### 7.2.1.4 分析策略

本章的分析策略如下。

首先，比较分析农村留守妇女、准留守妇女、非留守妇女之间的家庭福利及其影响因素差异。依据变量的特点：连续变量或分类变量，分别采用独立样本 $t$ 检验、单因素 ANOVA 检验、交叉表等方法进行比较分析。需说明的是，家庭福利的影响因素主要为生计策略和外部环境。然而，因三类妇女的生计策略和外部环境差异在第六章时已被分析，在此将不再赘述，故本章只分析三类妇女的家庭福利差异。

其次，在此基础上，探讨生计策略和外部环境对家庭经济福利的影响。家庭经济福利分为汇款收入和自身经济收入，其中汇款收入直接来源于丈夫，并不直接受农村留守妇女自身生计策略状况的影响。因而，将主要从自身经济收入角度讨论家庭经济福利。具体采用 Regression 方法分析生计策略和外部环境对其产生的影响，即以自身经济收入对数为因变量，建立分层模型，依次将农业生产、非农经营、家庭再生产等生计策略的参与和时间、生产环境、农村妇女类别纳入分析模型中，分别探讨农业生产、非农经营、家庭再生产等生计策略的参与和时间，生产环境对不同类别农村妇女的自身经济收入的影响；与此相似，将生计策略多样化、生产环境、农村妇女类别也依次纳入分析模型中，分别考察生计策略多样化、生产环境对不同类别农村妇女的自身经济收入的影响。

最后，探讨生计策略和外部环境对家庭非经济福利的影响。家庭非经济福利分为自身福利、孩子福利和老人福利。其中，自身福利方面，分别以生理健康、主观幸福感、生殖健康、闲暇和家庭地位为因变量，采用 Regression、二元 Logistic、Ordinal Logistic 等方法，建立分层模型。将农业生产、非农经营、家庭再生产等生计策略的参与和时间，生活环境，农村妇女类别依次纳入分析模型中，分别探讨农业生产、非农经营、家庭再生产等生计策略的参与和时间配置，生活环境对不同类别农村妇女的生理健康、主观幸福感、生殖健康、闲暇和家庭地位的影响；类似地，将生计策略多样化、生活环境、农村妇女类别也依次纳入分析模型中，分别考察生计策略多样化、生活环境对不同类别农村妇女的生理健康、主观幸福感、生殖健康、闲暇和家庭地位的影响。孩子福利和老人福利方面，分别以子女成绩、亲子关系和与老人关系为因变量，均采用 Ordinal Logistic 方法，建立分层模型，将农业生产、非农经营、家庭再生产等生计策略的参与和时间，生活环境，农村妇女类别依次纳入分析模型中，分别探讨农业生产、非农经营、家庭再生产等生计策略的参与和时间配置，生活环境对不同类别农村妇女的子女成绩、亲子关系和与老人关系的影响；与上述做法一样，将生计策略多样化、生活环境、农村妇女类别也依次纳入分析模型中，分别考察生计策略多样化、生活环境对不同类别农村妇女的子女成绩、亲子关系和与老人关系的影响。

### 7.2.1.5 方法

由于农村妇女的"自身经济收入"为连续变量，因而选用（7-1）式和（7-2）式所示的 Regression 模型来分析生计策略、外部环境等变量对农村妇女自身经济收入的影响。

$$y = \beta_0 + \beta_1 X_1 + \cdots + \beta_k X_k + u; k = 1,2,\cdots,11 \qquad (7-1)$$

$$y = \beta_0 + \beta_1 X_1 + \cdots + \beta_k X_k + u; k = 1, 2, \cdots, 6 \qquad (7-2)$$

（7-1）式和（7-2）式中，$y$ 表示自身经济收入的对数，$u$ 表示误差项，$\beta_0$ 为截距，$\beta_1$，$\cdots$，$\beta_k$ 分别表示 $X_1$，$\cdots$，$X_k$ 的回归系数，$X_1$，$\cdots$，$X_k$ 表示用来解释自身经济收入的变量。其中，（7-1）式中，$k = 11$，$X_1$ 表示分类变量"农业生产参与"；$X_2$ 表示连续变量"农业生产时间"；$X_3$ 表示分类变量"非农经营参与"；$X_4$ 表示连续变量"非农经营时间"；$X_5$ 表示分类变量"家庭再生产参与"；$X_6$ 表示连续变量"家庭再生产时间"；$X_7$ 表示分类变量"产量波动"；$X_8$ 表示连续变量"生产资料价格上涨"；$X_9$ 表示分类变量"作物或家畜疫病"；$X_{10}$ 和 $X_{11}$ 为变量"农村妇女类别"的分类变量，分别表示"农村准留守妇女"和"农村留守妇女"。

（7-2）式中，$k = 6$，$X_1$ 表示连续变量"生计策略多样化"；$X_2$ 表示分类变量"产量波动"；$X_3$ 表示连续变量"生产资料价格上涨"；$X_4$ 表示分类变量"作物或家畜疫病"；$X_5$ 和 $X_6$ 为变量"农村妇女类别"的分类变量，分别表示"农村准留守妇女"和"农村留守妇女"。

农村妇女的"生理健康""主观幸福感""闲暇"等均为连续变量，因而均分别选用（7-3）式和（7-4）式所示的 Regression 模型来分析生计策略、外部环境等变量对农村妇女生理健康、主观幸福感或闲暇的影响。

$$y = \beta_0 + \beta_1 X_1 + \cdots + \beta_k X_k + u; k = 1, 2, \cdots, 10 \qquad (7-3)$$
$$y = \beta_0 + \beta_1 X_1 + \cdots + \beta_k X_k + u; k = 1, 2, \cdots, 5 \qquad (7-4)$$

（7-3）式和（7-4）式中，$y$ 表示生理健康、主观幸福感或闲暇，$u$ 表示误差项，$\beta_0$ 为截距，$\beta_1$，$\cdots$，$\beta_k$ 分别表示 $X_1$，$\cdots$，$X_k$ 的回归系数，$X_1$，$\cdots$，$X_k$ 表示用来解释生理健康、主观幸福感或闲暇的变量。其中，（7-3）式中，$k = 10$，$X_1$ 表示分类变量"农业生产参与"；$X_2$ 表示连续变量"农业生产时间"；$X_3$ 表示分类变量"非农经营参与"；$X_4$ 表示连续变量"非农经营时间"；$X_5$ 表示分类变量"家庭再生产参与"；$X_6$ 表示连续变量"家庭再生产时间"；$X_7$表示分类变量"重大疾病"；$X_8$表示连续变量"消费品价格上涨"；$X_9$和$X_{10}$为变量"农村妇女类别"的分类变量，分别表示"农村准留守妇女"和"农村留守妇女"。

（7－4）式中，$k=5$，$X_1$表示连续变量"生计策略多样化"；$X_2$表示分类变量"重大疾病"；$X_3$表示连续变量"消费品价格上涨"；$X_4$和$X_5$为变量"农村妇女类别"的分类变量，分别表示"农村准留守妇女"和"农村留守妇女"。

农村妇女的"生殖健康"为二分类变量，故选用（7－5）式和（7－6）式所示的 Logistic 模型来分析生计策略、外部环境等变量对农村妇女生殖健康的影响。

$$\ln \frac{P}{1-P} = b_0 + \sum_{k=1}^{n} b_k X_k ; k = 1,2,\cdots,10 \qquad (7-5)$$

$$\ln \frac{P}{1-P} = b_0 + \sum_{k=1}^{n} b_k X_k ; k = 1,2,\cdots,5 \qquad (7-6)$$

（7－5）式和（7－6）式中，$P$代表患生殖疾病的概率，$b_0$为截距，$b_k$为第$k$个自变量的回归系数，$X_k$表示自变量。其中，（7－5）式中，$k=10$，$X_1$，$X_2$，$\cdots$，$X_{10}$所代表的自变量的含义与（7－3）式中相同。（7－6）式中，$k=5$，$X_1$，$X_2$，$\cdots$，$X_5$所代表的自变量的含义与（7－4）式中相同。

农村妇女的"农业生产决策权""非农经营决策权""家庭再生产决策权""子女成绩""亲子关系""与老人关系"等均为定序变量，因而皆选用（7－7）式和（7－8）式所示的 Ordinal Regression 模型来分析生计策略、外部环境等变量对农村妇女农业生产决策权、非农经营决策权、家庭再生产决策权、子女成绩、亲子关系或与老人关系的影响。

$$\ln \frac{Q_j}{1-Q_j} = b_0 + \sum_{k=1}^{n} b_k X_k ; k = 1,2,\cdots,10 ; j = 1,2,\cdots,5 \qquad (7-7)$$

$$\ln \frac{Q_j}{1-Q_j} = b_0 + \sum_{k=1}^{n} b_k X_k ; k = 1,2,\cdots,5 ; j = 1,2,\cdots,5 \qquad (7-8)$$

（7－7）式和（7－8）式中，农业生产决策权、非农经营决策权、家庭再生产决策权、子女成绩、亲子关系或与老人关系等分别含有 $j$ 项分类（$j = 5$），各项分类对应的概率 $P_1$，$P_2$，$\cdots$，$P_j$，$Q_j$ 为第 $j$ 分类的累积概率 $Q_j = \sum P_j \circ b_0$ 为截距，$b_k$ 为第 $k$ 个自变量的回归系数，$X_k$ 表示自变量。其中，（7 - 7）式中，$k = 10$，$X_1$，$X_2$，$\cdots$，$X_{10}$ 所代表的自变量的含义与（7 - 3）式中相同。（7 - 8）式中，$k = 5$，$X_1$，$X_2$，$\cdots$，$X_5$ 所代表的自变量的含义与（7 - 4）式中相同。

### 7.2.2　不同类别农村妇女的家庭福利效应差异

表 7 - 15 给出了三类妇女的家庭福利比较结果。在家庭经济福利方面，农村留守妇女的汇款收入显著高于准留守妇女，与此相反，其自身经济收入显著低于农村非留守妇女和准留守妇女。在家庭非经济福利方面，三类妇女除家庭地位存在显著差异外，在生理健康、主观幸福感、生殖健康、子女成绩、亲子关系、与老人关系等方面均不存在显著差异。具体而言，三类妇女的生理健康和主观幸福感状况都相对较好，但农村留守妇女和准留守妇女中患有生殖道感染疾病的比例相对高于非留守妇女。同时，农村留守妇女的闲暇时间相对多于准留守妇女和非留守妇女。与此相似，农村留守妇女的农业生产决策权和家庭再生产决策权均显著高于准留守妇女和非留守妇女，而农村准留守妇女的非农经营决策权相对高于留守妇女和非留守妇女。此外，对于子女成绩和亲子关系，农村准留守妇女的均值相对高于非留守妇女和留守妇女。然而与此相反，在与老人关系中，农村准留守妇女的均值相对低于非留守妇女和留守妇女。

其中，在汇款收入方面，农村留守妇女的汇款收入平均为10387.95 元，显著高于农村准留守妇女的 6657.18 元，这可能主要与丈夫外出时间的长短有关。一般情况下，丈夫外出时间越长，其所得的收入越多，加上出于农业投入、赡养老人、补贴日常家用及为子女提供学杂费的目的，给家里的汇款也会相对较多（李强等，2008）；在自身经济收入方面，农村非留守妇女的自身经济收入显著高于准留守妇女和留守妇女，这一结论与已有研究一致。王子成（2012）研究表明家庭成员外出会造成家庭农业经营收入、非农经营收入及其他收入随之减少。而农村准留守妇女的自身经济收入又显著高于非留守妇女，这可能与农村妇女对非农经营的参与及时间投入有关。农村准留守妇女对非农经营的参与程度显著高于留守妇女，同时前者在非农经营上的时间投入也相对多于后者；在家庭地位方面，农村非留守妇女、准留守妇女、留守妇女的农业生产决策权和家庭再生产决策权依次增强。这一结论与已有研究部分一致，陈志光、杨菊华（2012）研究表明，丈夫外出，农村留守妇女的农业生产活动和家务劳动增加。也因此，农村留守妇女掌握了更多的家庭资源，显著促进了她们家庭决策地位的提高。但除此之外，也有不一致之处，丈夫外出对农村留守妇女和准留守妇女的非农经营决策权没有明显的影响。这可能是因为非农经营决策涉及的资金数额更大，即使农村留守妇女和准留守妇女已经掌握了相对较多的家庭资源，但资源数量仍然有限。综上所述，丈夫外出只能部分改善农村留守妇女和准留守妇女的家庭地位，同时这部分改善是以不会耗费较多家庭资源为前提，以承担农业生产活动和家务劳动为代价的。

表 7 - 15  三类妇女的家庭福利效应差异比较

| 变量 | 农村妇女类别 | | | $t/F/\chi^2$ 检验 |
| --- | --- | --- | --- | --- |
| | 农村非留守妇女 | 农村准留守妇女 | 农村留守妇女 | |
| | 频数（百分比）/ 均值（标准差） | 频数（百分比）/ 均值（标准差） | 频数（百分比）/ 均值（标准差） | |
| 家庭经济福利 | | | | |
| 汇款收入 | — | 6657.18 (12078.08) | 10387.95 (13930.76) | 3.68 *** |
| 自身经济收入 | 25069.73 (73373.37) | 15259.30 (38243.94) | 9757.61 (45141.70) | 7.45 *** |
| 家庭非经济福利 | | | | |
| 生理健康 | 59.61 (7.78) | 59.20 (7.99) | 60.10 (7.27) | 1.12 |

| 变量 | | 农村妇女类别 | | | $t/F/\chi^2$ 检验 |
|---|---|---|---|---|---|
| | | 农村非留守妇女 | 农村准留守妇女 | 农村留守妇女 | |
| | | 频数（百分比）/ 均值（标准差） | 频数（百分比）/ 均值（标准差） | 频数（百分比）/ 均值（标准差） | |
| 主观幸福感 | | 57.04（9.41） | 56.89（9.75） | 57.33（8.69） | 0.19 |
| 生殖健康： | 否 | 147（67.12%） | 238（64.50%） | 192（63.79%） | 0.67 |
| | 是 | 72（32.88%） | 131（35.50%） | 109（36.21%） | |
| 闲暇 | | 0.77（0.59） | 0.79（0.60） | 0.83（0.57） | 0.46 |
| 农业生产决策权 | | 3.28（1.11） | 3.40（1.18） | 3.62（1.12） | 5.32** |
| 非农经营决策权 | | 6.76（2.07） | 6.82（2.23） | 6.79（2.09） | 0.05 |
| 家庭再生产决策权 | | 7.40（1.50） | 7.60（1.64） | 7.84（1.64） | 4.734** |
| 子女成绩 | | 3.40（0.70） | 3.44（0.69） | 3.36（0.63） | 0.81 |
| 亲子关系 | | 4.37（0.73） | 4.43（0.62） | 4.32（0.72） | 1.66 |
| 与老人关系 | | 3.71（0.74） | 3.63（0.69） | 3.70（0.92） | 0.27 |

注：$^+ p < 0.1$，$^* p < 0.05$，$^{**} p < 0.01$，$^{***} p < 0.001$。此外，"汇款收入"与"自身经济收入"的标准差较大，可能是因为问卷在调查时采用自填实际收入而非区间收入选择，造成填答者在填答时隐瞒收入、缺失值较多、年和月收入不分等现象发生。

### 7.2.3 家庭经济福利的影响因素

在线性回归模型中，经常会出现由于解释变量之间存在高度相关关系而使模型失真的情形，因而本节将首先检验变量间是否存在多重共线性。

一般情况下，变量间存在多重共线性的判断标准是最大方差膨胀因子（vif）大于 10 且平均方差膨胀因子大于 1。本章中，农业生产参与、农业生产时间、非农经营参与、非农经营时间、家庭再生产参与、家庭再生产时间、产量波动、生产资料价格上涨和作物或家畜疫病之间的多重共线性诊断结果表明，各变量之间不存在多重共线性的问题，它们的方差膨胀因子均小于 10。另外，生计策略多样化、生产资料价格上涨和作物或家畜疫病之间的多重共线性诊断结果也表明，各变量的方差膨胀因子均小于 10，不存在多重共线性。因而，可以采用线性回归方法分析生计策略、生产环境对不同类别农村妇女的自身经济收入的影响（见表 7 - 16）。其中，模型 A1 ～ A3 是不同生计策略的参与及时间配置、生产环境对不同类别农村妇女的自身经济收入的影响的回归结果。而模型 B1 ～ B3 是生计策略多样化、生产环境对不同类别农村妇女的自身经济收入的影响的回归结果。

模型 A1 中，尽管农业生产参与对农村妇女自身经济收入的影响并不显著，但农业生产时间对农村妇女的自身经济收入有着显著的正向影响。同时，非农经营参与和时间也显著地正向影响农村妇女的自身经济收入。与此相反，家庭再生产时间显著地负向影响农村妇女的自身经济收入。当在模型 A2 中加入生产环境后，农业生产时间、非农经营参与、非农经营时间对农村妇女自身经济收入的显著影响没有发生明显变化，而家庭再生产时间对农村妇女自身经济收入的影响系数及显著性程度均有所增加。同时，产量波动显著地正向影响农村妇女自身经济收入。当在模型 A3 中加入农村妇女类别后，尽管非农经营参与、非农经营时间及产量波动对农村妇女自身经济收入的显著影响没有发生明显变化，但农业生产时间、家庭再生产时间对自身经济收入影响的显著性程度均明显下降。同时，农村准留守妇女和留守妇女对自身经济收入均呈显著的负向影响，这一结果与描述性分析结果一致。具体而言，尽管大多数农村妇女都参与了农业生产活动，但农业生产对自身经济收入的影响体现在时间的投入上，即农业生产投入的时间越多，农村妇女的自身经济收入越高，尤其是农村非留守妇女。这可能与农业的生产方式有关，一般情况下，农业生产时间投入多意味着农业生产方式更偏向于精耕细作，所种植的作物种类（包括经济作物）可能更加多样化。与粗放、单一的一般农业生产方式相比，所获得的农业收入相对较高。特别是农村留守妇女，其本身种（养）的农产品种类多于准留守妇女和非留守妇女，农业收入高于准留守和非留守妇女。另外，非农经营对自身经济收入的影响主要取决于参与，即参与非农经营的农村妇女的自身经济收入更高。同时，随着非农经营时间的增加，农村妇女的自身经济收入也会一定程度地提高。上述结论与实际情况一致。近些年来，尽管家庭经营收入占农村居民纯收入的比例一直徘徊在10%～11%，但工资收入占农村居民纯收入的比重一直呈上升趋势（谢勇、沈坤荣，2011），比例接近43.55%（国家统计局农村社会经济调查司，2013）。因此，非农经营收入对个人经济增收的促进作用明显。此外，家庭再生产对自身经济收入的影响主要表现在时间方面，即家庭再生产时间对农村妇女的自身经济收入有显著的消极作用，且该作用还受农村妇女类别的影响。这一结果与已有研究相似（付光伟，2012），原因可能是家庭再生产时间增多，会挤占农业生产和非农经营时间，导致农村妇女自身经济收入的降低。但是农村准留守妇女和留守妇女的非农经营时间可能已经饱和，因而当农业生产和非农经营时间遭到家庭再生产时间的挤压时，相对于农村非留守妇女，准留守妇女和留守妇女的自身经济收入下降较少。最后，相较于近三年未遭受过产量波动的农村妇女，遭受过产量波动的农村妇女自身经济收入更高。这可能是因为农村妇女为了降低产量波动风险，将劳动力及时间向非农经营活动转移，从而获得更高的经济收入。

模型 B1 中，生计策略多样化对农村妇女的自身经济收入呈显著正向影响。当在模型 B2 中加入生产环境后，生计策略多样化对农村妇女自身经济收入的影响没有发生明显变化。同时，产量波动显著正向影响农村妇女的自身经济收入，与之相反，作物或家畜疫病对农村妇女的自身经济收入呈显著负向影响。当在模型 B3 中加入农村妇女类别后，生计策略多样化依然显著正向影响农村妇女的自身经济收入，但产量波动对农村妇女的自身经济收入的影响系数及显著性程度均有所降低，而作物或家畜疫病对农村妇女自身经济收入的影响也变得不显著。同时，农村准留守妇女和留守妇女对自身经济收入均呈显著负向影响，这一结果与描述性分析结果一致。具体而言，生计策略多样化程度越高，意味着农村妇女参与农业生产、非农经营等收入性活动的可能性越大，经济收入的来源也越多，从而其自身经济收入增加的可能性也越大。
同时，产量波动对自身经济收入的影响程度随着农村妇女类别的
不同而表现出差异，原因可能是在农村准留守妇女和留守妇女的
收入来源中，农业收入所占比例相对较低，在发生产量波动时，
她们的反应没有农村非留守妇女紧张，采取调整农业结构或向非
农经营活动转移的可能性也相对较小。所以相较于农村非留守妇
女，产量波动对准留守妇女和留守妇女的自身经济收入影响较小。
与之相似，作物或家畜疫病对自身经济收入的影响因农村妇女类
别的不同而不同。相较于农村非留守妇女，作物或家畜疫病对准
留守妇女和留守妇女的自身经济收入没有产生显著影响。原因可
能正如上所述，在准留守妇女和留守妇女的收入来源中，由于作
物或家畜发生疫病而受到影响的农业收入所占比例较低，因而对
其总体经济收入造成的影响也较小。

表 7 - 16  自身经济收入影响因素的回归结果

| | 自身经济收入对数 | | |
| --- | --- | --- | --- |
| | 模型 A1 | 模型 A2 | 模型 A3 |
| 农业生产参与：否 | | | |
| 是 | 0.142 | 0.204 | 0.224 |
| 农业生产时间 | 0.002 ** | 0.002 ** | 0.002 * |
| 非农经营参与：否 | | | |
| 是 | 1.132 *** | 1.081 *** | 1.078 *** |
| 非农经营时间 | 0.001 ** | 0.001 ** | 0.001 ** |
| 家庭再生产参与：否 | | | |
| 是 | -0.213 | -0.134 | -0.109 |
| 家庭再生产时间 | -0.033 + | -0.034 * | -0.030 + |
| 产量波动：否 | | | |
| 是 | | 0.249 + | 0.251 + |
| 生产资料价格上涨 | | -0.008 | -0.005 |
| 作物或家畜疫病：否 | | | |
| 是 | | -0.107 | -0.062 |

续表

| | 自身经济收入对数 | | |
| --- | --- | --- | --- |
| | 模型 A1 | 模型 A2 | 模型 A3 |
| 农村妇女类别：农村非留守妇女 | | | |
| 农村准留守妇女 | | | - 0. 423 ** |
| 农村留守妇女 | | - 0. 614 *** | |
| $R^2$ | 0. 261 | 0. 242 | 0. 282 |
| 调整后的 $R^2$ | 0. 252 | 0. 228 | 0. 265 |
| | 模型 B1 | 模型 B2 | 模型 B3 |
| 生计策略多样化 | 0. 645 *** | 0. 681 *** | 0. 680 *** |
| 产量波动：否 | | | |
| 是 | | 0. 293 ** | 0. 278 * |
| 生产资料价格上涨 | | - 0. 026 | - 0. 027 |
| 作物或家畜疫病：否 | | | |
| 是 | | - 0. 168 + | - 0. 132 |
| 农村妇女类别：农村非留守妇女 | | | |
| 农村准留守妇女 | | | - 0. 249 * |
| 农村留守妇女 | | | - 0. 484 *** |
| $R^2$ | 0. 087 | 0. 117 | 0. 140 |
| 调整后的 $R^2$ | 0. 086 | 0. 112 | 0. 132 |

注：$^+ p < 0.1$，$^* p < 0.05$，$^{**} p < 0.01$，$^{***} p < 0.001$。

## 7. 2. 4　家庭非经济福利的影响因素

### 7. 2. 4. 1　自身福利的影响因素

与自身经济收入回归类似，农业生产参与、农业生产时间、非农经营参与、非农经营时间、家庭再生产参与、家庭再生产时间、重大疾病和消费品价格上涨之间的多重共线性诊断结果表明，各变量之间不存在多重共线性，它们的方差膨胀因子均小于 10。同时，生计策略多样化、重大疾病和消费品价格上涨之间的多重共线性诊断结果也表明，各变量的方差膨胀因子均小于 10，不存在多重共线性。因而，生计策略、生活环境适合进行线性回归分析。

表 7-17 给出了生计策略、生活环境对不同类别农村妇女的生理健康影响的回归结果。其中，模型 C1～C3 是不同生计策略的参与及时间配置、生活环境对不同类别农村妇女的生理健康影响的回归结果。而模型 D1～D3 是生计策略多样化、生活环境对不同类别农村妇女的生理健康影响的回归结果。

模型 C1 中，农业生产参与对农村妇女的生理健康有着显著的正向影响，而农业生产时间对农村妇女的生理健康却呈显著的负向影响。同时，家庭再生产时间对农村妇女的生理健康也呈显著的负向影响。当在模型 C2 中加入生活环境后，农业生产参与和非农经营参与对农村妇女生理健康的影响系数及显著性程度均有所增加，尤其是非农经营参与对农村妇女生理健康的影响变得显著。而农业生产时间和家庭再生产时间对农村妇女生理健康的影响则均未发生明显变化。同时，重大疾病和消费品价格上涨也均显著地负向影响农村妇女的生理健康。当在模型 C3 中加入农村妇女类别后，农业生产参与、家庭再生产时间及消费品价格上涨对农村妇女生理健康的影响系数及显著性程度均有所下降。而农业生产时间、非农经营参与、重大疾病对农村妇女生理健康的影响则均未发生实质变化。模型 D1 中，生计策略多样化对农村妇女的生理健康没有显著影响。当在模型 D2 和 D3 中分别加入生活环境和农村妇女类别后，生计策略多样化对农村妇女的生理健康依然没有显著影响。与此同时，重大疾病和消费品价格上涨对农村妇女的生理健康一直呈显著的负向影响。具体而言，相较于不参与农业生产的农村非留守妇女，参与农业生产的农村准留守妇女和留守妇女的生理健康状况更好，但这受到农业生产时间的限制，农村妇女在农业生产上投入的时间越多，其生理健康状况越差。原因可能是农业生产通常分为农闲和农忙两个阶段，加之近年来农业技术的广泛使用，一般而言农业生产劳动负担较从前已减轻，而适当的农业劳动还可以使农村准留守妇女和留守妇女的身体得到锻炼。但是如果用于农业生产的时间过多，劳动强度较大，则会对农村妇女的身体健康造成不利影响。同时，与没有参与非农经营活动的农村妇女相比，参与非农经营活动的农村妇女生理健康状况较差，这可能与其生产负担加重有关。与此相似，投入家庭再生产的时间越多，意味着家庭再生产负担越重，对农村妇女的身体健康越不利，尤其是准留守妇女和留守妇女。上述结果与已有研究观点一致（张原，2011）。另外，相较于近三年没有家庭成员（包括自己）患重大疾病的农村妇女，近三年有家庭成员（包括自己）患重大疾病的农村妇女的生理健康状况更差。这可能是因为一旦其他家庭成员患有重大疾病，将导致农村妇女为此付出大量的精力进行照料，客观上增加自身身心压力，对其生理健康产生不利的影响。同时，价格上涨的消费品种类越多，农村妇女的生理健康状况越差，尤其是准留守妇女和留守妇女。这可能是因为消费品价格上涨，将改变农村妇女的消费结构和消费数量，致使她们减少对医疗、食品、文教娱乐、家庭日常支出方面的消费并倾向于"劣等品"消费，最终对其生理健康造成不利影响。相较于农村非留守妇女，准留守妇女和留守妇女对消费品价格上涨的反应更加敏感，且她们的收入较低。

表 7 - 17　生理健康影响因素的回归结果

| | 生理健康 | | |
| --- | --- | --- | --- |
| | 模型 C1 | 模型 C2 | 模型 C3 |
| 农业生产参与：否 | 2. 229 [+] | 2. 305 [*] | 2. 278 [+] |
| 　　　　　　　是 | | | |
| 农业生产时间 | - 0. 016 [***] | - 0. 015 [***] | - 0. 015 [***] |
| 非农经营参与：否 | | | |
| 　　　　　　　是 | - 1. 195 | - 1. 364 [+] | - 1. 307 [+] |
| 非农经营时间 | - 0. 002 | - 0. 001 | - 0. 001 |
| 家庭再生产参与：否 | | | |
| 　　　　　　　是 | 0. 431 | 0. 222 | 0. 256 |

| | 生理健康 | | |
| --- | --- | --- | --- |
| | 模型 C1 | 模型 C2 | 模型 C3 |
| 家庭再生产时间 | - 0. 340 ** | - 0. 328 ** | - 0. 312 * |
| 重大疾病：否 | | | |
| 是 | | - 4. 052 ** | - 4. 009 ** |
| 消费品价格上涨 | | - 0. 338 * | - 0. 330 + |
| 农村妇女类别：农村非留守妇女 | | | |
| 农村准留守妇女 | | | - 0. 935 |
| 农村留守妇女 | | | - 0. 130 |
| $R^2$ | 0.059 | 0.079 | 0.082 |
| 调整后的 $R^2$ | 0.049 | 0.066 | 0.066 |
| | 模型 D1 | 模型 D2 | 模型 D3 |
| 生计策略多样化 | - 0. 494 | - 0. 398 | - 0. 348 |
| 重大疾病：否 | | | |
| 是 | | - 3. 603 *** | - 3. 580 *** |
| 消费品价格上涨 | | - 0. 495 *** | - 0. 493 *** |
| 农村妇女类别：农村非留守妇女 | | | |
| 农村准留守妇女 | | | - 0. 497 |
| 农村留守妇女 | | | 0. 453 |
| $R^2$ | 0.002 | 0.033 | 0.035 |
| 调整后的 $R^2$ | 0.0004 | 0.029 | 0.029 |

注：$^+ p < 0.1$，$^* p < 0.05$，$^{**} p < 0.01$，$^{***} p < 0.001$。

表 7 - 18 给出了生计策略、生活环境对不同类别农村妇女的主观幸福感影响的回归结果。其中，模型 C4 ~ C6 是不同生计策略的参与及时间配置、生活环境对不同类别农村妇女的主观幸福感影响的回归结果。而模型 D4 ~ D6 是生计策略多样化、生活环境对不同类别农村妇女的主观幸福感影响的回归结果。

模型 C4 中，尽管农业生产参与对农村妇女的主观幸福感有着显著的积极作用，但农业生产时间显著负向影响农村妇女的主观幸福感。同时，家庭再生产时间对农村妇女的主观幸福感也有着显著的负向影响。当在模型 C5 中加入生活环境后，农业生产参与、家庭再生产时间对农村妇女主观幸福感的影响均未发生明显变化，而农业生产时间对农村妇女主观幸福感的影响系数及显著性程度则均有所下降。同时，重大疾病和消费品价格上涨均显著负向影响农村妇女的主观幸福感。当在模型 C6 中加入农村妇女类别后，农业生产参与、农业生产时间、家庭再生产时间、重大疾病、消费品价格上涨对农村妇女主观幸福感的影响均未发生实质变化。模型 D4 中，生计策略多样化对农村妇女的主观幸福感没有显著影响。当在模型 D5 和 D6 中分别加入生活环境和农村妇女类别后，生计策略多样化对农村妇女的主观幸福感依然没有显著影响，但重大疾病和消费品价格上涨对农村妇女的主观幸福感一直呈显著的负向影响。具体而言，参与农业生产有利于农村妇女主观幸福感的提高，但这受到农业生产时间的限制。可能的原因是农业生产是农村家庭的基本工作，农村妇女通过参与农业生产，不仅能打发空闲时间，还能为家庭提供基本的口粮和食物来源并获得相应收入，从而体现其家庭角色的重要性，并在增强自信心的同时，提高主观幸福感。但如果农业生产时间过长，农业劳动强度过大，则会对农村妇女造成较大的身心负担，从而不利于主观幸福感的提高。同时，用于家庭再生产的时间越多，农村妇女的主观幸福感越低。原因可能与农业生产时间类似，家庭再生产的投入时间越多，意味着劳动强度越高和闲暇时间越少，客观上增加了农村妇女的身心负担，最终导致主观幸福感降低。另外，相较于近三年没有家庭成员（包括自己）患重大疾病的农村妇女，近三年有家庭成员（包括自己）患重大疾病的农村妇女的主观幸福感更低，这一结果与重大疾病对生理健康的影响结果一致，即家庭成员患重大疾病不仅会对生理健康不利，同时也会造成较大的心理负担，从而使主观幸福感降低。与之相似，价格上涨的消费品种类越多，农村妇女的消费结构也会随之调整，由此产生的不适应以及在医疗、食品、文教娱乐、家庭日常支出方面的消费负担都会影响她们的主观幸福感。

表 7 - 18　主观幸福感影响因素的回归结果

| | 主观幸福感 | | |
| --- | --- | --- | --- |
| | 模型 C4 | 模型 C5 | 模型 C6 |
| 农业生产参与：否 | | | |
| 　　　　　是 | 2. 560 * | 2.686 * | 2. 679 * |
| 农业生产时间 | - 0. 009 * | - 0. 008 + | - 0. 008 + |
| 非农经营参与：否 | | | |
| 　　　　　是 | - 0. 543 | - 0. 647 | - 0. 620 |
| 非农经营时间 | - 0. 001 | 0. 001 | 0. 001 |
| 家庭再生产参与：否 | | | |
| 　　　　　是 | 1. 713 | 1. 657 | 1. 655 |
| 家庭再生产时间 | - 0. 323 * | - 0. 303 * | - 0. 302 * |
| 重大疾病：否 | | | |
| 　　　　　是 | | - 6. 800 *** | - 6. 786 *** |
| 消费品价格上涨 | | - 0. 454 * | - 0. 455 * |
| 农村妇女类别：农村非留守妇女 | | | |
| 　　　　农村准留守妇女 | | | - 0. 042 |
| 　　　　农村留守妇女 | | | 0. 208 |
| $R^2$ | 0. 030 | 0. 077 | 0. 075 |
| 调整后的 $R^2$ | 0. 020 | 0. 064 | 0. 059 |
| | 模型 D4 | 模型 D5 | 模型 D6 |
| 生计策略多样化 | - 0. 012 | 0. 135 | 0. 154 |
| 重大疾病：否 | | | |
| 　　　　　是 | | - 5. 656 *** | - 5. 647 *** |
| 消费品价格上涨 | | - 0. 555 *** | - 0. 555 *** |
| 农村妇女类别：农村非留守妇女 | | | |
| 　　　　农村准留守妇女 | | | - 0. 048 |
| 　　　　农村留守妇女 | | | 0. 314 |
| $R^2$ | 0. 000 | 0. 044 | 0. 045 |
| 调整后的 $R^2$ | - 0. 001 | 0. 041 | 0. 039 |

注：$^+ p < 0.1$，$^* p < 0.05$，$^{**} p < 0.01$，$^{***} p < 0.001$。

　　表7－19给出了生计策略、生活环境对不同类别农村妇女的生殖健康影响的回归结果。其中，模型C7～C9是不同生计策略的参与及时间配置、生活环境对不同类别农村妇女的生殖健康影响的回归结果。而模型D7～D9是生计策略多样化、生活环境对不同类别农村妇女的生殖健康影响的回归结果。

　　模型C7中，农业生产时间显著正向影响农村妇女的生殖健康。当在模型C8中加入生活环境后，农业生产时间对生殖健康的影响未发生实质变化，而非农经营参与对生殖健康的影响系数及显著性程度则均有所提高。同时，重大疾病对生殖健康也有着显著的正向影响。当在模型C9中加入农村妇女类别后，农业生产时间、非农经营参与、重大疾病对生殖健康的影响均未发生明显变化。模型D7中，生计策略多样化对生殖健康呈显著的正向影响。当在模型D8中加入生活环境后，生计策略多样化对生殖健康的影响未发生实质变化。同时，重大疾病对生殖健康呈显著的正向影响。当在模型D9中加入农村妇女类别后，生计策略多样化、重大疾病对生殖健康的影响均未发生明显变化。具体而言，农业生产时间对生殖健康一直呈显著的正向影响，即农村妇女在农业生产上投入的时间越多，意味着她们用于获取生殖健康相关知识、信息的时间越少，并且还可能缺乏充足的时间去医院进行常规或必要的妇科检查，从而致使生殖疾病的患病率增加。类似地，非农经营参与对生殖健康也一直呈显著的正向影响，这可能是因为非农经营活动往往需要农村妇女付出大量的白天时间，因此相较于没有参与非农经营活动的农村妇女，参与者通常会面临时间紧张，没有足够时间去获取相关信息或到医院进行妇科检查的境况，致使生殖疾病的患病率较高。同时，近三年，相较于没有家庭成员（包括自己）患重大疾病的农村妇女，有家庭成员（包括自己）患重大疾病的农村妇女生殖疾病患病率更高。这可能是因为重大疾病通常会花费家中大笔资金，造成家庭经济困难。再加上大多数妇女缺乏基本的生殖健康知识，往往会产生相关预防和检查的花费不必要的心理状态，从而最终导致自身生殖健康的恶化（彭川，2012）。另外，生计策略多样化程度越高，农村妇女的生殖疾病患病率越高，这一结果与农业生产时间和非农经营参与对生殖健康的影响一致，都可能是农村妇女将更多的时间用于生计活动而忽视了对自身生殖健康的关注所致。

表 7 - 19　生殖健康影响因素的回归结果

| | 生殖健康 | | |
|---|---|---|---|
| | 模型 C7 | 模型 C8 | 模型 C9 |
| 农业生产参与：否 | | | |
| 　　　　　是 | - 0. 268 | - 0. 337 | - 0. 336 |
| 农业生产时间 | 0. 003 $^*$ | 0. 003 $^*$ | 0. 003 $^*$ |
| 非农经营参与：否 | 0. 322 | 0. 370 $^+$ | 0. 367 $^+$ |
| 　　　　　是 | | | |
| 非农经营时间 | 0. 001 | 0. 0003 | 0. 0003 |
| 家庭再生产参与：否 | | | |
| 　　　　　是 | - 0. 132 | - 0. 051 | - 0. 065 |
| 家庭再生产时间 | - 0. 006 | - 0. 008 | - 0. 013 |
| 重大疾病：否 | | | |
| 　　　　　是 | | 0. 657 $^*$ | 0. 652 $^*$ |
| 消费品价格上涨 | | - 0. 049 | - 0. 053 |
| 农村妇女类别：农村非留守妇女 | | | |
| 　　　　　农村准留守妇女 | | | 0. 284 |
| 　　　　　农村留守妇女 | | | 0. 161 |
| Log Likelihood | - 378. 169 | - 371. 730 | - 370. 946 |
| 伪 $R^2$ | 0. 014 | 0. 020 | 0. 022 |
| | 模型 D7 | 模型 D8 | 模型 D9 |
| 生计策略多样化 | 0. 273 $^*$ | 0. 286 $^*$ | 0. 291 $^*$ |
| 重大疾病：否 | | | |
| 　　　　　是 | | 0. 745 $^{**}$ | 0. 751 $^{**}$ |
| 消费品价格上涨 | | - 0. 035 | - 0. 035 |
| 农村妇女类别：农村非留守妇女 | | | |
| 　　　　　农村准留守妇女 | | | 0. 113 |

续表

| | 生殖健康 | | |
| --- | --- | --- | --- |
| | 模型 D7 | 模型 D8 | 模型 D9 |
| 农村留守妇女 | | | 0.192 |
| Log Likelihood | −571.194 | −554.223 | −553.712 |
| 伪 $R^2$ | 0.014 | 0.020 | 0.015 |

注：$^+ p < 0.1$，$^* p < 0.05$，$^{**} p < 0.01$，$^{***} p < 0.001$。

　　表 7 − 20 给出了生计策略、生活环境对不同类别农村妇女的闲暇影响的回归结果。其中，模型 C10 ~ C12 是不同生计策略的参与及时间配置、生活环境对不同类别农村妇女的闲暇影响的回归结果。而模型 D10 ~ D12 是生计策略多样化、生活环境对不同类别农村妇女的闲暇影响的回归结果。

　　模型 C10 中，农业生产时间和家庭再生产参与对农村妇女的闲暇均有着显著的消极影响，而家庭再生产时间对闲暇有着显著的正向影响。当在模型 C11 和模型 C12 中分别加入生活环境和农村妇女类别后，农业生产时间、家庭再生产参与及家庭再生产时间对闲暇的影响均未发生明显变化。具体而言，投入农业生产的时间越多，农村妇女的闲暇时间越少。相较于没有参与家庭再生产的农村妇女，参与者的闲暇时间更少。这说明在每天时间固定的前提下，农村妇女的农业生产、家庭再生产和闲暇时间之间存在着明显的"零和"效应。同时投入家庭再生产的时间越多，农村妇女的闲暇时间越多。这可能主要与农村妇女的闲暇结构有关。事实上，农村妇女的闲暇多为"半闲暇"，即边照顾子女或老人边休闲，边做家务边休闲。因而参与家庭再生产劳动虽然在形式上挤占了农村妇女的闲暇时间，然而正是由于家庭再生产时间的增加，农村妇女的闲暇时间也随之增多（田翠琴，2004）。

　　模型 D10 中，生计策略多样化对农村妇女的闲暇的影响不显著。当在模型 D11 和模型 D12 中分别加入生活环境和农村妇女类别后，生计策略多样化对闲暇的影响依然不显著。同时，相较于近三年没有家庭成员（包括自己）患重大疾病的农村妇女，有家庭成员（包括自己）患重大疾病的农村妇女的闲暇时间更多。原因可能是家庭成员患重大疾病通常会使得农村妇女因养病或照顾其他家庭成员而不能参与或较少参与农业生产、非农经营等活动，从而直接增加她们的闲暇时间；或随着农村妇女家庭再生产时间的增加，所包含的闲暇时间也相应增多。

表 7 - 20　闲暇影响因素的回归结果

| | 闲暇 | | |
| --- | --- | --- | --- |
| | 模型 C10 | 模型 C11 | 模型 C12 |
| 农业生产参与：否 | | | |
| 　　　　　　是 | 0.179 | 0.178 | 0.178 |
| 农业生产时间 | - 0.002 * | - 0.001 * | - 0.001 * |
| 非农经营参与：否 | | | |
| 　　　　　　是 | - 0.016 | - 0.010 | - 0.004 |
| 非农经营时间 | 0.001 | 0.001 | 0.001 |
| 家庭再生产参与：否 | | | |
| 　　　　　　是 | - 0.406 * | - 0.409 * | - 0.415 * |
| 家庭再生产时间 | 0.060 ** | 0.060 ** | 0.058 ** |
| 重大疾病：否 | | | |
| 　　　　是 | | 0.111 | 0.112 |
| 消费品价格上涨 | | - 0.006 | - 0.007 |
| 农村妇女类别：农村非留守妇女 | | | |
| 　　　　　　农村准留守妇女 | | | 0.099 |
| 　　　　　　农村留守妇女 | | | 0.119 |
| $R^2$ | 0.036 | 0.037 | 0.195 |
| 调整后的 $R^2$ | 0.026 | 0.023 | 0.021 |
| | 模型 D10 | 模型 D11 | 模型 D12 |
| 生计策略多样化 | 0.055 | 0.048 | 0.050 |
| 重大疾病：否 | | | |
| 　　　　是 | | 0.295 + | 0.298 + |

续表

| | 闲暇 | | |
|---|---|---|---|
| | 模型 D10 | 模型 D11 | 模型 D12 |
| 消费品价格上涨 | | 0.036 | 0.036 |
| 农村妇女类别：农村非留守妇女 | | | |
| 农村准留守妇女 | | | 0.061 |
| 农村留守妇女 | | | 0.098 |
| $R^2$ | 0.024 | 0.003 | 0.007 |
| 调整后的 $R^2$ | 0.001 | 0.003 | 0.001 |

注：$^+ p < 0.1$，$^* p < 0.05$，$^{**} p < 0.01$，$^{***} p < 0.001$。

表 7-21 给出了生计策略、生活环境对不同类别农村妇女家庭地位影响的回归结果。其中，模型 C13～C15、C16～C18、C19～C21 分别是不同生计策略的参与及时间配置、生活环境对不同类别农村妇女的农业生产决策权、非农经营决策权、家庭再生产决策权影响的回归结果。而模型 D13～D15、D16～D18、D19～D21 分别是生计策略多样化、生活环境对不同类别农村妇女的农业生产决策权、非农经营决策权、家庭再生产决策权影响的回归结果。

模型 C13 中，农业生产时间对农村妇女的农业生产决策权起着显著的促进作用。当在模型 C14 中加入生活环境后，农业生产时间对农业生产决策权的影响基本不变。同时，消费品价格上涨显著地正向影响农业生产决策权。当在模型 C15 中加入农村妇女类别后，农业生产时间对农业生产决策权的影响依然未发生明显变化，但消费品价格上涨对农业生产决策权的影响系数及显著性程度均有所下降。同时，农村留守妇女对农业生产决策权呈显著的正向影响。另外，在模型 D13 和 D14 中，生计策略多样化、生活环境对农村妇女的农业生产决策权均无显著影响，并且在模型 D15 中加入农村妇女类别后，这种影响依然不变。同时，农村留守妇女显著正向影响农业生产决策权。具体而言，投入农业生产的时间越多，农村妇女的农业生产决策权越大。原因可能是农业生产投入时间越多，意味着农村妇女对农业生产的参与越深入，其所掌握

表7-21 家庭地位影响因素的回归结果

| | 农业生产决策权 | | | 非农经营决策权 | | | 家庭再生产决策权 | | |
|---|---|---|---|---|---|---|---|---|---|
| | 模型C13 | 模型C14 | 模型C15 | 模型C16 | 模型C17 | 模型C18 | 模型C19 | 模型C20 | 模型C21 |
| 农业生产参与：否 | | | | | | | | | |
| 是 | -0.197 | -0.213 | -0.242 | -0.343 | -0.413 | -0.411 | -0.340 | -0.423 | -0.437 |
| 农业生产时间 | 0.003* | 0.002* | 0.002* | 0.002* | 0.002* | 0.002* | 0.0004 | 0.0004 | 0.0006 |
| 非农经营参与：否 | | | | | | | | | |
| 是 | -0.029 | -0.040 | -0.005 | 0.177 | 0.192 | 0.190 | -0.483** | -0.471** | -0.435* |
| 非农经营时间 | -0.0001 | -0.0003 | -0.0004 | 0.0005 | 0.0004 | 0.0004 | 0.0005 | 0.0002 | 0.0003 |
| 家庭再生产参与：否 | | | | | | | | | |
| 是 | 0.318 | 0.299 | 0.287 | 0.070 | 0.119 | 0.115 | 0.153 | 0.294 | 0.276 |
| 家庭再生产时间 | 0.044 | 0.044 | 0.041 | 0.011 | 0.014 | 0.014 | 0.029 | 0.029 | 0.022 |
| 重大疾病：否 | | | | | | | | | |
| 是 | | 0.240 | 0.249 | | -0.175 | -0.183 | | 1.066** | 1.125*** |
| 消费品价格上涨 | | 0.088* | 0.084+ | | -0.044 | -0.0145 | | -0.044 | -0.052 |
| 农村妇女类别：农村非留守妇女 | | | 0.172 | | | 0.057 | | | 0.282 |
| 农村准留守妇女 | | | | | | | | | |

续表

| | 农业生产决策权 | | | 非农经营决策权 | | | 家庭再生产决策权 | | |
|---|---|---|---|---|---|---|---|---|---|
| | 模型 C13 | 模型 C14 | 模型 C15 | 模型 C16 | 模型 C17 | 模型 C18 | 模型 C19 | 模型 C20 | 模型 C21 |
| 农村留守妇女 | | | 0.459* | | | 0.009 | | | 0.688** |
| Log Likelihood | -719.495 | -711.919 | -709.401 | -844.361 | -836.621 | -707.514 | -928.673 | -911.659 | -905.644 |
| 伪 $R^2$ | 0.010 | 0.013 | 0.017 | 0.004 | 0.005 | 0.007 | 0.006 | 0.014 | 0.020 |

| | 模型 D13 | 模型 D14 | 模型 D15 | 模型 D16 | 模型 D17 | 模型 D18 | 模型 D19 | 模型 D20 | 模型 D21 |
|---|---|---|---|---|---|---|---|---|---|
| 生计策略多样化 | -0.038 | -0.049 | -0.037 | 0.052 | 0.062 | 0.059 | -0.132 | -0.151 | -0.132 |
| 重大疾病：否 | | | | | | | | | |
| 是 | | 0.193 | 0.227 | | -0.010 | -0.018 | | 0.698** | 0.732** |
| 消费品价格上涨 | | 0.045 | 0.044 | | -0.040 | 0.041 | | -0.038 | -0.040 |
| 农村妇女类别：农村非留守妇女 | | | | | | | | | |
| 农村准留守妇女 | | | 0.224 | | | 0.034 | | | 0.258+ |
| 农村留守妇女 | | | 0.567** | | | -0.092 | | | 0.550** |
| Log Likelihood | -1031.175 | -1013.522 | -1008.16 | -1262.914 | -1244.511 | -1244.170 | -1416.396 | -1381.613 | -1375.945 |
| 伪 $R^2$ | 0.0001 | 0.001 | 0.006 | 0.0001 | 0.0006 | 0.0009 | 0.0006 | 0.005 | 0.009 |

注：+ $p < 0.1$，* $p < 0.05$，** $p < 0.01$，*** $p < 0.001$。

213

的相关资源（如生产信息、生产技术）也就相对越多，因而对农业生产的控制能力也越强。另外，价格上涨的消费品种类越多，农村妇女的农业生产决策权越大，尤其是农村留守妇女。这可能是因为消费品价格上涨使农村妇女家庭对资金的需求增加，而农业生产所获得的收入相对较少，加之农村留守妇女在家庭农业生产中起着主导作用。因而当农村妇女，尤其是留守妇女为提高收入而调整或改变农业生产时，更能得到丈夫的默认和支持，自己做主的可能性也较大（陈志光、杨菊华，2012）。同时，相较于农村非留守妇女，留守妇女的农业生产决策权较大。这与描述性分析结果一致，可能与丈夫外出，农业生产基本由留守妇女主导有关。

模型C16中，农业生产时间对农村妇女的非农经营决策权有着显著的积极作用。当在模型C17和C18中分别加入生活环境和农村妇女类别后，农业生产时间对非农经营决策权的影响始终未发生明显变化。另外，在模型D16、D17和D18中，生计策略多样化、生活环境及农村妇女类别对非农经营决策权均无显著影响。具体而言，农村妇女对农业生产的投入时间越多，其非农经营决策权越大。这可能与调查地的农业发展特点有关，农业生产时间越长，意味着农村妇女在从事休闲观光农业时的决策权越大，其中包含的非农经营决策权也随之提高。

模型C19中，非农经营参与对家庭再生产决策权呈显著的负向影响。当在模型C20中加入生活环境后，非农经营参与对家庭再生产决策权的影响未发生明显变化。同时，重大疾病显著正向影响家庭再生产决策权。当在模型C21中加入农村妇女类别后，非农经营参与对家庭再生产决策权的影响系数及显著性程度均有所下降，而重大疾病对家庭再生产决策权的影响系数及显著性程度则均有所提高。同时，农村留守妇女对家庭再生产决策权呈显著的正向影响。模型D19中，生计策略多样化对家庭再生产决策权无显著影响。在模型D20中加入生活环境后，生计策略多样化对家庭再生产决策权的影响不变，同时重大疾病显著正向影响家庭再生产决策权。当在模型 D21 中加入农村妇女类别后，重大疾病对家庭再生产决策权的影响没有发生明显变化。同时，农村准留守妇女和留守妇女均显著地正向影响家庭再生产决策权。具体而言，相较于没有参与非农经营的农村妇女，参与非农经营者的家庭再生产决策权较小。可能的解释是非农经营活动的参与往往意味着更大的生产规模和更多的时间付出，因而农村妇女在子女、老人照料，或孩子教育、健康方面的决策通常需要丈夫或其他家庭成员的协助。但同时，相较于农村非留守妇女，留守妇女参与非农经营对家庭再生产决策权的影响较小，这可能与丈夫长时间不在家，留守妇女在家庭再生产活动中占有重要的地位有关。另外，相较于近三年没有家庭成员（包括自己）患重大疾病的农村妇女，有家庭成员（包括自己）患重大疾病的妇女的家庭再生产决策权较高，尤其是留守妇女。这可能是因为家庭成员患重大疾病会使得农村妇女在照料子女或老人方面付出更多的时间，从而增强她们在家庭再生产方面的自主性和话语权。特别是对留守妇女而言，其本身的家庭再生产决策权相对较高。这与描述性分析结果一致。可能是因丈夫外出时间较长，所以留守妇女在家庭再生产中大多处于完全主导的地位。而准留守妇女的家庭再生产决策权次之，可能是因为其丈夫多为就近务工，外出时间较短，从而会参与一些家庭再生产活动，对准留守妇女的家庭决策过程造成影响。

### 7.2.4.2　孩子福利的影响因素

表 7-22 给出了生计策略、生活环境对不同类别农村妇女的孩子福利影响的回归结果。其中，模型 E1～E3、E4～E6 分别是不同生计策略的参与及时间配置、生活环境对不同类别农村妇女的子女成绩、亲子关系影响的回归结果。而模型 F1～F3、F4～F6 分别是生计策略多样化、生活环境对不同类别农村妇女的子女成绩、亲子关系影响的回归结果。

模型 E1 中，农村妇女的农业生产时间、家庭再生产参与对其子女成绩均有着显著的负向影响。而在模型 E2 中加入生活环境后，农业生产时间、家庭再生产参与对子女成绩影响的显著性程

表 7 - 22 孩子福利影响因素的回归结果

| | 子女成绩 | | | 亲子关系 | | |
|---|---|---|---|---|---|---|
| | 模型 E1 | 模型 E2 | 模型 E3 | 模型 E4 | 模型 E5 | 模型 E6 |
| 农业生产参与：否 | | | | | | |
| 是 | 0.517 | 0.540 | 0.567 | 0.099 | -0.005 | -0.009 |
| 农业生产时间 | -0.002* | -0.002+ | -0.002+ | -0.0004 | 0.00004 | 0.0001 |
| 非农经营参与：否 | | | | | | |
| 是 | 0.107 | 0.148 | 0.124 | 0.760** | 0.789** | 0.765** |
| 非农经营时间 | 0.00003 | 0.0001 | 0.0001 | -0.001 | -0.001 | -0.001 |
| 家庭再生产参与：否 | | | | | | |
| 是 | -0.746* | -0.719+ | -0.738* | -0.556 | -0.413 | -0.448 |
| 家庭再生产时间 | 0.042 | 0.0340 | 0.048 | 0.146*** | 0.146*** | 0.143** |
| 重大疾病：否 | | | | | | |
| 是 | | 0.128 | 0.181 | | 0.514 | 0.506 |
| 消费品价格上涨 | | -0.080 | -0.077 | | -0.105* | -0.106* |
| 农村妇女类别：农村非留守妇女 | | | | | | |
| 农村准留守妇女 | | | -0.289 | | | 0.217 |

| | 子女成绩 | | | 亲子关系 | | |
| --- | --- | --- | --- | --- | --- | --- |
| | 模型 E1 | 模型 E2 | 模型 E3 | 模型 E4 | 模型 E5 | 模型 E6 |
| 农村留守妇女 | | | -0.491[+] | | | 0.017 |
| Log Likelihood | -415.809 | -410.644 | -408.917 | -402.781 | -397.075 | -396.517 |
| 伪 $R^2$ | 0.010 | 0.014 | 0.019 | 0.034 | 0.040 | 0.041 |

| | 模型 F1 | 模型 F2 | 模型 F3 | 模型 F4 | 模型 F5 | 模型 F6 |
| --- | --- | --- | --- | --- | --- | --- |
| 生计策略多样化 | 0.018 | 0.069 | 0.050 | 0.379** | 0.428** | 0.408** |
| 重大疾病：否 | | | | | | |
| 　　　　　是 | | 0.122 | 0.134 | | -0.0005 | 0.005 |
| 消费品价格上涨 | | -0.097* | -0.098* | | -0.021 | -0.021 |
| 农村妇女类别：农村非留守妇女 | | | 0.038 | | | 0.092 |
| 　　　　农村准留守妇女 | | | | | | |
| 　　　　农村留守妇女 | | | -0.168 | | | -0.137 |
| Log Likelihood | -681.690 | -585.555 | -587.905 | -597.858 | -585.741 | -584.911 |
| 伪 $R^2$ | 0.000 | 0.005 | 0.006 | 0.007 | 0.008 | 0.010 |

注：[+] $p<0.1$，* $p<0.05$，** $p<0.01$，*** $p<0.001$。

度均有所降低。当在模型 E3 中加入农村妇女类别后，农业生产时间对子女成绩的影响不变，而家庭再生产参与对子女成绩的影响系数及显著性程度均有所提高。同时，农村留守妇女对其子女成绩有着明显的负向影响。具体而言，农村妇女用于农业生产的时间越多，越缺乏时间和精力辅导子女学习，从而对子女成绩造成影响。另外，相较于没有参与家庭再生产的农村妇女，调查中有一半参与家庭再生产的农村妇女同时参与照顾孩子和老人，可能会导致因精力分散而忽视子女学业现象的发生。尤其是留守妇女，参与活动较多，导致在子女学业上的时间和精力投入有限，最终影响子女成绩。

模型 F1 中，生计策略多样化对子女成绩没有显著影响。当在模型 F2 和 F3 中分别加入生活环境和农村妇女类别后，生计策略多样化对子女成绩的影响不变，同时消费品价格上涨对子女成绩呈显著的负向影响。具体而言，价格上涨的消费品种类越多，子女成绩越差。原因可能是对消费品价格上涨比较敏感的农村妇女家庭，其经济条件往往相对较差，通常不能为子女提供更好的受教育条件（周大超、朱玉春，2013）。同时农村妇女还会为了节约日常开支，很多事务都亲力亲为，甚至需要子女帮忙做一些家务活动，这都对子女成绩造成了一定的消极影响。

模型 E4 中，非农经营参与和家庭再生产时间对亲子关系均呈显著的正向影响。当在模型 E5 中加入生活环境后，非农经营参与和家庭再生产时间对亲子关系的影响均未发生实质变化。同时，消费品价格上涨对亲子关系呈显著的负向影响。当在模型 E6 中加入农村妇女类别后，尽管非农经营参与、消费品价格上涨对亲子关系的影响均未发生明显变化，但家庭再生产时间对亲子关系的影响系数及显著性程度均有所下降。具体而言，相较于没有参与非农经营的农村妇女，参与非农经营的农村妇女与其子女的关系更亲近。这可能包括两个方面的原因：一方面，一些非农经营活动常常需要子女的帮助，从而增加了农村妇女与子女相处沟通的机会；另一方面，参与非农经营的农村妇女的视野更加开阔，当子女遇到问题时，其所见所闻都有助于与子女进行良好的沟通。与之相似，农村妇女在家庭再生产方面的投入时间越长，与子女的关系越亲近。这可能是因为家庭再生产方面的投入时间越长意味着与子女相处交流的时间越多。但比较而言，农村非留守妇女的家庭再生产时间对亲子关系的影响要相对较小，可能的原因是丈夫在家，降低了子女对母亲的依恋质量（范丽恒等，2009）。此外，价格上涨的消费品种类越多，可能意味着农村妇女的经济条件越差，需要将更多的精力和时间用于生计活动，从而减少了与子女沟通交流的时间，导致与子女的关系不亲近。

模型 F4 中，生计策略多样化对亲子关系呈显著的正向影响。当在模型 F5 和 F6 中分别加入生活环境和农村妇女类别后，生计策略多样化对亲子关系的影响一直未发生实质变化。具体而言，农村妇女参与的生计策略种类越多，可能意味着需要子女帮助的非农经营和家庭再生产活动越多，由此增加了彼此之间相处沟通的机会，从而使亲子关系更加亲近。

### 7.2.4.3 老人福利的影响因素

表 7－23 给出了生计策略、生活环境对不同类别农村妇女的老人福利影响的回归结果。其中，模型 G1～G3 是不同生计策略的参与及时间配置、生活环境对不同类别农村妇女的老人福利影响的回归结果。而模型 H1～H3 是生计策略多样化、生活环境对不同类别农村妇女的老人福利影响的回归结果。

模型 G1 中，不同生计策略的参与及时间配置对老人福利均没有显著的影响，并且在模型 G2 和 G3 中分别加入生活环境和农村妇女类别后，不同生计策略的参与及时间配置对老人福利的影响依然不显著。同时，消费品价格上涨显著地负向影响老人福利。模型 H1 中，生计策略多样化对老人福利没有显著的影响，并且在模型 H2 和 H3 中分别加入生活环境和农村妇女类别后，生计策略多样化对老人福利的影响依然不显著。同时，重大疾病、消费品价格上涨和农村妇女类别对老人福利的影响也一直不显著。具体而言，价格上涨的消费品种类越多，与老人的关系越不好，这一结果与消费品价格上涨对亲子关系的影响一致。原因同样可能是价格上涨的消费品种类越多，意味着农村妇女的经济条件越差，需要将更多的精力和时间用于生计活动，从而减少了照料老人及与老人相处的时间和机会，导致与老人的关系不亲近。

表 7 - 23　老人福利影响因素的回归结果

| | 老人福利 | | |
| --- | --- | --- | --- |
| | 模型 G1 | 模型 G2 | 模型 G3 |
| 农业生产参与：否 | | | |
| 　　　　　　是 | 0. 242 | 0. 318 | 0. 309 |
| 农业生产时间 | - 0. 002 | - 0. 001 | - 0. 001 |
| 非农经营参与：否 | | | |
| 　　　　　　是 | 0. 306 | 0. 646 | 0. 649 |
| 非农经营时间 | - 0. 001 | - 0. 002 | - 0. 002 |
| 家庭再生产参与：否 | | | |
| 　　　　　　是 | - 0. 697 | - 0. 674 | - 0. 680 |
| 家庭再生产时间 | 0. 056 | 0. 043 | 0. 045 |
| 重大疾病：否 | | | |
| 　　　　　是 | | 0. 716 | 0. 733 |
| 消费品价格上涨 | | - 0. 200 * | - 0. 198 * |
| 农村妇女类别：农村非留守妇女 | | | |
| 　　　　　农村准留守妇女 | | | - 0. 104 |
| 　　　　　农村留守妇女 | | | - 0. 031 |
| Log Likelihood | - 157. 142 | - 149. 933 | - 149. 898 |
| 伪 $R^2$ | 0. 014 | 0. 044 | 0. 044 |
| | 模型 H1 | 模型 H2 | 模型 H3 |
| 生计策略多样化 | 0. 055 | 0. 128 | 0. 131 |
| 重大疾病：否 | | | |
| 　　　　　是 | | 0. 284 | 0. 294 |
| 消费品价格上涨 | | - 0. 087 | - 0. 085 |

|  | 老人福利 | | |
|---|---|---|---|
|  | 模型 G1 | 模型 G2 | 模型 G3 |
| 农村妇女类别：农村非留守妇女 |  |  |  |
| 农村准留守妇女 |  |  | -0.045 |
| 农村留守妇女 |  |  | 0.063 |
| Log Likelihood | -328.303 | -315.257 | -315.167 |
| 伪 $R^2$ | 0.0001 | 0.006 | 0.0.006 |

注：$^{+}p<0.1$，$^{*}p<0.05$，$^{**}p<0.01$，$^{***}p<0.001$。

## 7.3  农村留守妇女婚姻满意度的影响因素

由上述结果可知，农村留守妇女的生计策略在导致家庭收入增加、夫妻联合决策倾向上升、子女教育弱化、老人孤独感增强等外部积极（消极）结果的同时（吴惠芳，2011），也对农村留守妇女的幸福感、身心健康等有消极影响（许传新，2009b）。事实上，在农村留守妇女的幸福感、身心健康等福利测度过程中，婚姻满意度是经常出现的维度之一（洪冬美等，2007；王嘉顺，2008）。婚姻满意度是个体对其婚姻生活的主观评价和感受（Crawford et al.，2002），不仅在较大程度上交互影响着农村留守妇女的心理压力、生理健康、夫妻情感交流等自身福利（吴惠芳、叶敬忠，2010），也会对子女教育和老人照料等其他成员福利产生影响（许传新，2009b）。再加上夫妻双方长期两地分居，他们的婚姻稳定性也一向是外界关注的重点。因而，除了上述常规的家庭福利形式，婚姻满意度也应该作为福利的一部分被重点关注。

已有专门针对农村留守妇女婚姻满意度的研究较少，主要集中在经济状况、夫妻交流互动、生殖健康等个体差异和家庭结构、社会支持等内外部环境对婚姻满意度的影响分析（姜柯等，2008）。在本书中，可持续生计分析框架是分析的基础，按照该框架的解释，生计策略的选择直接影响家庭福利。对农村留守妇女而言，农业生产、家庭经营、工资性工作、家庭再生产是她们常用的生计策略。此外，性生活频率、性生活满意程度等性生活质量变量对婚姻满意度也有促进作用（徐安琪、叶文振，1999；许传新，2008）。农村留守妇女与丈夫长期分离，性权利因为空间阻隔而长期难以实现，性压抑状态又不同程度地被劳动和家务负担所掩盖。因此，在考察农村留守妇女生计策略对婚姻满意度的影响时，有理由认为性生活质量是重要的调节变量。基于此，本节构建了如图7-1所示的分析框架。

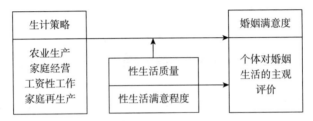

**图7-1　性生活质量调节下生计策略影响婚姻满意度**

图7-1表明，作为生计分析的两个主体要素，农村留守妇女选择的农业生产、家庭经营、工资性工作、家庭再生产等生计策略直接影响着婚姻满意度。与此同时，性生活质量一方面通过与生计策略的交互作用对婚姻满意度产生影响，另一方面直接影响着婚姻满意度。

### 7.3.1　分析设计

#### 7.3.1.1　模型构建

本节将农村妇女的婚姻满意度作为因变量，用"最近一年您对婚姻生活满意吗"题项予以体现，答案按照满意程度由低到高采用 Likert 5 级度量，即 1 = 非常不满意，2 = 不满意，3 = 说不清，4 = 满意，5 = 很满意，从而形成典型的有序分类变量。因此，最终选用有序回归（Ordinal Regression）模型来分析生计策略对农村留守妇女婚姻满意度的影响，具体形式为：

$$\eta_{ij}[\rho_{ij}(Y \leqslant j)] = \frac{\alpha_j - (\beta_1 X_{i1} + \cdots + \beta_m X_{im})}{\sigma_i} \tag{7-9}$$

（7-9）式 $i=1$，2，3，分别代表非留守妇女、准留守妇女和留守妇女三个亚群，其中准留守妇女为丈夫外出时间少于 6 个月的农村妇女；$j=1$，2，…，5，代表婚姻满意度的分类；$X_{im}$ 代表各类农村妇女的生计策略、性生活质量等自变量；$\sigma_i$ 代表尺度参数（默认值为 1）；$\rho_{ij}(Y \leqslant j)$ 代表婚姻满意度小于等于 $j$ 的累加概率；$\eta_{ij}[\rho_{ij}(Y \leqslant j)]$ 代表累加概率 $\rho_{ij}(Y \leqslant j)$ 的连接函数。（7-9）式最终线性转换后为：

$$\ln \frac{\rho_{ij}(Y \leqslant j)}{1-\rho_{ij}(Y \leqslant j)} = \ln \frac{\sum_{Y=1}^{j} \rho_{ij}}{\sum_{Y=j+1}^{n} \rho_{ij}} = \alpha_j - (\beta_1 X_{ij} + \cdots + \beta_m X_{im})$$

$$(7-10)$$

### 7.3.1.2　变量测量

本节的自变量为农村妇女的生计策略和性生活质量。生计策略划分为农业生产、家庭经营、工资性工作和家庭再生产四种类型，为连续变量并以时间为单位计量。其中，农业生产时间由最近一年中农村妇女从事农业、林业、畜牧和水产生产（养殖）天数加总而成，家庭经营时间由最近一年中农村妇女从事的餐饮、商业等经营天数加总而成，工资性工作时间由最近一年中农村妇女从事打工等工资性收入活动天数加总而成，家庭再生产时间由一天中农村妇女从事洗衣、做饭、打扫房间、养育孩子和照顾老人等活动的小时数加总而成；性生活质量则反映了农村妇女最近一年对自身性生活的总体评价，用题项"最近一年您对性生活满意吗"予以体现，答案采用 Likert 5 级度量，为连续变量。

控制变量为农村妇女的年龄、受教育程度和名下是否有存款，都为分类变量。其中，年龄分为"20~35 岁、36~45 岁和 46~60 岁"三类，以"20~35 岁"为参照类；受教育程度分为"小学及以下"和"初中及以上"两类，以"小学及以下"为参照类；名下是否有存款分为"没有"和"有"两类，以"没有"为参照类。因变量、自变量和控制变量的描述信息见表 7 – 24。

表 7 – 24  变量的测量与赋值

| 变量 | 赋值 |
|---|---|
| 因变量 | |
| 婚姻满意度 | 1 = 非常不满意，2 = 不满意，3 = 说不清，4 = 满意，5 = 很满意 |
| 自变量 | |
| 生计策略 | |
| 农业生产（时间） | 从事农业、林业、畜牧和水产生产（养殖）天数加总 |
| 家庭经营（时间） | 从事餐饮、商业等经营天数加总 |
| 工资性工作（时间） | 从事打工等工资性收入活动天数加总 |
| 家庭再生产（时间） | 从事洗衣、做饭、打扫房间、养育孩子和照顾老人等活动小时数加总 |
| 性生活质量 | 1 = 非常不满意，2 = 不满意，3 = 说不清，4 = 满意，5 = 很满意 |
| 控制变量 | |
| 年龄 | 20 ~ 35 岁 = 1<br>36 ~ 45 岁 = 2<br>46 ~ 60 岁 = 3 |
| 受教育程度 | 小学及以下 = 1<br>初中及以上 = 2 |
| 名下是否有存款 | 没有 = 0<br>有 = 1 |

## 7.3.2  生计策略、性生活质量对农村留守妇女婚姻满意度的影响

生计策略、性生活质量对农村妇女婚姻满意度影响的结果如表 7 – 25、表 7 – 26、表 7 – 27 所示，其中，表 7 – 25 为生计策略对农村妇女婚姻满意度的影响结果，表 7 – 26 为生计策略、性生活质量对农村妇女婚姻满意度的影响结果，表 7 – 27 为考虑性生活质

量调节作用的生计策略对农村妇女婚姻满意度的影响结果。为便于比较，各表中将非留守妇女、准留守妇女和留守妇女单独列出，并标出相应的 $-2\text{Log Likelihood}$、$\text{Cox \& Snell } R^2$ 和 $\text{Nagelkerke } R^2$ 等值，结果显示，各模型总体拟合良好。

在控制年龄、受教育程度和名下是否有存款之后，生计策略对非留守妇女、准留守妇女和留守妇女婚姻满意度表现出不同影响（如表 7-25 所示）。家庭再生产策略对非留守妇女的婚姻满意度有显著的促进作用；工资性工作和家庭再生产策略则对丈夫外出时间少于 6 个月的准留守妇女婚姻满意度产生显著的负面影响；农业生产策略对留守妇女的婚姻满意度有显著的促进作用，而家庭经营策略则对留守妇女的婚姻满意度产生显著的负面影响。随着年龄的增长，非留守妇女表现出更高的婚姻满意度，而留守妇女则表现出更低的婚姻满意度。

由于传统性别分工和性别观念的支配，"男耕女织"成为丈夫在家时农村妇女家庭的角色分工和定位，丈夫承担大部分农业生产、家庭经营和打工等生计活动，妻子则将主要精力投入家务、养育孩子和照顾老人等活动并力所能及地帮助丈夫从事一些农业生产和家庭经营。因此，家庭再生产时间一定程度的增加稳定和提高了非留守妇女家庭的福利水平，对其婚姻满意度有明显的促进作用；随着丈夫外出和妻子留守分工模式的确定，整个家庭对增加收入的渴望达到了更高的程度。与农业生产和家庭经营相比，就近打工等工资性活动有着更高的收益或者效益（段塔丽，2010；张原，2011），因而对由于丈夫外出时间较短而家庭经济状况改善不大的准留守妇女产生了足够的吸引力。然而与此同时，丈夫外出又使准留守妇女面对的负担和压力骤然增加。在这样的背景下，工资性活动自然成为"勉强为之"的选择并导致其婚姻满意度的明显下降。此外，作为原有角色分工的继承和延续，家庭再生产逐渐演变成为准留守妇女"骤然增加的负担和压力"之外所必须面对的义务和责任，因而对其婚姻满意度产生明显的负面影响；由于农业生产带来的现实收益和各种隐性保障，农业生产成为农村妇女的基本生计策略，即便是丈夫外出时间较长的留守妇女多数也仍然愿意参加（张原，2011），因而，农业生产时间的延长对包括婚姻满意度在内的家庭福利有明显的促进作用。另外，随着丈夫外出时间的延长和留守妇女负担的加重，餐饮、商业等需要较多劳动力的家庭经营活动对留守妇女而言越来越难以胜任，但较高的"沉没成本"又使家庭经营也演变成为"勉强为之"的选择并导致其婚姻满意度的下降。最后，尽管年龄较大的农村妇女一般而言有着更务实的婚姻期望（许传新，2010），但由于非留守妇女能够在生计、情感、决策等方面得到更多和更全面的支持，而留守妇女只能独自承担全部的责任和义务。因此，伴随着年龄增长及家庭责任和义务不断加重，36~45岁非留守妇女较20~35岁非留守妇女表现出更高的婚姻满意度，而35岁以上留守妇女则较20~35岁留守妇女表现出更低的婚姻满意度。

表 7 - 25　生计策略对农村妇女婚姻满意度的影响

|  | 非留守妇女<br>（估计系数） | 准留守妇女<br>（估计系数） | 留守妇女<br>（估计系数） |
|---|---|---|---|
| 自变量 |  |  |  |
| 农业生产（时间） | 0.001 | 0.000 | 0.008 *** |
| 家庭经营（时间） | 0.003 | 0.002 | - 0.008 ** |
| 工资性工作（时间） | - 0.006 | - 0.005 ** | - 0.004 |
| 家庭再生产（时间） | 0.350 ** | - 0.167 *** | - 0.015 |
| 控制变量 |  |  |  |
| 年龄 |  |  |  |
| 36~45岁 | 1.886 * | - 0.822 | - 2.256 *** |
| 46~60岁 | 0.637 | - 0.772 | - 2.019 ** |
| 受教育程度 |  |  |  |
| 初中及以上 | 0.619 | - 0.731 | 0.475 |
| 名下是否有存款 |  |  |  |
| 有 | 2.031 | 0.777 | - 0.614 |
| - 2Log Likelihood | 96.019 ** | 156.180 * | 124.840 *** |

续表

|  | 非留守妇女<br>（估计系数） | 准留守妇女<br>（估计系数） | 留守妇女<br>（估计系数） |
|---|---|---|---|
| Cox & Snell $R^2$ | 0.251 | 0.140 | 0.196 |
| Nagelkerke $R^2$ | 0.300 | 0.170 | 0.254 |

注：$***$、$**$ 和 $*$ 分别表示变量在 1%、5% 和 10% 统计水平上显著。

　　在控制年龄、受教育程度和名下是否有存款并引入调节变量性生活质量之后，生计策略对非留守妇女、准留守妇女和留守妇女婚姻满意度的影响表现出与表7-25类似的变化，性生活质量则对非留守妇女、准留守妇女和留守妇女婚姻满意度表现出不同影响（如表7-26所示）。性生活质量对非留守妇女和留守妇女的婚姻满意度有着较强的促进作用；引入性生活质量后，尽管变动幅度有限，家庭再生产策略依然对非留守妇女婚姻满意度有显著的积极影响，工资性工作和家庭再生产策略依然对准留守妇女婚姻满意度有显著的负面影响，农业生产策略依然对留守妇女婚姻满意度有显著的积极影响，家庭经营策略则依然对留守妇女婚姻满意度有显著的负面影响。随着年龄的增长，留守妇女依然表现出更低的婚姻满意度。此外，工资性工作策略对留守妇女婚姻满意度表现出显著的负面影响；36~45岁和46~60岁非留守妇女都表现出更高的婚姻满意度；名下有存款使非留守妇女表现出更高的婚姻满意度，而使留守妇女表现出更低的婚姻满意度。

　　由于性生活是婚姻的生理基础，基于生理基础的性行为和性关系是创造幸福婚姻的重要途径（许传新，2010）。同时，非留守妇女因为能够在生计和情感方面获得更多和更全面的支持而使家庭生活处于相对更正常的状态，留守妇女则因为在上述方面获得的支持有限而使家庭生活处于相对不正常的状态。因此，相对于留守妇女婚姻满意度，性生活质量对非留守妇女婚姻满意度表现出更强的积极影响；尽管工资性工作有着较高的收益或效益以及性生活对身心负担和压力有缓解作用（段塔丽，2010；张原，2011；许传新，2010），但工资性工作仍然增加了劳动强度，因此

在引入性生活质量后，工资性工作对留守妇女婚姻满意度表现出
显著的负面影响；尽管年龄增长往往意味着家庭责任和义务的加
重，但非留守妇女有着相对正常的家庭生活状态以及性生活对身
心的缓解（许传新，2010），46～60岁非留守妇女较20～35岁非
留守妇女也表现出更高的婚姻满意度；尽管名下有存款意味着经
济上某种程度的独立，但由于传统性别分工和性别观念的支配，
非留守妇女名下的存款往往更多来源于丈夫的生计收入或者夫妻
之间的"劳动交换"，而留守妇女名下的存款则更多来源于自身艰
辛劳作获得的收入（陈锋，2011）。因此，名下有存款使非留守妇
女表现出更高的婚姻满意度，而使留守妇女表现出更低的婚姻满
意度。此外，引入性生活质量后名下是否有存款对非留守妇女和
留守妇女婚姻满意度表现出显著性差异也间接暗示了性生活质量
在生计策略对婚姻满意度影响过程中的不同作用。

表 7 - 26　生计策略、性生活质量对农村妇女婚姻满意度的影响

| | 非留守妇女（估计系数） | 准留守妇女（估计系数） | 留守妇女（估计系数） |
| --- | --- | --- | --- |
| 自变量 | | | |
| 农业生产（时间） | 0.001 | 0.000 | 0.008 ** |
| 家庭经营（时间） | 0.005 | 0.002 | - 0.009 ** |
| 工资性工作（时间） | - 0.007 | - 0.005 ** | - 0.005 ** |
| 家庭再生产（时间） | 0.430 ** | - 0.147 ** | 0.009 |
| 性生活质量 | 4.129 *** | 0.388 | 1.338 *** |
| 控制变量 | | | |
| 年龄 | | | |
| 36～45岁 | 3.598 ** | - 0.738 | - 2.049 *** |
| 46～60岁 | 2.780 * | - 0.637 | - 2.091 ** |
| 受教育程度 | | | |
| 初中及以上 | - 0.222 | - 0.664 | 0.822 |
| 名下是否有存款 | | | |
| 有 | 1.961 * | 0.775 | - 1.073 * |

|  | 非留守妇女<br>（估计系数） | 准留守妇女<br>（估计系数） | 留守妇女<br>（估计系数） |
|---|---|---|---|
| - 2 Log Likelihood | 69. 948 *** | 156. 067 * | 107. 846 *** |
| Cox & Snell $R^2$ | 0. 505 | 0. 152 | 0. 321 |
| Nagelkerke $R^2$ | 0. 603 | 0. 185 | 0. 416 |

注： ***、** 和 * 分别表示变量在 1%、5% 和 10% 统计水平上显著。

在控制年龄、受教育程度和名下是否有存款，引入性生活质量并加入生计策略与性生活质量交叉项之后，生计策略与性生活质量交叉项对非留守妇女、准留守妇女和留守妇女婚姻满意度表现出不同影响，生计策略和性生活质量对非留守妇女、准留守妇女和留守妇女婚姻满意度的影响表现出与表 7 - 26 类似的变化（如表 7 - 27 所示）。加入生计策略与性生活质量交叉项之后，非留守妇女、准留守妇女和留守妇女婚姻满意度的 Cox & Snell $R^2$ 和Nagelkerke $R^2$ 值均有显著增加，并且性生活质量关于非留守妇女家庭再生产对婚姻满意度影响的调节系数、关于准留守妇女家庭再生产对婚姻满意度影响的调节系数、关于留守妇女家庭经营对婚姻满意度影响的调节系数和工资性工作对婚姻满意度影响的调节系数都表现出显著性。上述结果说明，性生活质量在不同类型农村妇女的生计策略对婚姻满意度的影响过程中发挥了不同的调节作用，其中，在非留守妇女家庭再生产对婚姻满意度影响过程中发挥了负向调节作用，在准留守妇女家庭再生产对婚姻满意度影响过程中发挥了正向调节作用，在留守妇女家庭经营和工资性工作对婚姻满意度影响过程中发挥了正向调节作用。在考虑性生活质量的调节作用后，尽管变动幅度不一，性生活质量依然显著促进非留守妇女和留守妇女的婚姻满意度；工资性工作和家庭再生产策略依然显著消极影响准留守妇女的婚姻满意度；农业生产策略依然显著积极影响留守妇女的婚姻满意度，家庭经营和工资性工作策略则依然显著消极影响留守妇女的婚姻满意度。随着年龄的增长，36 ~ 45 岁和 46 ~ 60 岁非留守妇女依然表现出更高的婚姻满意度，但只有 36 ~ 45 岁留守妇女表现出更低的婚姻满意度。

尽管家庭再生产是非留守妇女的主要角色分工和定位，但高质量性生活在带来身心愉悦的同时，往往也意味着精力的消耗（徐安琪、叶文振，1999）。因此，性生活质量减弱了非留守妇女家庭再生产对婚姻满意度的积极影响，并在考虑性生活质量调节作用情况下使家庭再生产策略对婚姻满意度影响的显著性消失。同时，名下有存款对婚姻满意度影响的显著性消失可能正好暗示了与名下存款"等价交换"的那部分家庭再生产劳动对婚姻满意度积极影响的减弱。同样，当家庭再生产变成准留守妇女"额外的义务和责任"，并且高质量性生活也意味着精力消耗的时候，性生活质量增强了准留守妇女家庭再生产对婚姻满意度的消极影响。最后，由于家庭经营演变成为留守妇女"勉强为之"的选择，工资性工作尽管有着较高的效益但仍然增加了劳动强度以及高质量性生活所意味的精力消耗，性生活质量增强了留守妇女家庭经营和工资性工作对婚姻满意度的消极影响。同时，名下有存款和46 ~ 60 岁年龄对婚姻满意度影响的显著性消失可能正是由于作为留守妇女名下存款来源或主要从事的家庭经营或工资性工作对婚姻满意度消极影响的增强。

表 7 - 27　性生活质量调节作用下的生计策略对农村
妇女婚姻满意度的影响

| | 非留守妇女（估计系数） | 准留守妇女（估计系数） | 留守妇女（估计系数） |
|---|---|---|---|
| 自变量 | | | |
| 农业生产（时间） | 0.002 | 0.000 | 0.008 ** |
| 家庭经营（时间） | 0.007 | 0.001 | - 0.006 ** |
| 工资性工作（时间） | - 0.005 | - 0.005 ** | - 0.004 * |
| 家庭再生产（时间） | 0.253 | - 0.118 * | 0.033 |
| 性生活质量 | 3.930 ** | 0.215 | 2.944 *** |
| 农业生产（时间）×性生活质量 | 0.012 | - 0.003 | - 0.004 |
| 家庭经营（时间）×性生活质量 | 0.009 | 0.002 | 0.013 * |

| | 非留守妇女<br>（估计系数） | 准留守妇女<br>（估计系数） | 留守妇女<br>（估计系数） |
|---|---|---|---|
| 工资性工作（时间）×性生活质量 | − 0.004 | − 0.006 | 0.005 ** |
| 家庭再生产（时间）×性生活质量 | − 1.189 * | 0.138 * | 0.174 |
| 控制变量 | | | |
| 年龄 | | | |
| 36~45 岁 | 4.399 ** | − 0.922 | − 1.958 ** |
| 46~60 岁 | 3.607 ** | − 0.625 | − 1.354 |
| 受教育程度 | | | |
| 初中及以上 | − 0.590 | − 0.775 | 0.646 |
| 名下是否有存款 | | | |
| 有 | 1.176 | 0.684 | − 1.152 |
| − 2Log Likelihood | 61.088 *** | 151.676 * | 95.093 *** |
| Cox & Snell $R^2$ | 0.570 | 0.188 | 0.403 |
| Nagelkerke $R^2$ | 0.681 | 0.229 | 0.522 |

注：***、**和*分别表示变量在1%、5%和10%统计水平上显著；自变量（包括调节变量）已作中心化处理。

## 7.4  小结

本章通过对家庭福利状况的描述性分析及对其影响因素的探讨，主要得出以下结论。

第一，丈夫外出尽管能为农村留守妇女和准留守妇女带来汇款收入，但对二者的自身经济收入有着消极影响。同时，她们获得的汇款收入及自身经济收入的多少还均受到丈夫外出时间的影响，即农村留守妇女的汇款收入显著高于准留守妇女，而其自身经济收入显著低于非留守妇女和准留守妇女。不同于丈夫外出对留守妇女和准留守妇女造成的显著经济福利差异，三类妇女在生理健康、主观幸福感、生殖健康、闲暇方面均不存在显著差异。而对家庭决策权而言，丈夫外出后，农村留守妇女的家庭决策权有所提升。另外，在家庭中其他成员的福利方面，就孩子而言，农村准留守妇女与孩子的关系最亲近，孩子的成绩最好；就老人而言，留守妇女与老人的关系最好。

第二，生计策略、外部环境、农村妇女类别对家庭经济福利的影响方面，农业生产时间、非农经营参与、非农经营时间、生计策略多样化、产量波动对三类妇女的自身经济收入均具有显著的正向影响。同时，家庭再生产时间对三类妇女的自身经济收入具有显著的负向影响。另外，相较于农村非留守妇女，准留守妇女和留守妇女的自身经济收入较高，且农业生产时间、家庭再生产时间、产量波动、作物或家畜疫病对其自身经济收入的显著影响程度均较低。

第三，生计策略、外部环境、农村妇女类别对自身福利的影响方面，农业生产参与对三类妇女的生理健康和主观幸福感分别具有显著的正向影响。另外，农业生产时间、家庭再生产时间、重大疾病、消费品价格上涨对三类妇女的生理健康和主观幸福感均分别具有显著的负向影响；与之不同，非农经营参与只对三类妇女的生理健康具有明显的负向影响。其中，农业生产参与、家庭再生产时间、消费品价格上涨对生理健康的影响在三类妇女之间存在差异。相较于农村准留守妇女和留守妇女，农业生产参与、家庭再生产时间、消费品价格上涨对非留守妇女的生理健康影响较小。同时，农业生产时间、非农经营参与、生计策略多样化、重大疾病对三类妇女的生殖健康均具有显著的正向影响。此外，家庭再生产时间、重大疾病对三类妇女的闲暇时间均具有显著的正向影响，而农业生产时间、家庭再生产参与对三类妇女的闲暇时间则均具有显著的负向影响。农业生产时间对三类妇女的农业生产决策权和非农经营决策权均具有显著的正向影响；同时重大疾病对家庭再生产决策权及消费品价格上涨对农业生产决策权也均具有显著的正向影响；而非农经营参与对三类妇女的家庭再生产决策权具有显著的负向影响。并且，与农村非留守妇女相比，留守妇女的农业生产决策权和家庭再生产决策权均较高，但消费品价格上涨对农业生产决策权的影响及非农经营参与对家庭再生产决策权的影响则相对较小，另外，准留守妇女的家庭再生产决策权也相对较高。

第四，生计策略、外部环境、农村妇女类别对孩子福利的影响方面，农业生产时间、家庭再生产参与、消费品价格上涨对三类妇女的子女成绩均具有显著的负向影响。其中，家庭再生产参与对子女成绩的影响在三类妇女之间存在差异。与农村非留守妇女相比，留守妇女的子女成绩较差，因而家庭再生产参与对留守妇女的子女成绩的影响较大；与此同时，非农经营参与、家庭再生产时间、生计策略多样化对三类妇女的亲子关系均具有显著的正向影响。而消费品价格上涨对三类妇女的亲子关系则具有显著的负向影响。其中，家庭再生产时间对亲子关系的影响在三类妇女之间存在差异。与农村准留守妇女和留守妇女相比，家庭再生产时间对非留守妇女与子女的关系的影响较小。

第五，生计策略、外部环境、农村妇女类别对老人福利的影响方面，只有消费品价格上涨对农村妇女与老人的关系有着显著的负向影响。

第六，家庭再生产策略对非留守妇女婚姻满意度有显著的积极影响；工资性工作和家庭再生产策略对准留守妇女婚姻满意度有显著的消极影响；农业生产策略对留守妇女婚姻满意度有显著的积极影响，而家庭经营和工资性工作策略则对留守妇女婚姻满意度有显著的消极影响。同时，性生活质量不仅本身对非留守妇女和留守妇女的婚姻满意度有显著的积极影响，同时也在生计策略对婚姻满意度的影响过程中发挥不同的调节作用。其中，在非留守妇女家庭再生产对婚姻满意度影响过程中发挥了负向调节作用，在准留守妇女家庭再生产对婚姻满意度影响过程中发挥了正向调节作用，在留守妇女家庭经营和工资性工作对婚姻满意度影响过程中发挥了正向调节作用。

# 8 制度和政策：知晓、
参与和满意度

本章首先旨在展示农村留守妇女对各项相关制度和政策的评价，在此基础上，结合上述研究发现提出一些可以改善农村留守妇女生计策略及提高其家庭福利水平的政策建议。

## 8.1 制度和政策评价

### 8.1.1 相关制度评价

农村留守妇女对农村户籍制度的了解程度明显高于准留守妇女和非留守妇女，这可能与农村留守妇女的外出务工经历以及丈夫长期外出务工有关。同时，从整体看，对户籍管理规定的满意度持说不清态度的人数最多，尤以准留守妇女为最，非留守妇女次之；相对地，留守妇女对户籍管理规定的满意度要高于非留守妇女和准留守妇女。此外，丈夫外出务工使得留守妇女和准留守妇女更加倾向于通过"宅基地换保障性住房，承包地换城镇医疗、养老保险等社会保障"的办法到城（镇）工作和生活（见表8－1）。

表8－1　户籍制度评价

| 项目 | 总数<br>（890） | 非留守妇女<br>（219） | 准留守妇女<br>（370） | 留守妇女<br>（301） | LR<br>检验 |
|---|---|---|---|---|---|
| 501. 您是否了解国家在户籍方面的管理规定（如农业户口和非农业户口的区别，外来人口在城镇打工必须办理暂住证） | | | | | + |

| 项目 | 总数<br>（890） | 非留守妇女<br>（219） | 准留守妇女<br>（370） | 留守妇女<br>（301） | LR<br>检验 |
|---|---|---|---|---|---|
| 1. 完全不了解 | 4.06 | 5.48 | 2.72 | 4.67 | |
| 2. 不了解 | 30.21 | 28.77 | 35.33 | 25.00 | |
| 3. 说不清 | 21.20 | 24.66 | 20.11 | 20.00 | |
| 4. 了解 | 41.94 | 39.27 | 39.13 | 47.33 | |
| 5. 非常了解 | 2.59 | 1.83 | 2.72 | 3.00 | |
| 502. 您对于上述户籍方面的规定是否满意 | | | | | |
| 1. 很不满意 | 1.35 | 1.37 | 0.82 | 2.00 | |
| 2. 不满意 | 5.53 | 6.85 | 5.18 | 5.00 | NS |
| 3. 说不清 | 49.21 | 47.95 | 54.50 | 43.67 | |
| 4. 满意 | 42.10 | 42.92 | 37.06 | 47.67 | |
| 5. 很满意 | 1.81 | 0.91 | 2.45 | 1.67 | |

注：第 1 列中的 501、502 为调查问卷中的问题编号；NS 代表不显著，+ 表示显著性水平为 $p < 0.1$。另外，第 2~5 列中的数字均为百分比（%）。下同。

## 8.1.2 相关政策评价

### 8.1.2.1 对相关政策的知晓度

在九个相关政策中，三类妇女除对政策性能繁母猪保险的知晓状况存在显著差异，其余皆无明显差异。对比分析，非留守妇女中听说并了解各项政策的比例均高于准留守妇女和留守妇女。尤其是对政策性能繁母猪保险，非留守妇女听说并了解的比例更是明显高于其他两类妇女（见表 8-2）。

表 8-2 政策知晓度

| 项目 | 总数<br>（890） | 非留守妇女<br>（219） | 准留守妇女<br>（370） | 留守妇女<br>（301） | LR<br>检验 |
|---|---|---|---|---|---|
| 503A. 您是否知道该制度（政策） | | | | | |

| 项目 | 总数（890） | 非留守妇女（219） | 准留守妇女（370） | 留守妇女（301） | LR检验 |
|---|---|---|---|---|---|
| **1. 农村居民最低生活保障** | | | | | |
| ①没听说 | 12.42 | 13.24 | 12.53 | 11.67 | NS |
| ②听说但不清楚 | 46.05 | 45.66 | 47.41 | 44.67 | |
| ③听说并了解 | 41.42 | 40.64 | 40.05 | 43.67 | |
| **2. 新型农村合作医疗** | | | | | |
| ①没听说 | 2.03 | 1.83 | 2.45 | 1.67 | NS |
| ②听说但不清楚 | 12.53 | 10.50 | 13.90 | 12.33 | |
| ③听说并了解 | 85.33 | 87.67 | 83.65 | 85.67 | |
| **3. 新型农村社会养老保险** | | | | | |
| ①没听说 | 1.81 | 2.28 | 1.63 | 1.67 | NS |
| ②听说但不清楚 | 17.74 | 15.07 | 19.35 | 17.73 | |
| ③听说并了解 | 80.45 | 82.65 | 79.02 | 80.60 | |
| **4. 农村义务教育阶段家庭经济困难寄宿生补助** | | | | | |
| ①没听说 | 32.39 | 28.31 | 32.07 | 35.79 | NS |
| ②听说但不清楚 | 39.39 | 42.47 | 38.86 | 37.79 | |
| ③听说并了解 | 27.65 | 28.77 | 28.53 | 25.75 | |
| **5. 农村计划生育家庭奖励扶持** | | | | | |
| ①没听说 | 8.20 | 5.48 | 9.46 | 8.64 | NS |
| ②听说但不清楚 | 29.89 | 31.05 | 32.70 | 25.58 | |
| ③听说并了解 | 61.12 | 63.01 | 56.76 | 65.12 | |
| **6. 大中型水库移民后期扶持** | | | | | |
| ①没听说 | 61.69 | 59.82 | 61.62 | 63.12 | NS |
| ②听说但不清楚 | 25.17 | 23.74 | 25.41 | 25.91 | |
| ③听说并了解 | 11.69 | 15.98 | 10.81 | 9.63 | |
| **7. 农村劳动力培训"阳光工程"** | | | | | |
| ①没听说 | 56.18 | 54.79 | 55.14 | 58.47 | NS |
| ②听说但不清楚 | 24.83 | 22.37 | 25.95 | 25.25 | |

| 项目 | 总数<br>（890） | 非留守妇女<br>（219） | 准留守妇女<br>（370） | 留守妇女<br>（301） | LR<br>检验 |
|---|---|---|---|---|---|
| ③听说并了解 | 17.98 | 22.37 | 17.57 | 15.28 | |
| 8. 粮食直接补助和农资综合补助 | | | | | |
| ①没听说 | 3.83 | 2.28 | 4.62 | 3.99 | NS |
| ②听说但不清楚 | 21.06 | 18.26 | 24.73 | 18.60 | |
| ③听说并了解 | 73.87 | 79.00 | 69.57 | 75.42 | |
| 9. 政策性能繁母猪保险 | | | | | |
| ①没听说 | 52.08 | 45.41 | 52.97 | 55.81 | |
| ②听说但不清楚 | 27.22 | 24.77 | 27.84 | 28.24 | *** |
| ③听说并了解 | 18.67 | 28.90 | 15.95 | 14.62 | |

注：*** 表示显著性水平为 $p < 0.001$。

### 8.1.2.2　对相关政策的参与

对于具有全民覆盖性特点的政策，如新型农村合作医疗、新型农村社会养老保险以及粮食直接补助和农资综合补助，三类妇女的参与度都非常高，无明显差异。对于一些有限制条件的政策，如农村居民最低生活保障、农村义务教育阶段家庭经济困难寄宿生补助、农村计划生育家庭奖励扶持以及大中型水库移民后期扶持等，三类农村妇女的参与度均比较低，也无明显差异。对于自愿参加的政策，如农村劳动力培训"阳光工程"和政策性能繁母猪保险，三类妇女的参与度存在明显的差异，均是非留守妇女的参与程度高于准留守妇女，较高于留守妇女（见表8-3）。

表8-3　政策参与

| 项目 | 总数<br>（890） | 非留守妇女<br>（219） | 准留守妇女<br>（370） | 留守妇女<br>（301） | LR<br>检验 |
|---|---|---|---|---|---|
| 503B. 您是否参与或享受该制度（政策） | | | | | |
| 1. 农村居民最低生活保障 | | | | | |

续表

| 项目 | 总数<br>（890） | 非留守妇女<br>（219） | 准留守妇女<br>（370） | 留守妇女<br>（301） | LR<br>检验 |
|---|---|---|---|---|---|
| ①是 | 18.76 | 22.75 | 16.93 | 18.11 | NS |
| ②否 | 80.98 | 77.25 | 82.76 | 81.51 | |
| 2. 新型农村合作医疗 | | | | | NS |
| ①是 | 94.91 | 96.26 | 94.38 | 94.58 | |
| ②否 | 5.09 | 3.74 | 5.62 | 5.42 | |
| 3. 新型农村社会养老保险 | | | | | NS |
| ①是 | 86.33 | 87.74 | 84.68 | 87.33 | |
| ②否 | 13.67 | 12.26 | 15.32 | 12.67 | |
| 4. 农村义务教育阶段家庭经济困难寄宿生补助 | | | | | NS |
| ①是 | 21.68 | 19.87 | 25.51 | 18.23 | |
| ②否 | 77.98 | 80.13 | 74.09 | 81.25 | |
| 5. 农村计划生育家庭奖励扶持 | | | | | NS |
| ①是 | 33.04 | 32.52 | 33.64 | 32.72 | |
| ②否 | 66.71 | 67.48 | 65.76 | 67.28 | |
| 6. 大中型水库移民后期扶持 | | | | | NS |
| ①是 | 10.57 | 14.61 | 11.76 | 5.66 | |
| ②否 | 88.52 | 84.27 | 87.50 | 93.40 | |
| 7. 农村劳动力培训"阳光工程" | | | | | * |
| ①是 | 32.48 | 40.20 | 34.55 | 23.39 | |
| ②否 | 66.75 | 58.84 | 64.85 | 76.61 | |
| 8. 粮食直接补助和农资综合补助 | | | | | NS |
| ①是 | 82.55 | 80.84 | 81.79 | 84.72 | |
| ②否 | 17.45 | 19.16 | 18.21 | 15.28 | |
| 9. 政策性能繁母猪保险 | | | | | * |
| ①是 | 11.03 | 16.95 | 11.31 | 5.34 | |
| ②否 | 88.49 | 83.05 | 88.10 | 93.89 | |

注：* 表示显著性水平为 $p < 0.05$。

### 8.1.2.3 对相关政策执行的满意度

同样地，对于能够普遍参与的政策，如新型农村合作医疗、新型农村社会养老保险以及粮食直接补助和农资综合补助，三类农村妇女的满意度均比较高。其中，非留守妇女的满意度高于留守妇女，较高于准留守妇女，但并无显著的差异。对于有条件限制的政策和自愿参与的政策，三类妇女的满意度仍然较高，并且整体看，持说不清态度的农村妇女数量也比较多。虽无明显差异，但非留守妇女的满意度仍相对高于准留守妇女和留守妇女（见表8-4）。

表8-4 政策执行满意度

| 项目 | 总数<br>（890） | 非留守妇女<br>（219） | 准留守妇女<br>（370） | 留守妇女<br>（301） | LR<br>检验 |
|---|---|---|---|---|---|
| 503C. 该制度（政策）的执行和实施情况，您是否满意 | | | | | |
| 1. 农村居民最低生活保障 | | | | | |
| ①不满意 | 2.14 | 2.10 | 1.79 | 2.56 | + |
| ②说不清 | 33.10 | 26.57 | 40.18 | 29.74 | |
| ③满意 | 49.47 | 58.74 | 43.30 | 49.74 | |
| 2. 新型农村合作医疗 | | | | | |
| ①不满意 | 2.32 | 2.36 | 1.97 | 2.73 | + |
| ②说不清 | 9.99 | 6.60 | 13.20 | 8.53 | |
| ③满意 | 87.69 | 91.04 | 84.83 | 88.74 | |
| 3. 新型农村社会养老保险 | | | | | |
| ①不满意 | 2.14 | 1.95 | 2.01 | 2.44 | NS |
| ②说不清 | 17.26 | 14.15 | 21.26 | 14.63 | |
| ③满意 | 80.00 | 82.44 | 76.44 | 82.58 | |
| 4. 农村义务教育阶段家庭经济困难寄宿生补助 | | | | | |
| ①不满意 | 1.54 | 0.82 | 2.66 | 0.68 | + |
| ②说不清 | 38.82 | 38.52 | 44.68 | 31.51 | |
| ③满意 | 47.37 | 48.36 | 44.15 | 50.68 | |

续表

| 项目 | 总数<br>（890） | 非留守妇女<br>（219） | 准留守妇女<br>（370） | 留守妇女<br>（301） | LR<br>检验 |
|---|---|---|---|---|---|
| 5. 农村计划生育家庭奖励扶持 | | | | | |
| ①不满意 | 1.79 | 1.90 | 2.02 | 1.44 · | |
| ②说不清 | 23.29 | 22.15 | 26.32 | 20.57 | NS |
| ③满意 | 62.38 | 65.82 | 59.11 | 63.64 | |
| 6. 大中型水库移民后期扶持 | | | | | |
| ①不满意 | 0.74 | 1.28 | 0.93 | 0.00 | |
| ②说不清 | 36.76 | 33.33 | 34.58 | 42.53 | NS |
| ③满意 | 36.40 | 44.87 | 37.38 | 27.59 | |
| 7. 农村劳动力培训"阳光工程" | | | | | |
| ①不满意 | 1.80 | 1.06 | 3.70 | 0.00 | |
| ②说不清 | 34.23 | 28.72 | 37.04 | 35.58 | NS |
| ③满意 | 48.35 | 57.45 | 45.19 | 44.23 | |
| 8. 粮食直接补助和农资综合补助 | | | | | |
| ①不满意 | 1.22 | 0.48 | 1.80 | 1.08 | |
| ②说不清 | 16.22 | 14.01 | 18.86 | 14.70 | NS |
| ③满意 | 80.37 | 84.06 | 76.35 | 82.44 | |
| 9. 政策性能繁母猪保险 | | | | | |
| ①不满意 | 1.32 | 2.15 | 0.85 | 1.08 | |
| ②说不清 | 40.59 | 37.63 | 41.03 | 43.01 | NS |
| ③满意 | 38.28 | 47.31 | 35.04 | 33.33 | |

注：+表示显著性水平为 $p < 0.1$。

### 8.1.2.4　相关政策存在的主要问题

三类妇女对上述政策存在的最主要问题的认识方面不存在明显的差异，均以没问题为主，尤以非留守妇女为最，留守妇女次之。但从整体看，仍有部分妇女认为这些政策存在标准低、补偿少的问题，尤其是非留守妇女和准留守妇女，但三类妇女间并不存在明显的差异（表8-5）。

表 8 - 5  存在的主要问题

| 项目 | 总数（890） | 非留守妇女（219） | 准留守妇女（370） | 留守妇女（301） | LR检验 |
|---|---|---|---|---|---|
| 503D. 该制度（政策）存在的最主要问题是什么 | | | | | |
| **1. 农村居民最低生活保障** | | | | | |
| ①标准低 | 12.55 | 15.00 | 12.39 | 10.94 | |
| ②补偿少 | 10.55 | 12.14 | 12.39 | 7.29 | |
| ③手续麻烦 | 6.36 | 4.29 | 6.42 | 7.81 | NS |
| ④资金不到位 | 1.27 | 0.00 | 1.83 | 1.56 | |
| ⑤执行有偏差 | 3.82 | 2.14 | 4.13 | 4.69 | |
| ⑥没问题 | 43.64 | 48.57 | 40.83 | 43.23 | |
| **2. 新型农村合作医疗** | | | | | |
| ①标准低 | 8.76 | 8.53 | 10.45 | 6.87 | |
| ②补偿少 | 15.89 | 13.74 | 18.08 | 14.78 | |
| ③手续麻烦 | 4.09 | 5.21 | 2.54 | 5.15 | NS |
| ④资金不到位 | 0.35 | 0.00 | 0.56 | 0.34 | |
| ⑤执行有偏差 | 2.10 | 1.90 | 2.26 | 2.06 | |
| ⑥没问题 | 67.87 | 69.67 | 64.69 | 70.45 | |
| **3. 新型农村社会养老保险** | | | | | |
| ①标准低 | 9.64 | 10.40 | 9.30 | 9.51 | |
| ②补偿少 | 13.25 | 12.38 | 14.83 | 11.97 | |
| ③手续麻烦 | 3.25 | 1.98 | 3.49 | 3.87 | NS |
| ④资金不到位 | 1.20 | 0.50 | 1.45 | 1.41 | |
| ⑤执行有偏差 | 0.84 | 0.99 | 0.87 | 0.70 | |
| ⑥没问题 | 67.83 | 70.79 | 65.99 | 67.96 | |
| **4. 农村义务教育阶段家庭经济困难寄宿生补助** | | | | | |
| ①标准低 | 9.53 | 10.66 | 9.63 | 8.45 | NS |
| ②补偿少 | 8.20 | 9.84 | 9.09 | 5.63 | |
| ③手续麻烦 | 5.99 | 4.10 | 8.02 | 4.93 | |

| 项目 | 总数<br>（890） | 非留守妇女<br>（219） | 准留守妇女<br>（370） | 留守妇女<br>（301） | LR<br>检验 |
|---|---|---|---|---|---|
| ④资金不到位 | 0.44 | 0.82 | 0.00 | 0.70 | |
| ⑤执行有偏差 | 2.22 | 2.46 | 2.67 | 1.41 | NS |
| ⑥没问题 | 55.65 | 57.38 | 56.68 | 52.82 | |
| 5. 农村计划生育家庭奖励扶持 | | | | | |
| ①标准低 | 13.33 | 13.21 | 14.57 | 11.96 | |
| ②补偿少 | 10.24 | 10.69 | 10.93 | 9.09 | |
| ③手续麻烦 | 3.41 | 3.14 | 4.05 | 2.87 | NS |
| ④资金不到位 | 0.98 | 0.00 | 1.62 | 0.96 | |
| ⑤执行有偏差 | 0.98 | 0.63 | 1.21 | 0.96 | |
| ⑥没问题 | 53.98 | 55.97 | 52.23 | 54.55 | |
| 6. 大中型水库移民后期扶持 | | | | | |
| ①标准低 | 8.55 | 8.97 | 11.54 | 4.60 | |
| ②补偿少 | 5.58 | 7.69 | 3.85 | 5.75 | |
| ③手续麻烦 | 5.95 | 5.13 | 6.73 | 5.75 | NS |
| ④资金不到位 | 2.60 | 2.56 | 2.88 | 2.30 | |
| ⑤执行有偏差 | 1.12 | 1.28 | 0.96 | 1.15 | |
| ⑥没问题 | 44.24 | 48.72 | 42.31 | 42.53 | |
| 7. 农村劳动力培训"阳光工程" | | | | | |
| ①标准低 | 10.27 | 9.47 | 14.29 | 5.83 | |
| ②补偿少 | 8.46 | 8.42 | 7.52 | 9.71 | |
| ③手续麻烦 | 3.93 | 3.16 | 5.26 | 2.91 | NS |
| ④资金不到位 | 1.51 | 2.11 | 0.75 | 1.94 | |
| ⑤执行有偏差 | 1.51 | 1.05 | 2.26 | 0.97 | |
| ⑥没问题 | 50.45 | 52.63 | 46.62 | 53.40 | |
| 8. 粮食直接补助和农资综合补助 | | | | | NS |
| ①标准低 | 11.93 | 10.58 | 13.55 | 10.99 | |
| ②补偿少 | 15.13 | 12.02 | 16.57 | 15.75 | |

| 项目 | 总数<br>（890） | 非留守妇女<br>（219） | 准留守妇女<br>（370） | 留守妇女<br>（301） | LR<br>检验 |
|---|---|---|---|---|---|
| ③手续麻烦 | 2.34 | 1.44 | 3.01 | 2.20 | |
| ④资金不到位 | 0.37 | 0.48 | 0.30 | 0.37 | |
| ⑤执行有偏差 | 1.11 | 1.44 | 1.51 | 0.37 | |
| ⑥没问题 | 64.45 | 70.67 | 59.64 | 65.57 | |
| 9. 政策性能繁母猪保险 | | | | | |
| ①标准低 | 6.95 | 10.75 | 6.03 | 4.30 | |
| ②补偿少 | 7.95 | 8.60 | 6.03 | 9.68 | |
| ③手续麻烦 | 3.31 | 3.23 | 2.59 | 4.30 | NS |
| ④资金不到位 | 1.66 | 1.08 | 2.59 | 1.08 | |
| ⑤执行有偏差 | 0.33 | 1.08 | 0.00 | 0.00 | |
| ⑥没问题 | 51.32 | 54.84 | 51.72 | 47.31 | |

　　总体来看，普遍参与的政策，如新型农村合作医疗、新型农村社会养老保险以及粮食直接补助和农资综合补助，对农村准留守妇女的影响最明显，因为从政策评价的知晓度、参与度以及满意度来看，农村准留守妇女均低于农村非留守妇女和农村留守妇女；有条件限制的政策，如农村居民最低生活保障、农村义务教育阶段家庭经济困难寄宿生补助、农村计划生育家庭奖励扶持以及大中型水库移民后期扶持等，对农村准留守妇女和农村留守妇女的影响均较为明显，因为从政策知晓度和参与度来看，对农村留守妇女的影响最为明显，但从满意度来看，对农村准留守妇女的影响最明显；自愿参与的政策，如农村劳动力培训"阳光工程"和政策性能繁母猪保险，从知晓度、参与度以及满意度来看，对农村留守妇女的影响均较为明显。

# 8.2　政策建议

　　通过全面分析农村留守妇女的外部环境、生计资本、生计策略和家庭福利效应的现状,深入探究生计策略和家庭福利效应的影响因素,并参考调查时所获得的一些认识和发现,本书对改善农村留守妇女的生计策略及家庭福利水平提出如下政策建议。

## 8.2.1 培育和增强农村留守妇女的生计能力

### 8.2.1.1 强化和提升农村留守妇女的人力资本

研究发现,农村留守妇女受教育程度基本以没上过学、小学和初中为主,且只有小部分接受过技术培训或掌握一定非农技能,整体呈现出人力资本存量低、发展能力弱的特点。因此,各级部门和组织应当高度重视农村留守妇女人力资本的强化和提升工作,积极为其创造教育和培训机会。通过辨识留守妇女的现实需求,结合当地社会和经济发展环境,逐步构建以乡镇成人学校、就业培训中心和各类职业技术学校为主体的梯次网络培训体系,建立与学校联动的技能型、与企业联动的定单式、与有关部门联动的综合型、与服务实体联动的实用型和与基地联动的实地型等多种培训模式。在课程设置上,要注意根据留守妇女的年龄和受教育程度等实际情况,有针对性地开办种植养殖、计算机、家政服务、刺绣、办公室文员等一系列技能培训课程。在提供教育和培训方式上,要注意满足留守妇女对时间灵活性的要求,采取送教上门、定向培训等方式。最后,要注意采取适当措施,鼓励农村留守妇女积极主动参与教育和培训活动。通过举办就业洽谈会、创办经济实体、组织劳务输出等方式为参加教育和培训的留守妇女搭建就业平台。

### 8.2.1.2 扩大和加强农村留守妇女的社会支持网络

研究发现,农村留守妇女的情感、实际及社会交往支持网络规模较小,社会资源比较贫乏。因此,考虑到社会资源对生计策略参与及时间配置的重要影响,各级部门和组织应帮助农村留守妇女扩大和加强其社会支持网络。在网络平台建设上,可以按照"政府支持引导、妇联协调、镇村联动"的方式,以村民组为单位,引导并建立农村妇女互助小组。在此基础上,有针对性地开展劳务、生产、技术等多种形式的互助活动，并通过选取有知识、有文化、有号召力的优秀妇女担任领头人来鼓励和吸引留守妇女的参与。

### 8.2.1.3　维护和保障农村留守妇女的土地权益

研究发现，农业生产是农村留守妇女的重要生计活动，同时也是重要的收入来源。这意味着农村留守妇女的土地权益直接关系其生计问题。然而，目前农村现有土地分配过程仍然存在分男不分女、嫁入不分、土地流转中妇女租金和收益过低等现象。因此，各级政府及相关组织在立法和执法过程中还应始终坚持贯串社会性别意识，并在此基础上，以完善村规民约为重点，从源头上解决包括留守妇女在内的农村妇女土地权益问题。最后，针对已经存在的权益纠纷问题，应加紧完善土地纠纷协调机制，从而做到切实维护和保障农村留守妇女的土地权益。

### 8.2.1.4　引导和帮助农村留守妇女进行物质资本投资

研究发现，农村留守妇女家庭拥有的农业生产性工具、交通工具和家庭耐用品数量普遍较少，她们对生产工具和耐用品的消费依然处于初级消费阶段。因此，各级政府及相关组织应当积极引导和帮助农村留守妇女进行适当物质资本投资。首先，通过提高留守妇女的农业收入和非农经营收入来提高其购买能力；其次，通过设立农机具、家电购买专项补贴等手段刺激她们的消费意愿。此外，针对部分留守妇女家庭在房屋更新换代上投入大量资金，并因此欠下债务，从而对生计发展造成十分不利影响的现象，各级政府及相关部门还应积极推进农村房屋的确权颁证工作，实现农村房屋的资产化和保值增值。

### 8.2.1.5　加大对农村留守妇女的金融支持

研究发现，农村留守妇女的金融资本来源以非正规渠道为主，如自家存款、亲朋好友处借款等，很少从银行、信用社等正规渠道获取。因此，考虑到金融资本对生计策略参与及时间配置的影响，各级政府及相关组织应当加大对农村留守妇女的金融支持。首先，应积极鼓励当地金融组织通过市场调查等形式，设计开发出专门针对农村留守妇女的贷款新产品。其次，可根据不同的对象设立不同的贷款方式，对有创业意愿的留守妇女实行一对一的贷款产品服务。最后，还可以采用利率优惠措施，根据留守妇女的信用程度，对后期的贷款支持给予不同程度的优惠扶持。

### 8.2.2 构建有利于农村留守妇女生计发展的外部环境

#### 8.2.2.1 以市场需求为导向，及时引导调整农业生产结构

研究发现，农产品产量波动仍是影响包括留守妇女在内的农村妇女的重要外部环境，它直接影响上述群体的生计策略配置和家庭福利改善。因此，政府及相关组织应及时为农村留守妇女提供准确的农产品市场信息，引导她们根据市场需求，利用当地的地理资源及区位优势，积极发展"资本－劳动"双密集的果蔬、经济作物、养殖、观光农业等生产活动，最终确保家庭农业的稳定发展。

#### 8.2.2.2 多种措施并举，有效应对农业生产资料价格上涨

研究发现，生产资料价格上涨是影响农村留守妇女生计策略调整的重要因素，而农村留守妇女因自身经济原因对生产资料价格上涨也更为敏感。因此，首先，各级政府应加强对农资市场的监管，控制农资价格的上涨趋势。同时疏通生产资料供应环节，尤其是化肥、种子、农药等购买频繁、需求量较大的生产资料的进货渠道，减少流通环节溢价，从根本上降低农村留守妇女的农资购置成本。其次，应建立农资价格与相关农业补贴的联动机制，依据农资价格上涨的幅度及通货膨胀率，适时调整农资补贴标准。最后，对于受生产资料价格上涨影响较大的农村留守妇女，相关部门应启动一些专项的生产资料补贴项目。

#### 8.2.2.3 预防和减轻作物或家畜疫病对农业生产的冲击

研究发现，丈夫外出后，农村留守妇女因生产经营方式的变化，其农业生产遭受作物或家畜疾病冲击的概率较高。因此，首先，相关部门及组织应积极对其进行科学实用的种植和养殖技能（技术）培训，同时开设专门的信息咨询渠道，以避免或减少留守

妇女因技能（技术）缺乏而导致作物或家畜疫病问题的发生并缓
解由此对生产生活造成的不利影响。其次，应建立和健全政策性
农业保险制度，加大对政策性农业保险的推广宣传力度和财政激
励力度，鼓励留守妇女参与政策性农业保险。最后，还应在继续
加大相关农业和动物防控、防疫补贴的基础上，对因作物或家畜
疫病出现问题而遭受重大损失的留守妇女开设专项补助基金。

#### 8.2.2.4　积极应对和缓解消费品价格上涨的不利影响

研究发现，消费品价格上涨是影响农村留守妇女生计策略调
整及家庭福利改善的重要因素，而对其影响较大的消费品种类主
要包括食品、服装、水电、家庭用品及服务等。因此，从短期来
看，稳定物价是政府应着力解决的问题之一。同时也应设立专项
价格补贴基金，或采用转移支付的手段来缓解消费品价格上涨对
留守妇女生活的影响。从长期来看，应根据市场需求，调整生产
结构，保证市场上必需消费品的供给。同时还应努力为留守妇女
创造更多的就业机会，提高其收入水平，从根本上减轻或消除消
费品价格上涨带来的不利影响。

### 8.2.3　拓宽农村留守妇女的生计发展途径

#### 8.2.3.1　积极发展生产社会化服务组织，支持农村留守妇女发展农业生产

研究发现，农业生产是农村留守妇女的重要生计活动，同时
也是其重要的收入来源。就目前的农业发展趋势而言，积极培育
社会化服务主体是支持农村留守妇女发展农业生产、促进收入提
高的重要途径。因此，相关部门及组织应始终坚持在农业产前、
产中和产后环节大力发展农业产业化龙头企业、农民专业合作社
等社会化服务组织。通过"龙头企业＋合作社＋基地＋农户""合
作社＋基地＋农户"等模式，带动包括留守妇女家庭在内的农村
家庭发展现代农业和特色农业，促进其生产组织化程度的提高和
经营规模的扩大。

### 8.2.3.2　鼓励和扶持农村留守妇女参与家庭非农经营活动

研究发现，非农经营活动的参与不仅能够有效提高农村留守妇女的自身经济收入，同时对孩子福利、老人福利也有积极的影响，因而，有必要通过适当措施来提高留守妇女对非农经营活动的参与。一是积极帮助农村留守妇女从事工资性工作，因地制宜地结合本地经济发展、自然气候等有关特点，大力扶植并发展有市场、有效益的季节性项目，如药材种植、花卉种植等，从而解决农村留守妇女的季节性就业问题。另外，也可以扶植或引进一批劳动密集型产业，尤其是食品加工、饲料加工及传统手工艺品生产等适合女性从事的产业，并结合留守妇女的特点，打造灵活的就业模式，将简单易操作的生产工序下放到家庭。二是充分利用留守妇女的人才资源优势，鼓励以家庭创业为载体，发展农产品加工业、农产品流通业等家庭经营活动。

## 8.2.4　改善和提高农村留守妇女的家庭福利水平

### 8.2.4.1　积极采取有效措施，切实减轻农村留守妇女的家庭生活负担

研究发现，农村留守妇女没有纯粹的闲暇时间，其在闲暇过程中常伴随日常家务、孩子及老人照料等活动，整体闲暇时间较少。同时，家庭再生产时间的增加也对农村留守妇女的身心健康造成负担。因此，根据留守妇女的实际情况，可以通过留守妇女自助，家政及教育合作社、互助会等组织带动，妇联组织引导等模式，组建"互助家园""阳光家园""贴心嫂子"等留守妇女互助组，从而切实减轻留守妇女在家务、子女教育、老人照料等方面的负担。另外，农业生产时间长也是导致闲暇时间减少的重要因素，除通过留守妇女间相互的帮扶来减少农业劳动外，还应设立专项财政支出购置农业机械设备，以改善农村地区落后的农业生产条件。

### 8.2.4.2　加强健康干预，确保农村留守妇女身心健康

研究发现，受丈夫外出的影响，农村留守妇女患生殖疾病的

风险增加。同时，包括留守妇女在内的农村妇女的身心健康还受到生产参与及时间配置、重大疾病风险等的不利影响。因此，相关部门除采取帮扶及技术支持等措施来缓解生产造成的不利影响外，还应该定期组织留守妇女进行健康检查，举办各类健康知识（特别是生殖健康知识）讲座；同时通过政府购买心理保健服务等手段，降低农村留守妇女罹患生理、心理疾病的风险。另外，还可以依托乡村文化活动、健身活动设施等，建立多样化的文娱团体，引导农村留守妇女开展体育、娱乐等群体活动。

### 8.2.4.3 鼓励外出务工丈夫返乡就业和创业，实现家庭团聚

研究发现，丈夫外出后，农村留守妇女的脆弱性增加，且生计资本较为贫乏，同时家庭福利状况也没有因丈夫收入的增加而得到改善。因此，可以通过鼓励外出务工丈夫返乡就业、创业，实现家庭团聚来促进留守妇女家庭福利水平的改善。首先，可以借助新型城镇化战略的实施契机，依据当地的地理条件和资源禀赋，因地制宜地大力发展具有地方特色的乡镇企业。其次，可以通过制定、实施相关优惠政策，优先引进劳动力密集型产业，鼓励工商企业设立和个人投资办厂，吸引农民返乡创业。再次，设立就业专项资金，加强对返乡人员的职业培训，并对就业困难人员实行重点帮扶。最后，对于"带资返乡"的创业人员，可以规划建立创业园区，并在符合相关条件的前提下，放宽对经营场所的限制。同时，还可以辅以项目指导和积极的信贷服务支持等政策，引导返乡人员发展符合当地经济发展方向及地方特色的创业项目。

# 9 结论与展望：明天会更好

本章对前述章节的研究发现进行了总结，并对未来研究提出了展望。因而，本章共包括两部分内容：主要结论和研究展望。

## 9.1 主要结论

随着我国城镇化进程的不断深入，农村妇女在农村建设和发展过程中的重要性日益凸显。在此背景下，因丈夫外出，农村留守妇女的角色和责任发生了重要变化，其生计发展和福利状况也成为社会各界关注的重点。本书在归纳已有关于农村留守妇女生计策略及家庭福利效应相关研究内容的基础上，构建了生计策略及家庭福利效应分析框架。同时利用 2012 年安徽省巢湖市农村妇女生计策略及家庭福利效应调查数据，对农村留守妇女面临的外部环境、生计资本、生计策略和家庭福利现状进行了全面分析，并且还深入探讨了影响农村留守妇女生计策略和家庭福利的因素。具体如下。

本书的研究基础是对农村留守妇女生计策略及家庭福利研究进展的细致回顾，主要从三个方面展开：首先，对可持续生计分析框架进行简要的解释和说明，在此基础上分析将其与农村留守妇女群体研究结合的可行性，并说明本书重点研究生计策略及生计结果的原因；其次，结合可持续生计分析框架中对生计策略的维度划分及农村留守妇女特征，在辨识出农村留守妇女生计策略维度的基础上，对已有研究中关于农村留守妇女生计策略的内容及影响因素进行归纳梳理；最后，对农村留守妇女的生计结果进行总结后发现，农村留守妇女的生计结果实际上主要表现为家庭福利效应。因而本书主要对已有研究中农村留守妇女的家庭福利内容及影响因素进行了归纳梳理。

基于上述文献回顾以及以脆弱性为代表的外部环境分析，本书构建了农村留守妇女生计策略及家庭福利效应分析框架，并对相关核心维度的变量进行了设计和测量；后于 2012 年在安徽省巢湖市进行了实地调查。

首先，本书利用此次调查的数据，对农村留守妇女面临的外部环境、生计资本存量、生计策略现状进行了描述性分析。

其次，依据生计策略及家庭福利效应分析框架，本书分别以农业生产、非农经营、家庭再生产等不同生计策略的参与及时间配置、生计策略多样化为因变量，以生计资本（人力、社会、自然、物质和金融资本）和外部环境（生产环境、生活环境）为自变量，构建了回归模型探讨影响农村留守妇女生计策略现状的因素。同时，本书还探讨了影响农村留守妇女未来生计策略（外出务工意愿）的因素。

再次，在对农村留守妇女家庭福利状况进行描述性分析的基础上，同样依据生计策略及家庭福利效应分析框架，本书分别以农村留守妇女的自身经济福利、自身非经济福利（生理健康、主观幸福感、生殖健康、闲暇、家庭地位）、孩子福利（子女成绩、亲子关系）、老人福利为因变量，以不同生计策略的参与及时间配置（农业生产、非农经营、家庭再生产）和外部环境、生计策略多样化和外部环境为自变量，构建回归模型探讨影响农村留守妇女家庭福利状况的因素。

最后，本书在对与农村留守妇女相关的制度和政策进行描述性分析的基础上，结合前述研究发现和在调查中获得的认识，提出了四个方面的政策建议。

在对主要研究工作进行简单回顾后，本书主要得出如下研究结论。

一是尽管农村非留守妇女、准留守妇女、留守妇女受到外部冲击、社会主要发展趋势及周期性因素的影响相似，但因留守妇女在家庭和农业生产中处于直接主导地位，所以在面对脆弱性环境时相对敏感。其中，外部冲击因素中，人身健康冲击、经济冲击中的生活用品价格上涨和农林作物冲击、负面生活事件中的收入得不到保障、子女得不到好的教育及老人生病时没有足够的时间提供照料对农村妇女的影响最为明显。社会主要发展趋势主要表现为农业女性化趋势；同时，农产品销售方式零散，生产技术落后。

二是农村留守妇女的生计资本相对贫乏。尽管农村留守妇女的年龄分布相对年轻，但绝大多数人的受教育程度是初中及以下，并且掌握的技能较少。同时，丈夫外出会削弱农村留守妇女的社会资本，其情感支持、资金支持、生产支持、生活支持以及社会关系网络规模均小于非留守妇女。同时，留守妇女在寻求情感支持、资金支持以及生产支持时，其求助对象首先是娘家人，其次是婆家人，选择熟人或朋友的比例明显低于准留守妇女和非留守妇女。另外，农村准留守妇女和农村留守妇女的自然资本和物质资本相对贫乏。二者所拥有的宅基地、可使用土地面积均低于非留守妇女。同时她们的房屋市场价格及生产性工具拥有率均低于非留守妇女。相较之下，丈夫外出会改变准留守妇女和留守妇女的金融资本。二者均可以获得来自丈夫的汇款收入，她们的家庭和个人银行存款均高于非留守妇女。

三是尽管三类妇女的生计策略多样化程度相近，但丈夫外出对农村留守妇女不同生计策略的选择仍有一定影响，即农村留守妇女的生计策略以农业生产为主，从事兼业经营的比例较低。同时，无论是否留守，现阶段中国农村妇女未能突破其自身的传统再生产角色，三类妇女在从事家务劳动、辅导孩子学习、照料老人的时间上无显著差异。其中，家务劳动占用时间最长；妇女们在辅导孩子和照料老人方面的时间相对较短。

四是生计资本和外部环境会影响农村留守妇女对生计策略的选择。主要表现如下。

首先，农业生产作为一种进入门槛较低的生计策略，除金融资本外，其他四种资本对其均有一定影响。其中，人力资本中，相较于青年和受教育程度为初中及以上的留守妇女，中年和受教育程度为小学及以下的留守妇女对农业生产投入时间较多。社会资本中，情绪不好时可以倾诉的人数越多，留守妇女投入农业生产的时间越长。自然资本中，耕地面积越多，留守妇女越可能参与农业生产，并且投入的时间也越多。物质资本中，房屋价值越高，留守妇女从事农业生产的可能性越低。同时，外部环境对农业生产也有一定程度的影响。受家庭经济条件影响，对生产资料价格上涨反应越敏感的留守妇女，其参与农业生产的可能性越大，投入的时间越多。与之相反，对消费品价格上涨反应越敏感的留守妇女，其参与农业生产的可能性越小，投入的时间越少。此外，作物或家畜发生健康问题还会显著增加留守妇女的农业生产时间。

其次，相较于农业生产，非农经营的门槛相对较高，主要表现为人力资本中的受教育程度和非农经历、社会资本中的情感支持网络规模、物质资本中的生产工具和耐用品数量、金融资本中的金融可及性等越丰富，留守妇女参与非农经营的可能性越大，投入的时间越多；同时，非农经营也受外部环境的影响，尤其是近三年经历过产量波动的留守妇女从事非农经营的可能性较大，投入时间也较多。另外，留守妇女对生产资料价格上涨越敏感，其对非农经营投入的时间越少；而对消费品价格上涨越敏感，其对非农经营投入的时间越多。

再次，家庭再生产活动因受家庭性别分工的影响，早已固化为农村妇女的内在责任，因而受生计资本和外部环境的影响较小。尽管如此，留守妇女对家庭再生产的参与仍然受年龄的消极影响和生产资料价格上涨的积极影响。同时，留守妇女的家庭再生产时间投入也受近三年来产量波动、作物或家畜疫病情况的积极影响。

复次，生计策略多样化多是农村留守妇女的无意识选择，受生计资本中个体、家庭特征及经济状况的影响较大。留守妇女的非农经验越多、金融可及性越高、对生产资料价格上涨越敏感，其越可能采取多样化的生计策略。与此相反，房屋价值越高，她们的生计策略多样化程度越低。

最后，人力资本、社会资本和金融资本会影响留守妇女的外出务工意愿。其中，技能培训、生病支持网络规模正向影响留守妇女外出务工意愿，而工作经历、贷款的可及性负向影响留守妇女外出务工意愿。

五是丈夫外出务工后，农村留守妇女的经济福利变化最为明显。丈夫外出为留守妇女带来汇款收入，并且外出时间越长，汇款收入越多。与此相反，留守妇女的自身经济收入显著降低。另外，与准留守妇女和非留守妇女相比，留守妇女除家庭决策权有所增加外，在自身的生理健康、主观幸福感、生殖健康、闲暇方面均无明显的变化。在家庭其他成员的福利方面，三类妇女中，准留守妇女与孩子的关系最亲近，孩子的成绩最好，而留守妇女与老人的关系最好。

六是生计策略和外部环境会影响农村留守妇女的家庭福利状况。主要表现如下。

首先，留守妇女自身经济收入的多少取决于其对不同生计策略的劳动力配置。尤其是参与非农经营，对农业生产和非农经营的投入时间都较多时，留守妇女的自身经济收入较高。而时间固定使得留守妇女对家庭再生产的时间投入越多，获得的显性收入越少。因而，当留守妇女参与的生计策略越多时，其获得的经济报酬越多。同时，外部环境对留守妇女的自身经济收入也有一定影响，尤其是产量波动会促进留守妇女自身经济收入的提高。

其次，农村留守妇女的自身福利状况受其生计策略选择和外部环境的影响较大。其中，生理健康和主观幸福感方面，尽管农业生产参与有利于提高留守妇女的生理健康和主观幸福感水平，但当其对农业生产及家庭再生产投入较多时间时，又会为自身健康带来沉重负担。同时，重大疾病和消费品价格上涨也会对留守妇女的生理健康和主观幸福感产生不利影响。生殖健康方面，留守妇女参与的生计策略越多，尤其是对农业生产时间投入较多或参与非农经营时，会提高她们的生殖疾病患病率，并且重大疾病也会对留守妇女的生殖健康造成不利影响。闲暇时间方面，由于劳动和闲暇的总时间固定，因此留守妇女的农业生产时间增加或家庭再生产参与均会减少她们的闲暇时间。而留守妇女的闲暇因通常融入家庭再生产中，所以家庭再生产时间增加及家庭成员患重大疾病，会致使她们的闲暇时间随之增加。家庭地位方面，留守妇女的家庭事务决策权主要体现在农业生产和家庭再生产方面。留守妇女对农业生产的投入时间越长，对消费品价格上涨越敏感，其农业生产决策权越大。相似地，留守妇女对农业生产投入的时间越多意味着其家庭经济贡献越大，从而导致非农经营决策权增加。同时，留守妇女对非农经营的参与会减少其对家庭再生产的劳动力配置，导致家庭再生产决策权降低。而家庭成员患重大疾病则会增加留守妇女对家庭再生产的劳动力供给，促使家庭再生产决策权提高。此外，婚姻满意度方面，工资性工作和家庭再生产策略对准留守妇女婚姻满意度有显著的消极影响；农业生产策略对留守妇女婚姻满意度有显著的积极影响，而家庭经营和工资性工作策略则对留守妇女婚姻满意度有显著消极影响。同时，性生活质量在准留守妇女家庭再生产对婚姻满意度影响过程中，以及在留守妇女家庭经营和工资性工作对婚姻满意度影响过程中均发挥了正向调节作用。

最后，留守妇女对不同生计策略的劳动力配置会影响孩子福利。其中，留守妇女对农业生产时间的投入及家庭再生产的参与均显著消极影响子女成绩；而当留守妇女参与的生计策略较多时，尤其是对非农经营的参与，会明显促进她们与子女的关系，并且其对家庭再生产的时间投入越多，亲子关系越好。与此同时，留守妇女家庭的亲子关系及与老人的关系均受到消费品价格上涨的负面影响。

七是可以从如下四个方面来促进农村留守妇女生计策略及其家庭福利水平的改善：①培育和增强农村留守妇女的生计能力；

②构建有利于农村留守妇女生计发展的外部环境；③拓宽农村留守妇女的生计发展途径；④改善和提高农村留守妇女的家庭福利水平。

## 9.2 研究展望

本书以生计资本和外部环境为出发点，在农村留守妇女生计策略及家庭福利效应分析框架下，详细分析了其生计策略及家庭福利现状和相关影响因素，并据此提出了一系列有针对性的建议。尽管如此，由于时间、经费和篇幅有限，本书在如下方面仍然需要不断完善和改进。

一是扩大调查区域。本书采用的数据主要来自中国中部的安徽省，得出的结论尽管可以为相关的研究提供有益借鉴和参考，但其普适性可能存在一定的局限性。因此，在今后的研究中，将在条件允许的情况下扩大调查区域，以期能够对东部、中部、西部农村留守妇女的生计状况进行更全面的比较研究。

二是进行纵向跟踪调查。本书主要采用 2012 年的横截面调查数据，尽管能够对当年农村留守妇女的生计状况进行详细说明，但尚不能反映农村留守妇女随后一段时期内在生计资本、外部环境、生计策略和家庭福利效应方面的动态变化。因此，今后的研究将在条件允许的情况下定期增加纵向时间数据。

三是对生计策略和家庭福利效应研究的进一步展开。由于篇幅和研究目标的限制，本书中某些细节及研究发现未能详细展开。因此，今后的研究将适时关注诸如性别角色认知对农村留守妇女生计策略选择的影响、生计策略间的相互影响以及生计资本与家庭福利之间的关系等问题。

# 参考文献

蔡敏、李云路，2011，《五千万农村留守妇女艰辛：从"半边天"到"顶梁柱"》，http://www.humanrights-china.org/cn/dt/szyzgrq/zx-sz/t20110308_715629.htm，2011 - 03 - 08/2013 - 03 - 28。

蔡志海，2010，《汶川地震灾区贫困村农户生计资本分析》，《中国农村经济》第 12 期。

陈传波、丁士军，2003，《对农户风险及其处理策略的分析》，《中国农村经济》第 11 期。

陈锋，2011，《依附性支配：农村妇女家庭地位变迁的一种解释框架——基于辽东地区幸福村的实地调查》，《西北人口》第 1 期。

陈小萍，2009，《父亲缺失下留守儿童的学绩、情感体验及其农村父职角色》，《湖州师范学院学报》第 2 期。

陈雄锋、蔡茂华、刘运春等，2012，《农村留守妇女居家创业模式探讨——以蕉岭县大豆产业项目为例》，《广东农业科学》第 7 期。

陈志光、杨菊华，2012，《农村在婚男性流动对留守妇女家庭决策权的影响》，《东岳论丛》第 4 期。

程名望、潘烜，2012，《个人特征、家庭特征对农村非农就业影响的实证》，《中国人口·资源与环境》第 2 期。

邓倩，2010，《从农村留守妇女文化生活现状谈乡镇图书馆建设》，《图书与情报》第 3 期。

段塔丽，2010，《性别视角下农村留守妇女的家庭抉择及其对女性生存与发展的影响——基于陕南 S 村的调查》，《人文杂志》第 1 期。

范丽恒、赵文德、牛晶晶，2009，《农村留守儿童心理依恋特点》，《河南大学学报》（社会科学版）第 6 期。

范兴华，2011，《不同监护类型留守儿童与一般儿童情绪适应的比较》，《中国特殊教育》第 2 期。

风笑天，2005，《现代社会调查方法》，武汉：华中科技大学出版社。

付光伟，2012，《城镇正规就业女性家务劳动与工资收入关系研究》，《山东女子学院学报》第 2 期。

高小贤，1994，《当代中国农村劳动力转移及农业女性化趋势》，《社会学研究》第 2 期。

高岩，2009，《农村留守妇女的生产生活现状与发展趋势——基于东中西三个地区的实地调查》，《淮阴师范学院学报》（哲学社会科学版）第 4 期。

郭砾，2013，《生命周期视角下女性的时间配置及制度性影响因素——以黑龙江省为例》，《山东女子学院学报》第 1 期。

国家统计局农村社会经济调查司，2013，《中国农村统计年鉴》，北京：中国统计出版社。

韩凤丹，2012，《妇女社会工作视角下农村留守妇女社会交往状况研究》，硕士学位论文，华中农业大学。

郝文渊、杨东升、张杰、李文博、王忠斌，2014，《农牧民可持续生计资本与生计策略关系研究——以西藏林芝地区为例》，《干旱区资源与环境》第 10 期。

合肥市统计局、国家统计局合肥调查队，2013，《合肥统计年鉴》，北京：中国统计出版社。

洪冬美、唐松林、张谊、陶秀媛，2007，《农村留守人口生活满意度与生活质量调查分析》，《湖南社会科学》第 2 期。

胡艳艳，2011，《家庭内部劳动分工视角下西北农村留守妇女从业困境及其务工选择——以甘肃为例》，《安徽农业科学》第 31 期。

黄翠翠，2011，《不一样的留守生活——对农村留守妇女上班族的个案研究》，《山东女子学院学报》第 5 期。

黄祖辉、胡豹、黄莉莉，2005，《谁是农业结构调整的主体?》，北京：中国农业出版社。

姜柯、王德斌、洪倩等，2008，《安徽农村育龄妇女婚姻质量与生殖健康相关知识的关系》，《现代预防医学》第 5 期。

李聪，2010，《劳动力外流背景下西部贫困山区农户生计状况分析——基于陕西秦岭的调查》，《经济问题探索》第 9 期。

李聪、李树茁、梁义成等，2010，《外出务工对流出地家庭生计策略的影响——来自西部山区的证据》，《当代经济科学》第 3 期。

李聪、柳玮、冯伟林、李树茁，2013，《移民搬迁对农户生计策略的影响——基于陕南安康地区的调查》，《中国农村观察》第 6 期。

李强、毛学峰、张涛，2008，《农民工汇款的决策、数量与用途分析》，《中国农村观察》第 3 期。

李小云、董强、饶小龙等，2007，《农户脆弱性分析方法及其本土化应用》，《中国农村经济》第 4 期。

李新然、方子节，1999，《农业女性化及女性农业化对策探讨》，《经济问题探索》第 11 期。

李英华，2008，《河南省农村留守妇女农业技术培训研究》，硕士学位论文，河南大学。

刘东发，2002，《论市场经济条件下家务劳动的社会价值及其实现——兼析妇女家庭角色与社会角色矛盾冲突的缓解》，《中华女子学院山东分院学报》第 1 期。

刘晓，2010，《留守妇女生存状况研究》，硕士学位论文，兰州大学。

吕芳，2012，《农村留守妇女的社会支持网构成研究——基于 16 省 66 县 2414 名留守妇女的调查》，《妇女研究论丛》第 5 期。

罗丞，2014，《三重角色理论架构下农村留守妇女的生计策略研究》，《山东女子学院学报》第 3 期。

毛桂芸，2010，《农村留守妇女社会适应问题研究》，硕士学位论文，西北师范大学。

毛学峰、刘靖，2009，《农地"女性化"还是"老龄化"？——来自微观数据的证据》，《人口研究》第 2 期。

牟少岩、陈秀、仇焕广、于学江、陈锦明，2008，《受教育程度对农

民非农就业的影响分析——以青岛市为例》，《新疆农垦经济》
　　　第 2 期。

潘振飞、黄爱先，2005，《当前农村已婚妇女外出就业动因的社会学
　　　分析——以潘村的个案研究为例》，《妇女研究论丛》第 2 期。

彭川，2012，《农村妇女生殖健康状况及其影响因素的研究——以
　　　武汉市新洲区辛冲镇为例》，硕士学位论文，华中农业大学。

祁慧博，2012，《农户生产、消费和非农劳动联动增长机理与政策
　　　研究》，博士学位论文，浙江大学。

苏芳、蒲欣冬、徐中民等，2009，《生计资本与生计策略关系研
　　　究——以张掖市甘州区为例》，《中国人口资源与环境》第 6 期。

苏梽芳、王海成、郭敏，2013，《食品价格上涨对中国居民主观幸
　　　福感的影响》，《中国人口科学》第 6 期。

檀学文、李成贵，2010，《贫困的经济脆弱性与减贫战略述评》，
　　　《中国农村观察》第 5 期。

田翠琴，2004，《农村妇女发展与闲暇时间的性别不平等研究》，
　　　《妇女研究论丛》第 5 期。

王洪，2012，《农村"留守妇女"群体发展现状及其对农业生产的
　　　影响研究》，硕士学位论文，中国海洋大学。

王嘉顺，2008，《农村留守妇女婚姻幸福感的影响因素——基于广
　　　东五市的数据分析》，《南方人口》第 4 期。

王洒洒、杨雪燕、罗丞，2014，《价格上涨压力下农村留守妇女的
　　　生计策略：生计多样化》，《中国农村观察》第 5 期。

王子成，2012，《外出务工、汇款对农户家庭收入的影响——来自
　　　中国综合社会调查的证据》，《中国农村经济》第 4 期。

卫生计生委，2015，《卫生计生委等介绍〈中国居民营养与慢性病状
　　　况报告（2015）〉有关情况》，http://www.gov.cn/xinwen/2015 -
　　　06/30/content_2887030.htm，2015 - 06 - 30/2015 - 09 - 20。

魏翠妮，2006，《农村留守妇女问题研究》，硕士学位论文，南京
　　　师范大学。

吴惠芳，2011，《留守妇女现象与农村社会性别关系的变迁》，《中

国农业大学学报》（社会科学版）第 3 期。

吴惠芳、饶静，2010，《农村留守妇女的社会网络重构行动分析》，《中国农村观察》第 4 期。

吴明隆，2010，《问卷统计分析实务——SPSS 操作与应用》，重庆：重庆大学出版社。

鲜开林、刘晓亮，2012，《农村留守妇女合法权益问题的调查分析——以河南省 Y 市为个案》，《财经问题研究》第 4 期。

向诚娜，2012，《和谐社会视野下农村留守妇女问题研究》，硕士学位论文，武汉工程大学。

项丽萍，2006，《农村留守女：一个值得关注的弱势群体》，《广西社会科学》第 1 期。

肖小勇、李秋萍，2012，《教育、健康与农业生产技术效率实证研究——基于 1999 - 2009 年省级面板数据》，《华中农业大学学报》（社会科学版）第 3 期。

谢勇、沈坤荣，2011，《非农就业与农村居民储蓄率的实证研究》，《经济科学》第 4 期。

熊光伦、王康英、代海鸥等，2014，《村庄空心化背景下民族地区合作社的人力资源开发研究——以西北东乡族回族留守妇女为例》，《江西农业学报》第 3 期。

徐安琪、叶文振，1999，《中国婚姻质量研究》，北京：中国社会科学出版社。

许传新，2008，《婚姻质量：国内研究成果回顾及评价》，《学习与实践》第 5 期。

许传新，2009a，《婚姻关系满意度：留守妇女与非留守妇女的比较研究》，《妇女研究论丛》第 5 期。

许传新，2009b，《西部农村留守妇女的身心健康及其影响因素——来自四川农村的报告》，《南方人口》第 2 期。

许传新，2010，《西部农村留守妇女的基本特征——基于四川两县农村的调查》，《中华女子学院学报》第 3 期。

许汉石、乐章，2012，《生计资本、生计风险与农户的生计策略》，

《农业经济问题》第 10 期。

阎建忠、吴莹莹、张镱锂等，2009，《青藏高原东部样带农牧民生计的多样化》，《地理学报》第 2 期。

阎建忠、喻鸥、吴莹莹等，2011，《青藏高原东部样带农牧民生计脆弱性评估》，《地理科学》第 7 期。

杨菊华、段成荣，2008，《农村地区流动儿童、留守儿童和其他儿童教育机会比较研究》，《人口研究》第 1 期。

杨云彦、赵锋，2009，《可持续生计分析框架下农户生计资本的调查与分析——以南水北调（中线）工程库区为例》，《农业经济问题》第 3 期。

杨照，2011，《留守妇女生计重构视角下农业农村发展逻辑和趋向》，《中国农业大学学报》（社会科学版）第 3 期。

叶敬忠、吴惠芳，2008，《阡陌独舞：中国农村留守妇女》，北京：社会科学文献出版社。

叶敬忠、张丙乾、饶静等，2004，《当前主要农产品价格上涨对农户生计的影响调查》，《中国经贸导刊》第 13 期。

殷江滨、李郇，2012，《外出务工经历对回流后劳动力非农就业的影响——基于广东省云浮市的实证研究》，《中国人口·资源与环境》第 9 期。

于静波，1996，《我国农村住房消费的比较研究》，《中国农村观察》第 5 期。

于少东，2012，《北京市猪肉价格波动周期分析》，《农业经济问题》第 2 期。

余益兵、方明、王莉等，2011，《中国农村留守妇女研究述评》，《安徽农业大学学报》（社会科学版）第 1 期。

於嘉，2014，《性别观念、现代化与女性的家务劳动时间》，《社会》第 2 期。

张原，2011，《中国农村留守妇女的劳动供给模式及其家庭福利效应》，《农业经济问题》第 5 期。

郑杭生、杨敏，2006，《个人安全的预期与焦虑》，http://www.soci-

ologyol. org/yanjiubankuai/xueshuredian/shehuihugoulun/2007 – 06 –
25/2615. html, 2007 – 06 – 25/2015 – 09 – 20。

郑真真、解振明，2004，《人口流动与农村妇女发展》，北京：社
会科学文献出版社。

钟斌、姚树桥，2012，《农村留守妇女健康相关生活质量及相关心
理社会因素》，《湖南师范大学学报》（医学版）第 3 期。

周波、陈昭玖，2011，《农内因素对农户非农就业的影响研究》，《农
业技术经济》第 4 期。

周大超、朱玉春，2013，《消费品价格波动对农村居民消费支出及
福利的影响》，《贵州农业科学》第 7 期。

周福林，2006，《我国留守家庭研究》，北京：中国农业大学出版社。

周庆行、曾智、聂增梅，2007，《农村留守妇女调查——来自重庆
市的调查》，《中华女子学院学报》第 1 期。

周易、付少平，2012，《失地农民的生计资本与生计策略关系研
究——以陕西省杨凌区为例》，《广东农业科学》第 5 期。

朱海忠，2008，《制度背景下的农村留守妇女问题》，《西北人口》
第 1 期。

朱梅、应若平，2005，《农村"留守妻子"家务劳动经济价值的社
会学思考》，《湖南农业大学学报》（社会科学版）第 6 期。

卓仁贵，2010，《农户生计多样化与土地利用》，硕士学位论文，西
南大学。

Agadjanian V. , Menjivar C. , Sevoyan A. 2007. "Reshaping the Post-
Soviet Periphery: the Impact of Men's Labor Migration on Women's
Lives and Aspirations in Rural Armenia. " *Annual meeting of Popu-
lation Association of America.*

Agadjanian V. , Yabiku S. T. , Cau B. 2011. "Men's Migration and
Women's Fertility in Rural Mozambique. " *Demography* 48（3）:
1029 – 1048.

Amuedo-Dorantes C. , Pozo S. 2006. "Remittance Receipt and Busi-
ness Ownership in the Dominican Republic. " *World Economy* 29

(7): 939 – 956.

Barrett C. B. , Reardon T. , Webb P. 2001. "Nonfarm Income Diversifi-
cation and Household Livelihood Strategies in Rural Africa: Con-
cepts, Dynamics and Policy Implications. " *Food Policy* 26 (4):
315 – 331.

Bebbington A. 1999. "Capitals and Capabilities: A Framework for An-
alyzing Peasant Viability, Rural Livelihoods and Poverty. " *World
development* 27 (12): 2021 – 2044.

Becker G. S. 1965. "A Theory of the Allocation of Time. " *The Eco-
nomic Journal.*

Bian Y. 1997. "Bring Strong Ties Back In: Indirect Ties, Network
Bridges, and Job Searches in China. " *American Sociological Review*
62 (3): 366 – 385.

Biao X. 2007. "How Far Are the Left-behind Left Behind? A Prelimina-
ry Study in Rural China. " *Population, Space and Place* 13 (3):
179 – 191.

Binzel, C. and Assaad, R. 2011. "Egyptian Men Working Abroad: La-
bour Supply Responses by the Women Left Behind. " *Labour Eco-
nomics* 18: S98 – S114.

Chambers R. , Conway G. 1992. "Sustainable Rural Livelihoods:
Practical Concepts for the 21st Century. " *Institute of Development
Studies (UK).*

Cherni J. A. , Hill Y. 2009. "Energy and Policy Providing for Sustain-
able Rural Livelihoods in Remote Locations-The Case of Cuba. "
*Geoforum* 40 (4): 645 – 654.

Crawford, D. W. , Houts, R. M. , Huston, T. L. , George, L. J. 2002.
"Compatibility, Leisure, and Satisfaction in Marital Relationships. "
*Journal of Marriage and Family*, 64 (2): 433 – 449.

de Haas H. , van Rooij A. 2010. "Migration as Emancipation? The Im-
pact of Internal and International Migration on the Position of Women

Left Behind in Rural Morocco. " *Oxford Development Studies* 38 (1): 43 – 62.

Desai S. , Banerji M. 2008. "Negotiated Identities: Male Migration and Left-behind Wives in India. " *Journal of Population Research* 25 (3): 337 – 355.

DFID U. 1999. "Sustainable Livelihoods Guidance Sheets. " *UK DFID Department for International Development*: London. Available at: www. livelihoods. org/info/info_ guidancesheets. html ( accessed 05 April).

Dolan C. 2002. "Gender and diverse livelihoods in Uganda. " Ph. D. diss. , University of East Anglia.

Durand J. , Massey D. S. 2004. "What We Learned from the Mexican Migration Project. " *Crossing the Border: Research from the Mexican Migration Project.*

Ellis F. 2000. "The Determinants of Rural Livelihood Diversification in Developing Countries. " *Journal of Agricultural Economics* 51 (2): 289 – 302.

Ellis F. , Bahiigwa G. 2003. "Livelihoods and Rural Poverty Reduction in Uganda. " *World Development* 31 (6): 997 – 1013.

Ellis F. 1998. "Household Strategies and Rural Livelihood Diversification. " *The Journal of Development Studies* 35 (1): 1 – 38.

Fabusoro E. , Omotayo A. M. , Apantaku S. O. et al. 2010. "Forms and Determinants of Rural Livelihoods Diversification in Ogun State, Nigeria. " *Journal of Sustainable Agriculture* 34 (34): 417 – 438.

Gartaula H. N. , Visser L. , Niehof A. 2012. "Socio-Cultural Dispositions and Wellbeing of the Women Left Behind: A Case of Migrant Households in Nepal. " *Social Indicators Research* 108 (3): 401 – 420.

Gebru, B. 2011. *Impact of Male Out-migration on Rural Women Livelihood: The Case of Chencha Woreda, South Ethiopia.* VDM Publishing.

Hadi A. 2001. "International Migration and the Change of Women's Position among the Left-behind in Rural Bangladesh. " *International Journal of Population Geography* 7 (1): 53 - 61.

Hoermann B. , Banerjee S. , Kollmair M. 2010. *Labour Migration for Development in the Western Hindu Kush Himalayas: Understanding a Livelihood Strategy in the Context of Socioeconomic and Environmental Change.* International Centre for Integrated Mountain Development.

Jacka, T. 2012. "Migration, Householding and the Well-being of Left-behind Women in Rural Ningxia. " *China Journal.*

Johnson, Hazel. 1992. "Rural Livelihoods: Action from Below. " In Bernstein, Henry, Crow, Ben and Johnson, Hazel (eds. ) *Rural Livelihoods: Crises and Responses.* Oxford, UK: Oxford University Press.

Lockwood, M. 1997. "Reproduction and Poverty in Sub-Saharan Africa. " *IDS Bulletin* 28 (3): 91 - 100.

Lokshin M. , Glinskaya E. 2009. "The Effect of Male Migration on Employment Patterns of Women in Nepal. " *The World Bank Economic Review* 23 (3): 481 - 507.

Lucas R. E. B. , Stark O. 1985. "Motivations to Remit: Evidence from Botswana. " *The Journal of Political Economy.*

Maharjan A. , Bauer S. , Knerr B. 2012. "Do Rural Women Who Stay Behind Benefit from Male Out-migration? A Case Study in the Hills of Nepal. " *Gender, Technology and Development* 16 (1): 95 - 123.

McEvoy J. , Petrzelka P. , Radel C. et al. 2012. "Gendered Mobility and Morality in a South-Eastern Mexican Community: Impacts of Male Labour Migration on the Women Left Behind. " *Mobilities.*

Mendola, M. and Carletto, C. 2009. "International Migration and Gender Differentials in the Home Labor Market: Evidence from Albania. " *World Bank Policy Research Working Paper Series.*

Menjívar C. , Agadjanian V. 2007. "Men's Migration and Women's Lives: Views from Rural Armenia and Guatemala. " *Social Science Quarterly* 88 (5): 1243 – 1262.

Moscardi E. , de Janvry A. 1977. "Attitudes Toward Risk among Peasants: An Econometric Approach. " *American Journal of Agricultural Economics* 59 (4): 710 – 716.

Mtshali S. M. 2002. *Household Livelihood Security in Rural KwaZulu-Natal, South Africa.* The Netherlands: Wageningen Universiteit.

Mu R. , van de Walle D. 2011. "Left Behind to Farm? Women's Labor Re-allocation in Rural China. " *Labour Economics* 18: S83 – S97.

Orr A. , Mwale B. 2001. "Adapting to Adjustment: Smallholder Livelihood Strategies in Southern Malawi. " *World Development* 29 (8): 1325 – 1343.

Paris T. , Singh A. , Luis J. et al. 2005. "Labour Outmigration, Livelihood of Rice Farming Households and Women Left Behind: A Case Study in Eastern Uttar Pradesh. " *Economic and Political Weekly.*

Price J. L. 1997. "Handbook of Organizational Measurement. " *International Journal of Manpower* 18 (4/5/6): 305 – 558.

Qin Q-R. , Ji G-P. , Xu J. et al. 2009. "Risk of Sexual HIV Transmission among Wives Left Behind and Wives of Nonmigrant Men in Rural Areas of China. " *Journal of the Association of Nurses in AIDS Care* 20 (4): 308 – 315.

Qin, H. 2009. *The Impacts of Rural-to-urban Labor Migration on the Rural Environment in Chongqing Municipality, Southwest China: Mediating Roles of Rural Household Livelihoods and Community Development.* Illinois: University of Illinois at Urbana-Champaign.

Rakodi C. 1999. "A Capital Assets Framework for Analysing Household Livelihood Strategies: Implications for Policy. " *Development Policy Review* 17 (3): 315 – 342.

Roy A. , Nangia P. 2005. "Impact of Male Out-Migration on Health Status of Left Behind Wives-a Study of Bihar, India. " *Meeting of the International Union for the Scientific Study of Population* 18: 23.

Scoones I. 1998. "Sustainable Rural Livelihoods: a Framework for Analysis. " *Institute of Development Studies Brighton.*

Sevoyan A. , Agadjanian V. 2010. "Male Migration, Women Left Behind, and Sexually Transmitted Diseases in Armenia. " *International Migration Review* 44 (2): 354 – 375.

Shahabuddin Q. , Mestelman S. , Feeny D. 1986. "Peasant Behaviour Towards Risk and Socio-economic and Structural Characteristics of Farm Households in Bangladesh. " *Oxford Economic Papers* 38 (1): 122 – 130.

Simtowe F. P. 2010. "Livelihoods Diversification and Gender in Malawi. " *African Journal of Agricultural Research* 5 (3): 204 – 216.

Singh P. K. , Hiremath B. N. 2010. "Sustainable Livelihood Security Index in a Developing Country: A Tool for Development Planning. " *Ecological Indicators* 10 (2): 442 – 451.

van der Poel M. G. M. 1993. "Delineating Personal Support Networks. " *Social Networks* 15 (1): 49 – 70.

Wang X. L. 2013. "Different Roles of Land in Rural-Urban Migration: Evidence from China's Household Survey. " *China & World Economy* (1): 107 – 126.

Wilkerson J. A. , Yamawaki N. , Downs S. D. 2009. "Effects of Husbands' Migration on Mental Health and Gender Role Ideology of Rural Mexican Women. " *Health Care for Women International* 30 (7): 612 – 626.

Yabiku S. T. , Agadjanian V. , Sevoyan A. 2010. "Husbands' Labour Migration and Wives' Autonomy, Mozambique 2000 – 2006. " *Population studies* 64 (3): 293 – 306.

# 附录　农村妇女生计策略与
# 家庭福利调查问卷

　　根据《统计法》第三章第十四条，本资料"属于私人、家庭的单项调查资料，非经本人同意，不得泄露"。

## 农村妇女生计策略与家庭福利
## 调查问卷

被访人编码　　　　　　　□□□□□□□□□

被访人姓名＿＿＿＿＿＿＿

被访人住址＿＿＿＿＿＿＿县（区）＿＿＿＿＿＿乡（镇）＿＿＿＿＿＿村＿＿＿

＿＿＿村民小组

如果调查未完成，原因是：＿＿＿＿＿＿　　月　　　日　　　时　　　分

第一次访问　从□□　　□□　　□□　　□□　　　　＿＿＿＿＿

　　　　　　到□□　　□□　　□□　　□□　　　　＿＿＿＿＿

第二次访问　从□□　　□□　　□□　　□□　　　　＿＿＿＿＿

　　　　　　到□□　　□□　　□□　　□□　　　　＿＿＿＿＿

访问员姓名　　　　　　　　　　　　　　　　　　＿＿＿＿＿

核对人姓名　　　　　　　　　　　　　　　　　　＿＿＿＿＿

核对人的检查结果　　　　　合格（　　）　　　不合格（　　）

**请把下面这段话读给被访问人听：**

　　您好！陕西省社会科学院农村发展研究所和西安交通大

学人口与发展研究所正在联合开展一项有关农村妇女生计策略和家庭福利的社会调查，特邀请您参加本次调查！

　　调查中将询问有关您及您家庭的资产、生活、生产方面的一些问题，包括您家的人口、资产、农业生产、非农生产、消费、外出务工、参与社区组织及自身的感受和对政策的看法等。

　　整个调查需要 60～90 分钟，课题组不会对您参加本次调查支付报酬，但会送给您一份精美的小礼品对您及您全家的配合表示感谢。

　　课题组向您郑重承诺：本次调查的信息严格保密，除了合格的研究人员，任何人不会接触到这些资料，您的回答不会和任何能够表明您身份的信息产生联系。

　　再次感谢您的合作！

农村妇女生计策略与家庭福利课题组

2012 年 12 月

　　注：①问卷中提及的"您家"是指您与（现）丈夫婚后所组成的家庭，包括您、您丈夫以及与您生活在一起的孩子、老人等。

　　②如无特殊说明，请在每题的答案上画圈或打钩或将选项数字代码填入题后的方框内。

# 第一部分　个人和家庭基本情况

101. 您目前的婚姻状态是？（选 3、4、5 结束调查！）　　101□

1. 已婚（初婚）　　2. 已婚（再婚）　　3. 离异

4. 丧偶　　　　　　5. 未婚

102. 您的出生年月是？　　　　102□□□□年□□月

103. 您丈夫的出生年月是？　　103□□□□年□□月

104. 您目前的受教育程度是？　　　　　　　　　104□

1. 没上过学　　　　　2. 小学　　　　　　　3. 初中

4. 高中（含中专、技校）　　　　　　5. 大专

6. 本科及以上

105. 您丈夫目前的受教育程度是？　　　　　　105□

1. 没上过学　　　　　2. 小学　　　　　　　3. 初中

4. 高中（含中专、技校）　　　　　　5. 大专

6. 本科及以上

106. 您的政治面貌是？　　　　　　　　　　　106□

1. 共青团员　　　　　2. 共产党员

3. 民主党派　　　　　4. 群众

107. 您丈夫的政治面貌是？　　　　　　　　　107□

1. 共青团员　　　　　2. 共产党员

3. 民主党派　　　　　4. 群众

108. 您的宗教信仰是？　　　　　　　　　　　108□

1. 无　　　　　　　　2. 基督教

3. 天主教　　　　　　4. 佛教

5. 道教　　　　　　　6. 伊斯兰教

7. 其他

109. 最近一年，您参加宗教活动的频次是？　　109□

1. 每天都参加　　　　2. 每周至少一次

3. 每月至少一次　　　4. 每年至少一次　　　5. 不参加

110. 您是否有过外出务工经历？　　　　　　　110□

1. 是　　　　　　　　2. 否（跳到113题）

111. 您最近一次在什么地方务工？　　　　　　111□

1. 本县　　　　　　　2. 本省（非本县）

3. 外省　　　　　　　4. 其他

112. 您最近一次务工共持续了多久？　112□□年□□月□□天

113. 您未来一年内是否有外出务工的打算？　　113□

1. 是（跳到115题）　2. 否

114. 您选择留在家里而没有外出务工的最主要原因是什么？

114□

1. 照顾孩子或老人　　2. 缺乏技能　　　　3. 年龄太大

4. 城市生存压力太大　5. 身体状况不好　　6. 其他

115. 您丈夫目前是否在务工？　　　　　　　　　115□

1. 是　　　　　　　　2. 否（跳到119题）

116. 您丈夫目前在什么地方务工？　　　　　　　116□

1. 本县　　　　　　　2. 本省（非本县）

3. 外省　　　　　　　4. 其他

117. 请根据实际情况回答以下问题。

A. 一般情况下，您丈夫多长时间回一次家？　A□□月□□天

B. 您丈夫每次回家一般待多长时间？　　　　B□□月□□天

118. 2011年12月至今，您丈夫给家里的汇款大约是？（没有填0）

118□□□□□元

119. 您是否熟练掌握某项手艺或技术（如种养技能、兽医术、编织技能等）？

119□

1. 是　　　　　　　　2. 否

120. 请根据实际情况回答下列问题。（在相应的数字代码上打"√"，可多选）

A. 您曾经有过以下哪种经历？

|  | 1 | 2 | 3 | 4 | 5 | 6 | 7 | 8 |
|---|---|---|---|---|---|---|---|---|
| 120A |  |  |  |  |  |  |  |  |

1. 工人　　　　　　　2. 技术人员（如技术员、教师、医生）

3. 乡村干部　　　　　4. 军人

5. 商业、服务业劳动者（如餐厅服务员）　　6. 个体户

7. 私营企业主　　　　8. 以上都没有

B. 您是否接受过培训（包括农业技术培训，家政服务、手工技术培训等）？

1. 是　　　　　　　　2. 否　　　　　　　120B□

121. 您目前与哪些人居住在一起？（在相应的位置上打"√"，可多选）

|  | 1 | 2 | 3 | 4 | 5 | 6 | 7 | 8 | 9 |
|---|---|---|---|---|---|---|---|---|---|
| 121 |  |  |  |  |  |  |  |  |  |

1. 丈夫　　　　　　　2. 儿（女）及其配偶

3. 公婆　　　　　　　4. 父母

5. 爷爷奶奶　　　　　6. 外公外婆

7. 孙子（女）或外孙（女）

8. 兄弟姐妹及配偶

9. 其他人

122. 包括您自己在内，目前跟您住在一起的总共有多少人？

122☐☐人

123. 您的身体健康状况如何？　　　　　　　　123☐

1. 非常好　　　　　2. 好　　　　　　　3. 一般

4. 不好　　　　　　5. 非常不好

124. 您的家人、亲戚、熟人和朋友中有多少人是村、镇干部及国家公职人员？　　　　　　　　　　　124☐☐人

125. 您是否加入下列组织或成为其中的农户？

| A. 社区文娱组织（如秧歌队等） | 1. 是　　2. 否 | A☐ |
|---|---|---|
| B. 专业合作组织（如农民合作社） | 1. 是　　2. 否 | B☐ |
| C. 生产服务组织（如技术协会、种植协会、购销协会） | 1. 是　　2. 否 | C☐ |
| D. 龙头企业（或公司）带动的农户 | 1. 是　　2. 否 | D☐ |

126. 请回答下列表格中的问题并在方框中填写数字或打"√"。

| 问题 | 选项 |  |
|---|---|---|
| A. 情绪不好时，您常常向什么人倾诉？<br><br>　　　　　A1 总共☐☐人 | 1. 娘家人 2. 婆家人 3. 熟人、朋友<br>4. 其他人 | A2 ☐☐<br>☐☐ |

| 问题 | 选项 | |
|---|---|---|
| B. 急需大笔开支时（如生病、经营），您一般会向什么人求助？<br>B1 总共□□人 | 1. 娘家人 2. 婆家人 3. 熟人、朋友<br>4. 其他人 | B2 □□<br>□□ |
| C. 遇到农业生产困难（如缺人手）时，您一般会向什么人求助？<br>C1 总共□□人 | 1. 娘家人 2. 婆家人 3. 熟人、朋友<br>4. 其他人 | C2 □□<br>□□ |
| D. 生病需要照顾时，您一般会向什么人求助？　D1 总共□□人 | 1. 娘家人 2. 婆家人 3. 熟人、朋友<br>4. 其他人 | D2 □□<br>□□ |
| E. 您通常会和什么人一起散步、赶集、听戏、看电影、下饭店？<br>E1 总共□□人 | 1. 娘家人 2. 婆家人 3. 熟人、朋友<br>4. 其他人 | E2 □□<br>□□ |

**127. 您家可使用的土地情况是？（没有填 0，包括租用的土地）**

A. 宅基地面积：□□□亩□□分

B. 耕地（粮田、菜地）面积：□□□亩□□分
其中，C. 水浇地面积□□亩□□分　D. 坡地面积□□亩□□分

E. 园地（果园、苗圃、花卉）面积：□□□亩□□分
其中，F. 水浇地面积□□□亩□□分　G. 坡地面积□□□亩□□分

H. 林地面积（包括自留山、承包林等）：□□□亩□□分
其中，I. 经济林面积□□□亩□□分　J. 退耕还林面积□□□亩□□分

K. 草地面积：□□□亩□□分

L. 水面面积：□□□亩□□分

**128. 您家可使用的生产设施情况是？（仅限您家庭所有，不包括集体所有。没有请填 0）**

A. （通往田间、地头的）生产道路总长度：□□□□□米

B. 灌渠总长度：□□□□□米

C. 机井：□□眼

D. 电力供应设施：□□座
E. 其中，变压器容量□□□□□千瓦

续表

| F. 大棚（包括温室）□□座，G. 总价值□□□万元 |
|---|
| H. 沼气池□□座，I. 沼气用量（2011 年 12 月至今）□□□□立方米 |

129. 您家拥有的生产性工具、交通工具或耐用品是？（在相应的选项上打"√"，可多选）

| | 1 | 2 | 3 | 4 | 5 | 6 | 7 | 8 | 9 | 10 | 11 | 12 | 13 | 14 | 15 | 16 | 17 | 18 | 19 |
|---|---|---|---|---|---|---|---|---|---|---|---|---|---|---|---|---|---|---|---|
| 129 | | | | | | | | | | | | | | | | | | | |

1. 役畜（如牛、马）　　2. 农用三轮车　　　　3. 农用四轮车

4. 大中型拖拉机　　　5. 小型手扶拖拉机　　6. 播种机

7. 插秧机　　　　　　8. 联合收割机　　　　9. 机动脱粒机

10. 农用水泵　　　　　11. 农用电动机　　　　12. 电动自行车

13. 摩托车　　　　　　14. 家用轿车　　　　　15. 电视

16. 冰箱/柜　　　　　17 洗衣机　　　　　　18. 电脑

19. 太阳能热水器

130. 您家有几套房？　　　　　　　　　　　　130□套

131. 您本人现在居住的房屋结构是？　　　　　131□

1. 土木结构　　　　　　2. 砖木结构

3. 砖混结构　　　　　　4. 其他

132. 您本人居住的房子是否靠近公路？　　　　132□

1. 是　　　　　　　　　2. 否

133. 您目前拥有的房屋的市场价格是？　　　　133□

1. 1 万元以下　　　　　2. 1 万 ~ 3 万元　　　3. 3 万 ~ 5 万元

4. 5 万 ~ 10 万元　　　5. 10 万元以上

134. 正常情况下，每个月从您手中支出的现金一般是多少？

134□□□□元

135. 到目前为止，您全家的银行存款约为多少？

135□□□□□元

136. 到目前为止，您自己名下的银行存款约为多少？

136□□□□□元

137. 最近三年内，您从银行或信用社等处获得的贷款总额是？（没有则跳到 139 题） 137□□□□□元

138. 获得贷款时，您所用的抵押品是？（在相应的数字代码上打"√"，可多选）

| | 1 | 2 | 3 | 4 | 5 | 6 | 7 |
|---|---|---|---|---|---|---|---|
| 138 | | | | | | | |

1. 没有抵押品      2. 存折、首饰等金融物品

3. 房屋      4. 土地

5. 生产性物资（如拖拉机）

6. 牲畜      7. 其他

139. 您从前是否有过申请贷款却没有成功的经历？ 139□

1. 是      2. 否（跳到 141 题）

140. 您认为申请不到贷款的最主要原因是什么？ 140□

1. 手续麻烦      2. 对方不信任自己      3. 无抵押品

4. 无担保人或关系      5. 其他

141. 最近三年内，您从亲朋好友处共借了多少钱？（没有填 0） 141□□□□元

142. 最近三年内，您所借的高利贷共多少钱？（没有填 0） 142□□□□元

# 第二部分　个人和家庭生计

201. 您家目前都种了哪些作物？（在相应的数字代码上打"√"，可多选）

| A. 农作物 □ □ □ □ □ □ □<br>　　　　1 2 3 4 5 6 7 | B. 林作物 □ □ □ □ □ □ □<br>　　　　1 2 3 4 5 6 7 |
|---|---|
| 1. 粮食作物（如 11 水稻，12 小麦，13 玉米，14 高粱，15 荞麦） | 1. 常绿树种（如 11 马尾松，12 湿地松，13 火炬松，14 侧柏，15 金钱松，16 栓柏，17 女贞，18 广玉兰） |

续表

| A. 农作物 □ □ □ □ □ □ □<br>1 2 3 4 5 6 7 | B. 林作物 □ □ □ □ □ □ □<br>1 2 3 4 5 6 7 |
|---|---|
| 2. 豆类作物（如21 大豆，22 绿豆，23 豌豆，24 扁豆，25 蚕豆，26 豇豆） | 2. 落叶树种（如21 水杉，22 池杉，23 杉木，24 三角枫，25 枫香，26 白榆，27 黄檀，28 刺槐，29 山槐） |
| 3. 薯类（如31 马铃薯，32 小山芋，33 菱，34 藕，35 菊芋） | 3. 经果林树种（如31 桃，32 石榴，33 杏，34 柿，35 李子，36 枣，37 樱桃，38 板栗，39 茶） |
| 4. 经济作物（如41 棉花，42 苎麻，43 烟叶，44 油菜，45 花生，46 芝麻，47 向日葵，48 蓖麻，49 甘蔗） | 4. 灌木（如41 野山楂，42 山胡椒，43 卫矛，44 花椒，45 六月雪，46 绣线菊） |
| 5. 绿肥饲料作物（如51 紫云英，52 苕子，53 紫穗槐，54 红萍，55 细绿萍，56 水花生，57 水浮莲，58 水葫芦，59 胡萝卜） | 5. 竹类（如51 毛竹，52 水竹，53 金袍绿带竹） |
| 6. 园艺蔬菜作物（如61 白菜类，62 根菜类，63 绿叶类，64 茄果类，65 薯芋类，66 水生蔬菜类，67 花卉类） | 6. 水生维管束植物、湿地高等植物（如61 芦苇，62 柳树，63 莎草，64 蓼，65 荆三棱） |
| 7. 其他 | 7. 其他 |

202. 在上述您所选择的农作物种类中，收入最多的是？（如水稻，填11） 202□□

203. 在上述您所选择的林作物种类中，收入最多的是？（如马尾松，填11） 203□□

204. 2011 年12 月至今，您家种植的农、林作物总收入是？
204□□□□□元

205. 您家目前养了哪些牲畜、禽类或其他小动物？（在相应的数字代码上打"√"，可多选）

| | 1. 牛 | 2. 猪 | 3. 羊 | 4. 鸡或鸭 | 5. 兔 | 6. 蜂 | 7. 其他 |
|---|---|---|---|---|---|---|---|
| 205 | | | | | | | |

206. 在上述您所选择的牲畜、禽类或其他小动物中，收入最多的是哪一项？ 206□

207. 2011 年12 月至今，您家饲养和出售牲畜（包括畜产品如

肉、蛋、奶等）的总收入是？　　　　　　207□□□□□元

208. 您家目前养殖了哪些水产品？（在相应的数字代码上打"√"，可多选）

|  | 1. 蟹 | 2. 虾 | 3. 鱼 | 4. 贝 | 5. 其他 |
|---|---|---|---|---|---|
| 208 |  |  |  |  |  |

209. 在上述您所选择的水产品种类中，收入最多的是哪一项？

209□

210. 2011 年 12 月至今，您家水产品的总收入是？

210□□□□□元

211. 最近三年内，由于天灾人祸（如虫害、疾病），您家在农、林、牧、渔业生产上的损失大概是？（没有填 0，跳到 213 题）

211□□□□□元

212. 如果发生重大损失，急需用钱时您采取的最主要措施是什么？　　　　　　212□

1. 不向任何人求助　　2. 通知丈夫汇款

3. 动用储蓄　　　　　4. 变卖家中财产

5. 向银行、信用社申请贷款

6. 向保险公司索赔　　7. 向亲朋好友借钱

8. 向村委会、镇政府申请补助

213. 您目前是否在就近务工（本县内）？

1. 是　　　　　　2. 否（跳到 218 题）　　213□

214. 您目前在什么地方就近务工？　　214□

1. 本村　　　　　2. 本乡、镇（非本村）

3. 外乡、镇　　　4. 县城

215. 您就近务工中从事的收入最高的工作的性质是？　　215□

1. 全日制

2. 非全日制（一天只工作部分时间）

3. 临时性（零工或散工）

4. 其他

216. 您就近务工中从事的收入最高的工作是？　　　　216□

1. 帮工　　　　　　　　2. 工人

3. 销售员　　　　　　　4. 餐饮服务员

5. 美容美发　　　　　　6. 教师

7. 清洁工　　　　　　　8. 家庭保姆（计时工）

9. 司机　　　　　　　　10. 医护人员

11. 其他

217. 您目前每月务工总收入大概为多少元？（没有填0）

217□□□□元

218. 您目前正在做哪些投资？（在相应的数字代码上打"√"，可多选，没有跳到220题）

|  | 1 | 2 | 3 | 4 | 5 | 6 | 7 | 8 | 9 |
|---|---|---|---|---|---|---|---|---|---|
| 218 | | | | | | | | | |

1. 储蓄　　　　　　　　2. 把钱借贷给别人

3. 房地产（如宅基地出租或置换）

4. 保险　　　　　　　　5. 理财产品

6. 股票　　　　　　　　7. 基金

8. 各种债券　　　　　　9. 其他

219. 在上述您所选择的投资项目中，收益最多的是哪一项？

219□

220. 您目前在从事哪些家庭经营活动？（在相应的数字代码上打"√"，可多选，没有跳到223题）

|  | 1 | 2 | 3 | 4 | 5 | 6 | 7 | 8 |
|---|---|---|---|---|---|---|---|---|
| 220 | | | | | | | | |

1. 住宿餐饮（如农家乐）

2. 商业（如街头贩卖、小商店）

3. 交通运输（如货运、客运等）

4. 农产品加工（如碾米、榨油）

5. 工业品加工及手工业（如织渔网）

6. 文教卫生（如医疗服务、托儿所等）

7. 废品收购

8. 其他

221. 在上述您所选择的家庭经营活动中，收益最多的是哪一项？

221□

222. 2011 年 12 月至今，您所从事的家庭经营活动的纯收入是（除去成本费、税费及相关支出）？　　　222□□□□□元

223. 您最希望进一步扩大或发展的活动是？（没有填 0）

223□

1. 农、林、牧、渔业生产

2. 就近务工

3. 投资（如把钱借贷给别人）

4. 家庭经营（如商店、农家乐）

5. 以上都没有

224. 2011 年 12 月至今，您及全家的非劳动收入是？（有则填数字，没有填 0）

| | 非劳动总收入 | 其中 | | |
|---|---|---|---|---|
| | | 各种补贴（如水稻良种补贴、油菜良种补贴、棉花良种补贴、粮食直补、农资综合补贴、能繁母猪补贴） | 各种补助（如低保、抚恤、计划生育奖励、移民搬迁、天然林保护、劳动力转移培训） | 财产性收入（如利息、租金、分红） |
| | 1 | 2 | 3 | 4 |
| A. 全家（元） | □□□□ | □□□□ | □□□□ | □□□□ |
| B. 您个人（元） | □□□□ | □□□□ | □□□□ | □□□□ |

225. 您从事的家务劳动包括？（在相应的数字代码上打"√"，可多选）

| | 1 | 2 | 3 | 4 | 5 |
|---|---|---|---|---|---|
| 225 | | | | | |

1. 做饭、洗衣服、打扫房间

2. 缝补和采买（如买杂货、日用品）

3. 照顾孩子　　　　4. 照料老人　　　　5. 其他

226. 与丈夫务工前相比，您的家务劳动量有什么变化？（若丈夫就近务工或从未外出，则跳到228题）　　　　226□

1. 增加很多　　　　2. 增加一点　　　　3. 差不多

4. 减少一点　　　　5. 减少很多

227. 当家务劳动太多时，您会怎么做？（在相应的数字代码上打"√"，可多选）

| | 1 | 2 | 3 | 4 | 5 | 6 | 7 | 8 |
|---|---|---|---|---|---|---|---|---|
| 227 | | | | | | | | |

1. 默默忍受

2. 找亲朋好友帮忙

3. 花钱雇人帮忙

4. 让丈夫回家帮忙

5. 减少农业生产或经营活动

6. 让孩子寄宿或送到亲戚家

7. 把老人送到养老院或亲戚家

8. 其他

228. 您目前有几个子女？（包括再婚、抱养等，没有跳到232题）

228□儿子，□女儿

229. 您目前有几个子女（或孙子女）正在接受教育？（包括幼儿园到大学各层次，没有跳到232题）　　　　229□个

230. 2011年12月至今，您子女（或孙子女）的教育费用总支出是？　　　　230□□□□□元

231. 请按照接受教育的子女或孙子女年龄大小顺序回答下列

问题。

| 1. 第一个孩子 | 2. 第二个孩子（若无则跳到232题） | 3. 第三个孩子（若无则跳到232题） |
|---|---|---|
| A. 性别<br>1. 男　2. 女　　□ | A. 性别<br>1. 男　2. 女　　□ | A. 性别<br>1. 男　2. 女　　□ |
| B. 年龄□□岁 | B. 年龄□□岁 | B. 年龄□□岁 |
| C. 是否孙子（女）？<br>1. 是　2. 否　　□ | C. 是否孙子（女）？<br>1. 是　2. 否　　□ | C. 是否孙子（女）？<br>1. 是　2. 否　　□ |
| D. 您是否辅导这个孩子做作业？<br>1. 总是　2. 经常　3. 偶尔<br>4. 很少　5. 从不　　□ | D. 您是否辅导这个孩子做作业？<br>1. 总是　2. 经常　3. 偶尔<br>4. 很少　5. 从不　　□ | D. 您是否辅导这个孩子做作业？<br>1. 总是　2. 经常　3. 偶尔<br>4. 很少　5. 从不　　□ |
| E. 您是否与这个孩子交流谈心？<br>1. 总是　2. 经常　3. 偶尔<br>4. 很少　5. 从不　　□ | E. 您是否与这个孩子交流谈心？<br>1. 总是　2. 经常　3. 偶尔<br>4. 很少　5. 从不　　□ | E. 您是否与这个孩子交流谈心？<br>1. 总是　2. 经常　3. 偶尔<br>4. 很少　5. 从不　　□ |
| F. 您是否与这个孩子的老师联系？<br>1. 总是　2. 经常　3. 偶尔<br>4. 很少　5. 从不　　□ | F. 您是否与这个孩子的老师联系？<br>1. 总是　2. 经常　3. 偶尔<br>4. 很少　5. 从不　　□ | F. 您是否与这个孩子的老师联系？<br>1. 总是　2. 经常　3. 偶尔<br>4. 很少　5. 从不　　□ |
| G. 您认为自己在教育这个孩子时存在的最主要困难是？<br>1. 和孩子无法沟通　2. 没时间　3. 文化程度不够　4. 找不到合适的方法　5. 自己的观念落后　6. 不适用　　□ | G. 您认为自己在教育这个孩子时存在的最主要困难是？<br>1. 和孩子无法沟通　2. 没时间　3. 文化程度不够　4. 找不到合适的方法　5. 自己的观念落后　6. 不适用　　□ | G. 您认为自己在教育这个孩子时存在的最主要困难是？<br>1. 和孩子无法沟通　2. 没时间　3. 文化程度不够　4. 找不到合适的方法　5. 自己的观念落后　6. 不适用　　□ |
| H. 您和这个孩子的关系如何？<br>1. 非常亲近　2. 亲近　3. 一般　4. 不亲近　5. 非常不亲近　　□ | H. 您和这个孩子的关系如何？<br>1. 非常亲近　2. 亲近　3. 一般　4. 不亲近　5. 非常不亲近　　□ | H. 您和这个孩子的关系如何？<br>1. 非常亲近　2. 亲近　3. 一般　4. 不亲近　5. 非常不亲近　　□ |
| I. 您这个孩子的成绩怎样？<br>1. 非常好　2. 好　3. 一般<br>4. 差　5. 非常差　6. 不适用　　□ | I. 您这个孩子的成绩怎样？<br>1. 非常好　2. 好　3. 一般<br>4. 差　5. 非常差　6. 不适用　　□ | I. 您这个孩子的成绩怎样？<br>1. 非常好　2. 好　3. 一般<br>4. 差　5. 非常差　6. 不适用　　□ |

232. 您对孩子性别的看法是？　　　　　　　　　232□

1. 不要孩子

2. 有没有孩子都可以

3. 不管男孩女孩，有孩子即可

4. 不管几个孩子，只要有女儿即可

5. 不管几个孩子，只要有儿子即可

233. 今后您是否打算要孩子？

1. 是（跳到235题）　2. 否　　　　　　　　　233□

234. 您打算不（再）要孩子的最主要原因是什么？　234□

1. 计划生育政策的约束

2. 成本太高，养不起

3. 精力有限，带不过来

4. 已有孩子的数量和性别正合适

5. 已经错过了最佳生育年龄

6. 身体状况不好

235. 如果有老人（年龄在60周岁以上）和您居住在一起，请按照年龄大小顺序回答下列问题（若无则跳到236题）

| 1. 第一位老人 | 2. 第二位老人（若无则跳到236题） | 3. 第三位老人（若无则跳到236题） |
|---|---|---|
| A. 性别<br>1. 男　2. 女　　□ | A. 性别<br>1. 男　2. 女　　□ | A. 性别<br>1. 男　2. 女　　□ |
| B. 年龄□□□岁 | B. 年龄□□□岁 | B. 年龄□□□岁 |
| C. 您帮助这位老人做家务吗？（如做饭、洗衣、采买）<br>1. 没有　2. 很少　3. 偶尔<br>4. 经常　5. 总是　　□ | C. 您帮助这位老人做家务吗？（如做饭、洗衣、采买）<br>1. 没有　2. 很少　3. 偶尔<br>4. 经常　5. 总是　　□ | C. 您帮助这位老人做家务吗？（如做饭、洗衣、采买）<br>1. 没有　2. 很少　3. 偶尔<br>4. 经常　5. 总是　　□ |
| D. 您经常照料这位老人吗？（如搀扶、活动、生病陪护）<br>1. 没有　2. 很少　3. 偶尔<br>4. 经常　5. 总是　　□ | D. 您经常照料这位老人吗？（如搀扶、活动、生病陪护）<br>1. 没有　2. 很少　3. 偶尔<br>4. 经常　5. 总是　　□ | D. 您经常照料这位老人吗？（如搀扶、活动、生病陪护）<br>1. 没有　2. 很少　3. 偶尔<br>4. 经常　5. 总是　　□ |

| 1. 第一位老人 | 2. 第二位老人（若无则跳到236题） | 3. 第三位老人（若无则跳到236题） |
|---|---|---|
| E. 您经常和这位老人聊天吗？<br>1. 没有  2. 很少  3. 偶尔<br>4. 经常  5. 总是  □ | E. 您经常和这位老人聊天吗？<br>1. 没有  2. 很少  3. 偶尔<br>4. 经常  5. 总是  □ | E. 您经常和这位老人聊天吗？<br>1. 没有  2. 很少  3. 偶尔<br>4. 经常  5. 总是  □ |
| F. 您和这位老人的关系怎样？<br>1. 非常好  2. 好  3. 一般<br>4. 不好  5. 非常不好  □ | F. 您和这位老人的关系怎样？<br>1. 非常好  2. 好  3. 一般<br>4. 不好  5. 非常不好  □ | F. 您和这位老人的关系怎样？<br>1. 非常好  2. 好  3. 一般<br>4. 不好  5. 非常不好  □ |

236. 您闲暇时一般都做什么？（在相应的数字代码上打"√"，可多选）

| | 1 | 2 | 3 | 4 | 5 | 6 | 7 | 8 |
|---|---|---|---|---|---|---|---|---|
| 236 | | | | | | | | |

1. 看电视　　　　2. 上网　　　　　3. 逛街

4. 打牌（麻将）　5. 串门聊天　　　6. 读书看报

7. 参加培训　　　8. 其他

237. 请根据实际情况回答下列问题。

| A. 您家里的农、林、牧、渔业生产（如种植作物种类、种植面积）由谁决定？ |
|---|
| 1. 自己　　　　　　　　2. 大多是自己，但与丈夫商量　　3. 双方共同商量决定<br>4. 大多是丈夫，但与自己商量　5. 丈夫　　　　　　　　6. 不适用　　　A□ |

| B. 如果您有机会外出或就近打工，打工的决策权最终由谁决定？ |
|---|
| 1. 自己　　　　　　　　2. 大多是自己，但与丈夫商量　　3. 双方共同商量决定<br>4. 大多是丈夫，但与自己商量　5. 丈夫　　　　　　　　6. 不适用　　　B□ |

| C. 您家里的经营和投资活动（如开商店、借钱给别人、土地出租）由谁决定？ |
|---|
| 1. 自己　　　　　　　　2. 大多是自己，但与丈夫商量　　3. 双方共同商量决定<br>4. 大多是丈夫，但与自己商量　5. 丈夫　　　　　　　　6. 不适用　　　C□ |

| D. 您家里的大项支出（如盖房）由谁决定？ |
|---|
| 1. 自己　　　　　　　　2. 大多是自己，但与丈夫商量　　3. 双方共同商量决定<br>4. 大多是丈夫，但与自己商量　5. 丈夫　　　　　　　　6. 不适用　　　D□ |

| E. 您家里的现金一般由谁管？ | | |
|---|---|---|
| 1. 自己 | 2. 大多是自己，但与丈夫商量 | 3. 双方共同商量决定 |
| 4. 大多是丈夫，但与自己商量 | 5. 丈夫 | 6. 不适用　　　E□ |

| F. 您家里关于孩子的教育、健康等问题（如孩子生病去哪儿看病）由谁决定？ | | |
|---|---|---|
| 1. 自己 | 2. 大多是自己，但与丈夫商量 | 3. 双方共同商量决定 |
| 4. 大多是丈夫，但与自己商量 | 5. 丈夫 | 6. 不适用　　　F□ |

| G. 您家里照料老人、做家务等活动，主要由谁来完成？ | | |
|---|---|---|
| 1. 自己 | 2. 大多是自己，但与丈夫商量 | 3. 双方共同商量决定 |
| 4. 大多是丈夫，但与自己商量 | 5. 丈夫 | 6. 不适用　　　G□ |

## 238. 请您根据实际情况大致估算（没有填0）

1. 一年中，您在以下活动上大约总共花多少时间？

A. 农业生产　　□□月□□天

B. 林业生产　　□□月□□天

C. 畜牧养殖　　□□月□□天

D. 水产养殖　　□□月□□天

E. 家庭经营　　□□月□□天

F. 打工　　　　□□月□□天

2. 一天中，您在以下活动上大约总共花多少时间？

G. 家务劳动　　□□小时　　　H. 辅导孩子作业　　□□小时

I. 照料老人　　□□小时　　　J. 放松娱乐　　□□小时

# 第三部分　个人健康状况及幸福感

## 301. 个人身体健康状况

| A. 过去一个月里，您的视力如何？ | A□ |
|---|---|
| 1. 非常不好　2. 不好　3. 一般　4. 好　5. 非常好 | |

| B. 过去一个月里，您的听力如何？ | B□ |
|---|---|
| 1. 非常不好　2. 不好　3. 一般　4. 好　5. 非常好 | |

| | |
|---|---|
| C. 过去一个月里，您的食欲如何？<br>1. 非常不好　2. 不好　3. 一般　4. 好　5. 非常好 | C□ |
| D. 过去一个月里，您的胃肠部有不适感吗（如腹胀、拉肚子、便秘等）？<br>1. 从没有　2. 很少有　3. 偶尔有　4. 经常有　5. 总是有 | D□ |
| E. 过去一个月里，您容易感到累吗？<br>1. 从没有　2. 很少有　3. 偶尔有　4. 经常有　5. 总是有 | E□ |
| F. 过去一个月里，您的睡眠质量如何？<br>1. 非常不好　2. 不好　3. 一般　4. 好　5. 非常好 | F□ |
| G. 过去一个月里，您的身体有不同程度的疼痛吗？<br>1. 从没有　2. 很少有　3. 偶尔有　4. 经常有　5. 总是有 | G□ |
| H. 过去一个月里，您自己穿衣服有困难吗？<br>1. 从没有　2. 很少有　3. 偶尔有　4. 经常有　5. 总是有 | H□ |
| I. 过去一个月里，您自己梳理有困难吗？<br>1. 从没有　2. 很少有　3. 偶尔有　4. 经常有　5. 总是有 | I□ |
| J. 过去一个月里，您承担日常的家务劳动有困难吗？<br>1. 从没有　2. 很少有　3. 偶尔有　4. 经常有　5. 总是有 | J□ |
| K. 过去一个月里，您经常独自上街购买一般物品吗？<br>1. 从没有　2. 很少有　3. 偶尔有　4. 经常有　5. 总是有 | K□ |
| L. 过去一个月里，您自己吃饭有困难吗？<br>1. 从没有　2. 很少有　3. 偶尔有　4. 经常有　5. 总是有 | L□ |
| M. 过去一个月里，您弯腰、屈膝有困难吗？<br>1. 从没有　2. 很少有　3. 偶尔有　4. 经常有　5. 总是有 | M□ |
| N. 过去一个月里，您上下楼梯（至少一层楼梯）有困难吗？<br>1. 从没有　2. 很少有　3. 偶尔有　4. 经常有　5. 总是有 | N□ |
| O. 过去一个月里，您步行半里路有困难吗？<br>1. 从没有　2. 很少有　3. 偶尔有　4. 经常有　5. 总是有 | O□ |
| P. 过去一个月里，您步行三里路有困难吗？<br>1. 从没有　2. 很少有　3. 偶尔有　4. 经常有　5. 总是有 | P□ |
| Q. 过去一个月里，您参加能量消耗较大的活动（如田间体力劳动）有困难吗？<br>1. 从没有　2. 很少有　3. 偶尔有　4. 经常有　5. 总是有 | Q□ |

## 302. 个人主观幸福感

| | |
|---|---|
| A. 过去一个月里，您的总体感觉怎么样？<br>1. 非常好　2. 好　3. 一般　4. 不好　5. 非常不好 | A□ |

B. 过去一个月里，您情绪波动很大吗？ B□
1. 从没有　2. 很少有　3. 偶尔有　4. 经常有　5. 总是有

C. 过去一个月里，您能很好地控制自己的情绪和行为吗？ C□
1. 从没有　2. 很少有　3. 偶尔有　4. 经常有　5. 总是有

D. 过去一个月里，您对什么都提不起兴趣，感到活着没意思吗？ D□
1. 从没有　2. 很少有　3. 偶尔有　4. 经常有　5. 总是有

E. 过去一个月里，您感到过难以放松、很有压力吗？ E□
1. 从没有　2. 很少有　3. 偶尔有　4. 经常有　5. 总是有

F. 过去一个月里，您感到过幸福、满足或愉快吗？ F□
1. 从没有　2. 很少有　3. 偶尔有　4. 经常有　5. 总是有

G. 过去一个月里，您发现过自己爱忘事、记忆力下降吗？ G□
1. 从没有　2. 很少有　3. 偶尔有　4. 经常有　5. 总是有

H. 过去一个月里，您感到过焦虑、担心或不安吗？ H□
1. 从没有　2. 很少有　3. 偶尔有　4. 经常有　5. 总是有

I. 过去一个月里，您睡醒之后感到头脑清晰和精力充沛吗？ I□
1. 从没有　2. 很少有　3. 偶尔有　4. 经常有　5. 总是有

J. 过去一个月里，您觉得自己可能得了什么病吗？ J□
1. 从没有　2. 很少有　3. 偶尔有　4. 经常有　5. 总是有

K. 过去一个月里，您感到每天的生活都很有意思吗？ K□
1. 从没有　2. 很少有　3. 偶尔有　4. 经常有　5. 总是有

L. 过去一个月里，您感到沮丧和忧郁吗？ L□
1. 从没有　2. 很少有　3. 偶尔有　4. 经常有　5. 总是有

M. 过去一个月里，您总是情绪稳定吗？ M□
1. 从没有　2. 很少有　3. 偶尔有　4. 经常有　5. 总是有

N. 过去一个月里，您曾经感到很累吗？ N□
1. 从没有　2. 很少有　3. 偶尔有　4. 经常有　5. 总是有

O. 过去一个月里，您曾经担心过自己的健康状况吗？ O□
1. 从没有　2. 很少有　3. 偶尔有　4. 经常有　5. 总是有

P. 过去一个月里，您感觉自己放松或紧张的状态如何？ P□
1. 非常放松　2. 放松　3. 说不清　4. 紧张　5. 非常紧张

Q. 过去一个月里，您感觉自己的活力、精力如何？ Q□
1. 经常无精打采　2. 有时无精打采　3. 说不清　4. 精力充沛　5. 总是精力充沛

R. 过去一个月里，您感到忧郁或快乐的程度如何？ R□
1. 非常忧郁　2. 忧郁　3. 说不清　4. 快乐　5. 非常快乐

S. 过去一年里，您曾感觉自己有些想不通的事情需要有人帮助吗？　　　　S□
1. 从没有　2. 很少有　3. 偶尔有　4. 经常有　5. 总是有

T. 过去一年里，您曾有不想活下去的念头吗？　　　　T□
1. 从没有　2. 很少有　3. 偶尔有　4. 经常有　5. 总是有

U. 过去一年里，您曾经尝试过自杀或伤害自己吗？　　　　U□
1. 从没有　2. 很少有　3. 偶尔有　4. 经常有　5. 总是有

V. 您曾经与家庭成员或朋友谈论过自己的问题吗？　　　　V□
1. 从没有　2. 很少有　3. 偶尔有　4. 经常有　5. 总是有

## 303. 以下描述是否符合您的实际情况？

A. 一般人都认为农、林、牧、渔业生产活动（如播种、田间管理、收割、养殖等）应该主要由男人承担，而在我家我承担了大部分。
1. 一点都不符合　2. 不符合　3. 说不准　4. 符合　5. 非常符合　　A□

B. 我在农、林、牧、渔业生产方面（如播种、田间管理、收割、养殖等）付出了很多劳动，却很难得到周围人的认可。
1. 一点都不符合　2. 不符合　3. 说不准　4. 符合　5. 非常符合　　B□

C. 当需要承担大部分农、林、牧、渔业生产活动（如播种、田间管理、收割、养殖等）时，我经常感到自己力不从心。
1. 一点都不符合　2. 不符合　3. 说不准　4. 符合　5. 非常符合　　C□

D. 一般人都认为家里的大事都应该由男人拿主意，而在我家大事小事都主要由我来决定。
1. 一点都不符合　2. 不符合　3. 说不准　4. 符合　5. 非常符合　　D□

E. 当我在一些大事上拿主意的时候，很难得到其他人的支持。
1. 一点都不符合　2. 不符合　3. 说不准　4. 符合　5. 非常符合　　E□

F. 当需要在一些大事上拿主意的时候，我总是感到犹豫不决。
1. 一点都不符合　2. 不符合　3. 说不准　4. 符合　5. 非常符合　　F□

G. 一般人都认为生儿育女是女人的天职，而我并不十分同意。
1. 一点都不符合　2. 不符合　3. 说不准　4. 符合　5. 非常符合　　G□

H. 我觉得生儿子、生女儿都可以，但周围人更喜欢儿子。
1. 一点都不符合　2. 不符合　3. 说不准　4. 符合　5. 非常符合　　H□

I. 我觉得儿子女儿都应该能够继承财产，但大多数时候女儿并没有继承权。
1. 一点都不符合　2. 不符合　3. 说不准　4. 符合　5. 非常符合　　I□

| | |
|---|---|
| J. 一般人都认为父亲应该承担教育孩子的责任，而在我家我又当爹又当妈。<br>1. 一点都不符合　2. 不符合　3. 说不准　4. 符合　5. 非常符合 | J□ |
| K. 当我教育孩子时，很难得到周围人的理解和支持。<br>1. 一点都不符合　2. 不符合　3. 说不准　4. 符合　5. 非常符合 | K□ |
| L. 当我教育孩子时，总是感到力不从心。<br>1. 一点都不符合　2. 不符合　3. 说不准　4. 符合　5. 非常符合 | L□ |
| M. 一般人都认为应该由男人参与村民大会，但在我家主要是由我去参加。<br>1. 一点都不符合　2. 不符合　3. 说不准　4. 符合　5. 非常符合 | M□ |
| N. 当我去参加村民大会时，总感到我的意见不被重视。<br>1. 一点都不符合　2. 不符合　3. 说不准　4. 符合　5. 非常符合 | N□ |
| O. 当我去参加村民大会时，总感到自己没有什么发言权。<br>1. 一点都不符合　2. 不符合　3. 说不准　4. 符合　5. 非常符合 | O□ |
| P. 一般人都认为避孕节育都是女人的事情，而我却感觉这对女人不公平。<br>1. 一点都不符合　2. 不符合　3. 说不准　4. 符合　5. 非常符合 | P□ |
| Q. 村里的土地一般只分给男人、不分给女人，而我认为这对女人不公平。<br>1. 一点都不符合　2. 不符合　3. 说不准　4. 符合　5. 非常符合 | Q□ |

## 304. 个人生殖健康状况

A. 您是否流产过（包括引产、自然流产、手术或药物流产）？

A□

1. 是　　　　　　　　　　2. 否（跳至 304G 题）

B. 您共流产过几次？　　　　　　　　　　B□次

其中，1. 手术流产□次　　2. 药物流产□次

3. 自然流产□次　　　　4. 引产□次

C. 您最近一次流或引产的方式是？

1. 自然流产　2. 手术流产　3. 药物流产　4. 引产　　C□

D. 导致您最近一次流或引产的原因是？（选最主要的一项）

D□

1. 避孕失败　　　　　　2. 未避孕

3. 无生育指标　　　　　4. 选择性别

5. 患病　　　　　　　　6. 经济状况不允许

7. 怀疑胎儿不健康　　　8. 其他

E. 您最近一次人流或引产的地点是？　　　　　　　　　　E□

1. 市级医院　　　　　　　　　2. 市级指导站

3. 县、区级医院　　　　　　　4. 县指导站

5. 乡医院　　　　　　　　　　6. 乡镇服务站

7. 其他

F. 您做完这次人流或引产手术后多久开始过性生活？　　F□

1. 不足 2 周　　　　　　　　　2. 大于 2 周小于 1 个月

3. 1～2 个月　　　　　　　　　4. 大于 2 个月

5. 记不清了

G. 您现在是否患有生殖道感染疾病（妇科炎症）？　　　G□

1. 是　　　　　　　　　　　　2. 否（跳至 304K 题）

H. 您现在都有哪些症状？（在相应的数字代码上打"√"，可多选）

|  | 1 | 2 | 3 | 4 | 5 | 6 | 7 | 8 | 9 | 10 |
|---|---|---|---|---|---|---|---|---|---|---|
| H |  |  |  |  |  |  |  |  |  |  |

1. 白带增多、有腥臭味　　　2. 外阴瘙痒、阴道疼痛或烧灼感

3. 外阴肿痛、破损或疱疹　　4. 小腹痛

5. 腰背痛　　　　　　　　　6. 阴部出现异生物

7. 尿频、尿急、尿痛　　　　8. 性交痛

9. 性交出血　　　　　　　　10. 其他

I. 您的这些症状属于何种感染？　（在相应的数字代码上打
"√"，可多选）

|  | 1 | 2 | 3 | 4 | 5 | 6 | 7 | 8 | 9 | 10 |
|---|---|---|---|---|---|---|---|---|---|---|
| I |  |  |  |  |  |  |  |  |  |  |

1. 滴虫性阴道炎　　　　　　2. 霉菌性阴道炎

3. 细菌性阴道病　　　　　　4. 宫颈炎

5. 盆腔炎　　　　　　　　　6. 尖锐湿疣

7. 疱疹病毒　　　　　　　　8. 淋病

9. 衣原体　　　　　　　　　10. 说不清

J. 上述疾病是怎样被发现的？　　　　　　　　　　　　　　J□

1. 自己到医院检查　　　　　　2. 普查发现

3. 节育措施随访时发现　　　　4. 自己根据症状认为

5. 其他

K. 您最近一次性生活大约是什么时候？　　　　　　　　　　K□

1. 几年以前　　　　　　　　　2. 一年以前

3. 半年以前　　　　　　　　　4. 一个月以前

5. 一周以前　　　　　　　　　6. 几天以前

7. 记不清了

L. 您最近一次性生活中采取了什么避孕方式？（在相应的数字代码上打"√"，可多选）

| | 1 | 2 | 3 | 4 | 5 | 6 | 7 |
|---|---|---|---|---|---|---|---|
| L | | | | | | | |

1. 安全套　　　　　　　　　　2. 口服避孕药

3. 上环　　　　　　　　　　　4. 结扎

5. 皮埋　　　　　　　　　　　6. 无措施

7. 其他

M. 最近一年您对性生活满意吗？　　　　　　　　　　　　　M□

1. 非常不满意　　　　　　　　2. 不满意

3. 说不清　　　　　　　　　　4. 满意

5. 非常满意

N. 最近一年您在进行性生活时有过性高潮吗？　　　　　　　N□

1. 从来没有　　　　　　　　　2. 很少

3. 有时　　　　　　　　　　　4. 经常

5. 每次

O. 最近一年您对夫妻关系满意吗？　　　　　　　　　　　　O□

1. 非常不满意　　　　　　　　2. 不满意

3. 说不清　　　　　　　　　　4. 满意

5. 非常满意

# 第四部分　脆弱性环境

## 401. 对于以下说法您是否同意？

| |
|---|
| A. 男人外出打工以后，女人在农业生产中发挥的作用越来越大了。<br>1. 完全不同意　2. 不同意　3. 说不清　4. 同意　5. 完全同意　　A□ |
| B. 女人从事农业生产，所以女人现在比过去更累了。<br>1. 完全不同意　2. 不同意　3. 说不清　4. 同意　5. 完全同意　　B□ |
| C. 女人从事农业生产，所以女人在家里的地位越来越高了。<br>1. 完全不同意　2. 不同意　3. 说不清　4. 同意　5. 完全同意　　C□ |
| D. 女人从事农业生产，农产品的产量和质量都比过去降低了。<br>1. 完全不同意　2. 不同意　3. 说不清　4. 同意　5. 完全同意　　D□ |
| E. 从事太多农业生产对女人的健康不利。<br>1. 完全不同意　2. 不同意　3. 说不清　4. 同意　5. 完全同意　　E□ |
| F. 从事太多农业生产，女人更没时间参加培训学习了。<br>1. 完全不同意　2. 不同意　3. 说不清　4. 同意　5. 完全同意　　F□ |

402. 近三年您自己或家人是否遭遇过意外事故（如意外伤害）？

402□

　　1. 是　　　　　　　　　2. 否

403. 近三年您自己或家人是否患过重大疾病？　　403□

　　1. 是　　　　　　　　　2. 否

404. 近三年是否有暴雨、洪水、泥石流、地震、干旱等自然灾害给您家造成损失？　　404□

　　1. 是　　　　　　　　　2. 否

405. 下列哪些生产资料的价格上涨对您的生产造成了不利影响？（在相应的数字代码上打"√"，可多选）

| | 1 | 2 | 3 | 4 | 5 | 6 | 7 | 8 | 9 | 10 | 11 |
|---|---|---|---|---|---|---|---|---|---|---|---|
| 405 | | | | | | | | | | | |

　　1. 农用手工工具　　　　　2. 饲料

　　3. 繁育畜及幼畜　　　　　4. 半机械化农具（如播种机）

5. 机械化农具　　　　　6. 化肥

7. 种子和薄膜　　　　　8. 农药和农药械

9. 燃料油和润滑油　　　10. 生产服务（如技术指导）

11. 以上都没有

406. 下列哪些消费品的价格上涨对您的生活造成了不利影响？（在相应的数字代码上打"√"，可多选）

| | 1 | 2 | 3 | 4 | 5 | 6 | 7 | 8 |
|---|---|---|---|---|---|---|---|---|
| 406 | | | | | | | | |

1. 食品　　　　　　　　2. 服装

3. 水电　　　　　　　　4. 家庭设备用品及服务

5. 交通和通信　　　　　6. 文化教育、娱乐用品及服务

7. 医疗保健　　　　　　8. 以上都没有

407. 您家生产的农（林、畜、水）产品一般如何出售？　407□

1. 卖给上门收购的商贩　　2. 自己到集市上出售

3. 其他

408. 近三年您自家生产的农（林、畜、水）产品是否有卖不出去或者贱卖的情况？　　　　　　　　　　　　　408□

1. 是　　　　　　　　　2. 否

409. 您家的地理位置在？　　　　　　　　　　　409□

1. 平原地区　　　　　　2. 山区

3. 丘陵地带　　　　　　4. 江（海）边

5. 其他

410. 近三年您自家的农（林、牧、渔）作物（产品）是否发生过虫害或疾病？　　　　　　　　　　　　　　410□

1. 是　　　　　　　　　2. 否

411. 您家里平时的农（林、牧、渔）业生产主要由谁来完成？

411□

1. 女性劳动力　　　　　2. 男性劳动力

412. 在您家平时的农（林、牧、渔）业生产中是否经常使用

机械化（半机械化）工具？

　　1. 总是　　　　　　　　2. 经常

　　3. 偶尔　　　　　　　　4. 很少

　　5. 从不　　　　　　　　　　　　　　　　412□

　　413. 在您家平时的农（林、牧、渔）业生产中是否经常使用现代农业设施（如大棚、温室、滴灌）？

　　1. 总是　2. 经常　3. 偶尔　4. 很少　5. 从不　　413□

　　414. 近三年您自家生产的农（林、畜、水）产品的产量是否变动较大？　　　　　　　　　　　　　　　　414□

　　1. 是　　　　　　　　2. 否（跳到416题）

　　415. 近三年您家农（林、畜、水）产品产量变动较大的原因是？（在相应的数字代码上打"√"，可多选）

| | 1 | 2 | 3 | 4 | 5 |
|---|---|---|---|---|---|
| 415 | | | | | |

　　1. 农药、化肥等价格变动较大

　　2. 遭受自然灾害

　　3. 家人遭受重大疾病或意外伤害

　　4. 乡（镇）、村统一调整种（养）结构

　　5. 其他

　　416. 您是否担心以下情况发生？

A. 您自身或家人发生意外事故。
1. 一点也不担心　2. 不担心　3. 说不准　4. 担心　5. 非常担心　　A□

B. 您自身或家人突发重大疾病。
1. 一点也不担心　2. 不担心　3. 说不准　4. 担心　5. 非常担心　　B□

C. 突发暴雨、洪水、泥石流、地震、干旱等自然灾害。
1. 一点也不担心　2. 不担心　3. 说不准　4. 担心　5. 非常担心　　C□

D. 生活用品越来越贵。
1. 一点也不担心　2. 不担心　3. 说不准　4. 担心　5. 非常担心　　D□

E. 农药、化肥、种子、地膜、大棚等生产资料越来越贵。
1. 一点也不担心　2. 不担心　3. 说不准　4. 担心　5. 非常担心　　E□

F. 拖拉机、机井、收割机、水泵等生产机具越来越贵。
1. 一点也不担心　2. 不担心　3. 说不准　4. 担心　5. 非常担心　　F□

G. 生产的农产品卖不出去或者卖不上好价钱。
1. 一点也不担心　2. 不担心　3. 说不准　4. 担心　5. 非常担心　　G□

H. 自家养殖的牛、猪、羊或者鸡等卖不出去或者卖不出好价钱。
1. 一点也不担心　2. 不担心　3. 说不准　4. 担心　5. 非常担心　　H□

I. 自家的农作物、林作物等突然发生虫害或疾病。
1. 一点也不担心　2. 不担心　3. 说不准　4. 担心　5. 非常担心　　I□

J. 自家养殖的牛、猪、羊或者鸡等突然发生疾病。
1. 一点也不担心　2. 不担心　3. 说不准　4. 担心　5. 非常担心　　J□

K. 家里的农业生产缺乏男劳力。
1. 一点也不担心　2. 不担心　3. 说不准　4. 担心　5. 非常担心　　K□

L. 自家的农产品或林产品歉收。
1. 一点也不担心　2. 不担心　3. 说不准　4. 担心　5. 非常担心　　L□

M. 自家养殖的牛、猪、羊或者鸡等产量减少。
1. 一点也不担心　2. 不担心　3. 说不准　4. 担心　5. 非常担心　　M□

N. 您或家人出去打工的工资收入得不到保障。
1. 一点也不担心　2. 不担心　3. 说不准　4. 担心　5. 非常担心　　N□

O. 老人突发疾病需要照料时，自己忙不过来。
1. 一点也不担心　2. 不担心　3. 说不准　4. 担心　5. 非常担心　　O□

P. 子女得不到好的教育。
1. 一点也不担心　2. 不担心　3. 说不准　4. 担心　5. 非常担心　　P□

Q. 丈夫发生外遇。
1. 一点也不担心　2. 不担心　3. 说不准　4. 担心　5. 非常担心　　Q□

R. 夫妻感情不好。
1. 一点也不担心　2. 不担心　3. 说不准　4. 担心　5. 非常担心　　R□

# 第五部分　对相关制度和政策的评价

501. 您是否了解国家在户籍方面的管理规定（如农业户口和非农业户口的区别，外来人口在城镇打工必须办理暂住证）？

501□

1. 完全不了解　　　2. 不了解

3. 说不清　　　　　4. 了解　　　　　　5. 非常了解

502. 您对于上述户籍方面的规定是否满意？　　　502□

1. 很不满意　　　　2. 不满意　　　　　3. 说不清

4. 满意　　　　　　5. 很满意

503. 下表列出了一些可能与您有关的制度或政策，请根据自己的实际情况回答问题。

| | 1. 农村居民最低生活保障 | 2. 新型农村合作医疗 | 3. 新型农村社会养老保险 | 4. 农村义务教育阶段家庭经济困难寄宿生补助 |
|---|---|---|---|---|
| A. 您是否知道该制度（政策）？ | ①没听说<br>②听说但不清楚<br>③听说并了解 □ | ①没听说<br>②听说但不清楚<br>③听说并了解 □ | ①没听说<br>②听说但不清楚<br>③听说并了解 □ | ①没听说<br>②听说但不清楚<br>③听说并了解 □ |
| B. 您是否参与或享受该制度（政策）？ | ①是<br>②否　　　□ | ①是<br>②否　　　□ | ①是<br>②否　　　□ | ①是<br>②否　　　□ |
| C. 该制度（政策）的执行和实施情况，您是否满意？ | ①不满意<br>②说不清<br>③满意　　□ | ①不满意<br>②说不清<br>③满意　　□ | ①不满意<br>②说不清<br>③满意　　□ | ①不满意<br>②说不清<br>③满意　　□ |
| D. 该制度（政策）存在的最主要问题是? | ①标准低<br>②补偿少<br>③手续麻烦<br>④资金不到位<br>⑤执行有偏差<br>⑥没问题 □ | ①标准低<br>②补偿少<br>③手续麻烦<br>④资金不到位<br>⑤执行有偏差<br>⑥没问题 □ | ①标准低<br>②补偿少<br>③手续麻烦<br>④资金不到位<br>⑤执行有偏差<br>⑥没问题 □ | ①标准低<br>②补偿少<br>③手续麻烦<br>④资金不到位<br>⑤执行有偏差<br>⑥没问题 □ |

| | 5. 农村计划生育家庭奖励扶持 | 6. 大中型水库移民后期扶持 | 7. 农村劳动力培训"阳光工程" | 8. 粮食直接补贴和农资综合补贴 | 9. 政策性能繁母猪保险 |
|---|---|---|---|---|---|
| A. 您是否知道该制度（政策）？ | ①没听说<br>②听说但不清楚<br>③听说并了解 □ | ①没听说<br>②听说但不清楚<br>③听说并了解 □ | ①没听说<br>②听说但不清楚<br>③听说并了解 □ | ①没听说<br>②听说但不清楚<br>③听说并了解 □ | ①没听说<br>②听说但不清楚<br>③听说并了解 □ |

| | 5. 农村计划生育家庭奖励扶持 | 6. 大中型水库移民后期扶持 | 7. 农村劳动力培训"阳光工程" | 8. 粮食直接补贴和农资综合补贴 | 9. 政策性能繁母猪保险 |
|---|---|---|---|---|---|
| B. 您是否参与或享受该制度（政策）？ | ①是<br>②否 □ | ①是<br>②否 □ | ①是<br>②否 □ | ①是<br>②否 □ | ①是<br>②否 □ |
| C. 该制度（政策）的执行和实施情况，您是否满意？ | ①不满意<br>②说不清<br>③满意 □ | ①不满意<br>②说不清<br>③满意 □ | ①不满意<br>②说不清<br>③满意 □ | ①不满意<br>②说不清<br>③满意 □ | ①不满意<br>②说不清<br>③满意 □ |
| D. 该制度（政策）存在的最主要问题是？ | ①标准低<br>②补偿少<br>③手续麻烦<br>④资金不到位<br>⑤执行有偏差<br>⑥没问题 □ | ①标准低<br>②补偿少<br>③手续麻烦<br>④资金不到位<br>⑤执行有偏差<br>⑥没问题 □ | ①标准低<br>②补偿少<br>③手续麻烦<br>④资金不到位<br>⑤执行有偏差<br>⑥没问题 □ | ①标准低<br>②补偿少<br>③手续麻烦<br>④资金不到位<br>⑤执行有偏差<br>⑥没问题 □ | ①标准低<br>②补偿少<br>③手续麻烦<br>④资金不到位<br>⑤执行有偏差<br>⑥没问题□ |

# 后 记

在改革开放的浪潮中，中国农村数以亿计家庭中的男性劳动力像一只只候鸟，成群结队向着东部沿海地区挺进。日复一日，年复一年，为中国的经济腾飞贡献了自己的青春、血汗，也为自己远在中西部农村地区的家庭挣得生存和发展的资本。而接近5000万的农村留守妇女们，就像这些乡城流动人口的隐形翅膀，看似模糊不清，却无所不在，她们以温柔、坚定抚慰着漂泊在外的男人们，以坚韧、隐忍守护着家庭的温馨、平静，以无私奉献放飞着对美好生活的向往。

本书以实证研究为基础，试图尽可能接近真实地揭示中国新型城镇化背景下农村留守妇女的生计和家庭福利状况。中国农村留守妇女们以各种方式参与家庭建设，同时也参与经济活动，和她们的丈夫一样，是新时代中国特色社会主义的建设者。

本书是一本学术专著，但我们希望它不仅仅是一本学术专著。本书付梓之际，恰逢乡村振兴大幕徐徐开启之时，希望通过我们的研究，让中国留守妇女从学术研究对象进入社会公众和政府的视野，推动相关政策的出台和落实，通过政策创新和制度变革，提升农村留守妇女们的生计能力和家庭福利，温柔以待，让她们不再成为被忽视的"隐形的翅膀"，让乡村真正全面振兴。

**图书在版编目（CIP）数据**

生计与家庭福利：来自农村留守妇女的证据／杨雪燕，罗丞，王洒洒著. -- 北京：社会科学文献出版社，2018.9

（社会政策丛书）

ISBN 978 - 7 - 5201 - 3125 - 4

Ⅰ.①生… Ⅱ.①杨… ②罗… ③王… Ⅲ.①农村 - 妇女问题 - 研究 - 中国 Ⅳ.①D669.68

中国版本图书馆 CIP 数据核字（2018）第 161699 号

社会政策丛书

生计与家庭福利

——来自农村留守妇女的证据

著　　者／杨雪燕　罗　丞　王洒洒

出 版 人／谢寿光
项目统筹／佟英磊
责任编辑／佟英磊　张真真

出　　版／社会科学文献出版社·社会学出版中心（010）59367159
　　　　　　地址：北京市北三环中路甲 29 号院华龙大厦　邮编：100029
　　　　　　网址：www. ssap. com. cn
发　　行／市场营销中心（010）59367081　59367018
印　　装／三河市尚艺印装有限公司

规　　格／开　本：787mm × 1092mm　1/16
　　　　　　印　张：19.25　字　数：265 千字
版　　次／2018 年 9 月第 1 版　2018 年 9 月第 1 次印刷
书　　号／ISBN 978 - 7 - 5201 - 3125 - 4
定　　价／89.00 元